山西省"十四五"首批职业教育规划教材立项建设教材
校企合作教材

导游带团

主　编　葛建军　吕林欣　李　瑛
副主编　王雪娟　吕　盾　李宋丹
参　编　李文燕　张　奕　宋雪芳

电子工业出版社·
Publishing House of Electronics Industry
北京·BEIJING

内 容 简 介

本书共设置九个项目，分别为接团准备、接站服务、游览服务、讲解服务、生活服务、送团服务、后续工作、带团问题处理及带团事故处理，每个项目均包含多个具体任务，涵盖了地陪导游工作的全过程。在内容的编排上，本书注重系统性与创新性，设计了多样化的带团场景，旨在引导学生将理论知识与实际操作紧密结合，实现学以致用。本书不仅致力于提升学生的专业技能，还着重培养其实战应用与问题解决能力，帮助学生全面提升职业素养，掌握实战精髓。

本书既可作为中高等院校旅游管理及相关专业的学生用书，也可作为在职导游提升业务、解决实际问题的参考手册。

未经许可，不得以任何方式复制或抄袭本书之部分或全部内容。

版权所有，侵权必究。

图书在版编目（CIP）数据

导游带团 / 葛建军, 吕林欣, 李瑛主编. -- 北京：电子工业出版社, 2025. 1. -- ISBN 978-7-121-49504-5

Ⅰ. F590.633

中国国家版本馆 CIP 数据核字第 2025G2E864 号

责任编辑：李 双
印   刷：中国电影出版社印刷厂
装   订：中国电影出版社印刷厂
出版发行：电子工业出版社
            北京市海淀区万寿路 173 信箱   邮编：100036
开   本：787×1092 1/16   印张：14.5   字数：352 千字
版   次：2025 年 1 月第 1 版
印   次：2025 年 1 月第 1 次印刷
定   价：49.00 元

凡所购买电子工业出版社图书有缺损问题，请向购买书店调换。若书店售缺，请与本社发行部联系，联系及邮购电话：（010）88254888，88258888。

质量投诉请发邮件至 zlts@phei.com.cn，盗版侵权举报请发邮件至 dbqq@phei.com.cn。

本书咨询联系方式：qiyuqin@phei.com.cn。

前　言

在当今旅游行业蓬勃发展的背景下，导游作为连接游客与旅游资源的桥梁，其专业素养和服务质量直接影响着游客的旅游体验。为了满足中高等院校旅游管理及相关专业学生对专业知识的渴求，以及在职导游对业务技能提升的需求，我们精心编写了本书。

本书共设置九个项目，分别为接团准备、接站服务、游览服务、讲解服务、生活服务、送团服务、后续工作、带团问题处理及带团事故处理，每个项目均包含多个具体任务，涵盖了地陪导游工作的全过程。在内容的编排上，本书注重系统性与创新性，设计了多样化的带团场景，旨在引导学生将理论知识与实际操作紧密结合，实现学以致用。本书不仅致力于提升学生的专业技能，还着重培养其实战应用与问题解决能力，帮助学生全面提升职业素养，掌握实战精髓。

本书具有以下特点。

第一，以项目为导向，以任务为驱动。本书围绕地陪导游的带团工作，精心设计了九个核心项目，并在每个项目中设置了若干具体任务。这种以项目为导向、以任务为驱动的学习方式，能够帮助学生更加清晰地了解地陪导游的工作流程，同时激发他们的学习兴趣和动力。

第二，注重理论与实际相结合。本书在介绍地陪导游带团的相关知识时，不仅注重理论知识的系统性，还强调理论知识在实际工作中的应用。通过多样化的带团场景和具体任务的设计，帮助学生将理论知识转化为实践能力，提升他们的职业素养。

第三，融入思政元素。通过介绍地陪导游的职业道德、服务态度和职业素养等方面的内容，使学生树立正确的世界观、人生观、价值观，培养学生的社会责任感和职业精神，为他们未来的职业生涯注入正能量。

本书既可作为中高等院校旅游管理及相关专业的学生用书，也可作为在职导游提升业务、解决实际问题的参考手册。

本书由葛建军、吕林欣、李瑛担任主编，王雪娟、吕盾、李宋丹担任副主编，参与编写工作的还有李文燕、张奕、宋雪芳。

在编写本书的过程中参考了大量文献，在此向相关作者致以衷心的感谢。由于编者水平有限，书中难免存在不妥和疏漏之处，敬请广大读者批评指正。

编者
2024 年 10 月

目　　录

项目一　接团准备 1
　　任务一　接受任务 2
　　任务二　落实接待事宜 12

项目二　接站服务 20
　　任务一　站点接团 21
　　任务二　致欢迎词 30
　　任务三　首次沿途导游 37
　　任务四　核对、商定日程 44

项目三　游览服务 50
　　任务一　赴景点途中导游 51
　　任务二　车上活动 58
　　任务三　景点导游 66
　　任务四　景点返程沿途导游 73

项目四　讲解服务 78
　　任务一　导游语言技能训练 79
　　任务二　讲解词创作技能训练 88
　　任务三　导游讲解技能训练 94

项目五　生活服务 106
　　任务一　住宿服务 107
　　任务二　用餐服务 113
　　任务三　购物服务 118
　　任务四　娱乐服务 123

项目六　送团服务 129
　　任务一　送团准备 130
　　任务二　离店服务 135
　　任务三　致欢送词 139
　　任务四　站点送团 145

项目七　后续工作 150
　　任务一　带团总结 151
　　任务二　收尾工作 157

任务三　游客意见和建议处理 165

项目八　带团问题处理 170
　　　任务一　住宿问题处理 171
　　　任务二　用餐问题处理 179
　　　任务三　购物问题处理 185
　　　任务四　游览问题处理 193

项目九　带团事故处理 201
　　　任务一　安全事故处理 202
　　　任务二　物品遗失事件处理 214
　　　任务三　误机（车、船）事故处理 220

参考文献 226

项目一　接团准备

【项目导读】

2024年10月8日上午，小李接到旅行社打来的电话：一个由甘肃华夏旅行社组织的旅游团将于10月11日来到山西旅游，作为山西乐游春夏旅游开发有限公司的地陪导游，小李需要去旅行社现场接受任务，并落实接待事宜。

【学习目标】

素质目标：（1）树立以游客为本的导游服务意识。
（2）具有细致周密、善于学习的职业素养。
（3）具有积极乐观的心态。
（4）具有良好的团队合作精神。

知识目标：（1）了解接受任务的流程及内容。
（2）熟悉旅游接待计划。
（3）掌握落实接待事宜的主要内容和具体要求。

能力目标：（1）能够按流程接受任务。
（2）能够准确分析旅游接待计划。
（3）能够全面落实各项接待事宜。

【思政案例】

1. 案例介绍

初心不改，游客至上，坚守匠心做精导游服务

张晓旭于2008年加入山西导游队伍，现就职于山西某旅行社有限公司。

导游是一份服务型的职业，责任重大，使命光荣。十余年的导游生涯，她接待过300余个旅游团，服务过上万名游客。虽然日积月累的工作经验早已烂熟于胸，但她仍然秉承"把每一次带团都当作第一次"的使命，始终坚持"游客至上"的服务理念，用坚实的脚步"书写"着自己的导游生涯。

为了让自己的讲解更具特色，她一直坚持学习文史知识，收集和整理大量的史书文献，把山西历史编写进自己的导游词中，深入浅出，让游客耳目一新；为了能给游客留下更美好、更有趣的山西旅游体验，她不断丰富着自己的才艺，大同的数来宝、太原的莲花落也都得心应手。

2019年9月，她参加了第四届全国导游大赛，一举夺冠，荣获"全国金牌导游员"称号。

2. 案例解读

作为导游，张晓旭为了让自己的讲解更具特色，不断地充实文史知识并丰富才艺技能，是始终坚持"游客至上"服务理念、善于学习的典范。

3. 案例思考

在接团准备工作中，我们应该怎样贯彻"游客至上"的服务理念，如何细致周密地开展导游服务工作？

任务一　接受任务

接受任务

【任务目标】

素质目标：（1）树立以游客为本的导游服务意识。
（2）具有一丝不苟、认真细致的工作态度。
（3）具有善于学习的职业素养。
（4）具有积极乐观的心态。

知识目标：（1）了解接受任务的流程。
（2）熟悉旅游接待计划。
（3）熟悉相关准备工作的要求。

能力目标：（1）能够独立完成接受任务的工作。
（2）能够准确分析旅游接待计划。

【任务描述】

时间：2024年10月9日10:00

地点：山西乐游春夏旅游开发有限公司

人物：地陪导游、计调员、财务人员

内容：根据项目要求，地陪导游接受带团任务，熟悉旅游接待计划，并做好相关准备工作。

【任务分析】

思考一：

接受任务的流程是什么？

知识链接一：

1. 接收资料

下达计划是旅行社计调业务的主要内容，因此地陪导游在接到接团任务的电话时，应当首先到计调部门对接任务，领取旅游接待计划、旅游团名单、派团单、旅游服务质量反馈表等资料。根据《导游服务规范》（国家标准，2024年4月1日起实施，下同）要求，地陪导游在接收游客资料时应做好核对登记，以确保游客的相关资料和票据是适宜和可用的，且资料交接记录应予保存。

2. 申领团款

地陪导游在领取旅游接待计划时，向计调员领取备用金《借款单》，计调员要认真填写团队编号、日期、用途、数额等借款单上需要填写的内容，地陪导游详细了解之后签字。

申领备用金的程序如下：地陪导游领取借款单—计调员填写确认金额—地陪导游签字—操作计调员签字—财务人员审核后签字—公司指定审核领导签字—地陪导游凭借款单至出纳处领取现金。

如是代人借款，则需在签名处写明"某某代领"并签字。

在正常情况下，旅行社提供的备用金比旅游接待计划中所需的金额少，因此地陪导游需自备部分款项。

3. 做好准备工作

（1）知识准备。地陪导游应根据旅游行程安排及游客的基本情况，对旅游目的地相关旅游吸引物、风土人情、法律法规等知识进行准备。

（2）物质准备。地陪导游应做好证件、票据、导游旗等资料物品的准备，并检查导游旗旗面印制的旅行社名称、标志等，确保字迹清晰、易辨识，无违背公序良俗的文字、符号或图案。

（3）形象准备。地陪导游的个人形象直接影响旅游目的地和旅行社的形象，为了给游客留下良好的印象，地陪导游在接团前要做好仪容、仪表方面的准备。

（4）心理准备。地陪导游需要具备良好的心理素质，在接团前做好面临艰苦复杂的工作、承受抱怨和投诉等的心理准备。

思考二：

什么是旅游接待计划？

知识链接二：

旅游接待计划既是组团社根据与游客签订的旅游合同（协议）而制定的各项旅游活动安排，又是组团社委托有关地方接待社组织落实旅游团活动的契约性文件，同时也是地陪导游了解旅游团基本情况和安排当地活动日程的主要依据。旅游接待计划分为入境旅游团接待计划和国内旅游团接待计划。其中，前者是国内组团社根据同境外旅行社所签旅游合同或协议的要求，制订的旅游团在我国境内旅游活动的安排计划；后者是国内组团社根据同游客所签旅游合同的内容，制订的各地的旅游团活动安排计划。

根据《导游服务规范》要求，在接待游客前，地陪导游应熟悉旅游接待计划及相关资料，掌握游客的基本情况、旅游行程安排、特殊要求和注意事项等细节内容，具体包括以下信息。

1. 旅游团基本信息

（1）组团社信息。

① 客源国组团社及计划签发组团社的名称、电话和传真号码。
② 联络人的姓名、电话号码或其他联络方式（微信、QQ、钉钉）。
③ 组团社标志或提供给团队成员的标志物。
（2）旅游团信息。
① 旅游团名称、团号（境外组团社、国内组团社）等。
② 全陪导游的姓名与电话号码。
③ 旅游团种类。
④ 旅游团等级（豪华、标准、经济）和费用结算方式。
⑤ 旅游团住房及标准（房间数、床位数、是否有大床间）、用车、游览、餐食标准。

2. 旅游团成员情况

旅游团人数（男性人数、女性人数、儿童人数）、性别、国籍（省份城市）、年龄、饮食习惯，尽可能了解旅游团成员的职业、文化层次、宗教信仰等。

3. 旅游团抵离本地情况

抵离时间、所乘交通工具类型、航班（车次、船次）和使用的交通港（机场、车站、码头）名称。

4. 旅游团交通票据情况

赴下一站交通票是否订妥，有无更改和更改后的落实情况，有无返程票（若有，是否落实）。

5. 特殊要求和注意事项

旅游团的服务接待特殊要求：如住房、用车、游览、餐食等方面的特殊要求。增收费用项目情况：如额外游览项目（如游江、游湖等）、行李车费用等。特殊游客情况：如团内有无2周岁及以下婴儿或12周岁及以下儿童，有无持老年证、学生证或残疾证的游客，是否需要提供残疾人服务等。

旅游接待计划如表1-1-1所示。

表 1-1-1　旅游接待计划

旅行社（公章）

线路：　　　　　　　　　　　　　　　　　　　No：

组团社名称及团号				来自国家地区或城市	全陪导游	
地接社团号					地陪导游	
总人数	人	男	人	用车情况	司机	
儿童	人	女	人			
时间				游览项目及景点	用餐	入住酒店
D1　　月 日 时 分					早餐：	
					中餐：	
					晚餐：	

（续表）

			早餐：	
D2	月 日 时 分		中餐：	
			晚餐：	
			早餐：	
D3	月 日 时 分		中餐：	
			晚餐：	
			早餐：	
D4	月 日 时 分		中餐：	
			晚餐：	
订票计划	飞机：			
	火车：			
	轮船：			
备注				

签发日期： 年 月 日 签发人： 导游签名：

旅游团名单登记表如表1-1-2所示。

表1-1-2 旅游团名单登记表

序号	姓名	性别	出生年月	身份证号码/护照号码	本人联系电话	家庭联系电话	备注

思考三：

地陪导游领取派团单、旅游服务质量反馈表等相关表单的意义何在？

知识链接三：

1. 派团单

派团单即地陪导游接团任务工作单，是由旅行社发出的，证明地陪导游是接受旅行社委派进行导游服务的主要凭证，如表1-1-3所示。

表 1-1-3　地陪导游接团任务工作单（派团单）

编号：

_____：（导游证号：_____）

请按照旅行社确定的行程计划做好导游工作，保证旅游行程按计划执行，并按标准提供服务。

接团时间	
接团地点	
团队抵达航班/车次号	
团队人数	共计：　　人　（成人：　　人　儿童：　　人）
团队用车车牌号	
司机姓名	联系电话
全陪导游姓名	联系电话

团队行程详见《旅游接待计划》　　　　　_____旅行社（盖章）

2. 旅游服务质量反馈表

当行程结束时，地陪导游会让游客填写旅游服务质量反馈表，旨在调查游客对地陪导游和旅行社工作的满意程度，并收集游客对地陪导游和旅行社的意见和建议，如表1-1-4所示。

表 1-1-4　旅游服务质量反馈表

团名		团号		团队监督员	
发团时间		人数		地陪导游	
游览线路				天数	
导游服务质量	服务态度		沿途是否讲解		
	讲解水平		是否组织文艺活动		
	普通话程度		旅途服务情况		
	与游客配合情况		是否有"导购"现象		
游客意见	满意		基本满意		不满意
建议					
	游客签名　　　　　联系电话　　　　　年　月　日				
备注	一、为了切实保护游客的合法权益，加强对地陪导游的监督管理特制定本表。 二、地陪导游上团时，将本表发给游客。 三、地陪导游不得随意更改团队运行计划。 四、地陪导游不得随意安排购物点和延长购物时间。 五、太原市旅游质量监督管理所投诉电话：0351-407××××				

思考四：

做好知识准备、物质准备、形象准备、心理准备等准备工作的具体要求是什么？

知识链接四：

1. 知识准备

（1）专业知识准备。

地陪导游应根据旅游接待计划确定的参观游览项目，做好有关知识和资料的准备，尤其是新开放景点知识的准备；准备的过程中应注意知识的更新，及时掌握最新信息；接待有专业要求的团队，要做好相关专业知识和术语、词汇的准备。另外，地陪导游还应做好当前热门话题、国内外重大新闻及游客可能感兴趣的话题的准备，并做好客源国家（地区）有关知识的准备。

（2）语言准备。

若接待的是入境旅游团，地陪导游还要做好语言翻译和外语词汇的准备，在语音、语调、语法和用词等方面，要注意表达清楚、生动和流畅。

2. 物质准备

除了从计调部门和财务部门领取的相关票证、表单和费用，地陪导游还应做好工作物品和个人物品的准备。

（1）工作物品准备。

地陪导游应准备好必备的工作物品，包括电子导游证、导游身份标识、导游旗、扩音器、接站牌、宣传资料、行李牌（或行李标签）、通讯录、工作服等，其中导游旗、扩音器和接站牌等应当向旅行社申领。

知识延伸：

电子导游证

电子导游证作为导游执业证，以电子数据形式保存于导游个人的移动电话等移动终端设备中。导游执业使用电子导游证，旅游执法检查等工作依托电子导游证开展。通过扫描电子导游证上的二维码，可以获知导游的身份信息、执业信息、社会评价、奖惩信息等。

导游旗

导游旗是导游向游客提供服务、引导游客识别团队的重要工具，也是展示旅行社和导游服务品牌的重要标识，对提升旅游服务质量、维护旅游市场秩序具有重要意义。根据文化和旅游部市场管理司《关于进一步规范导游旗使用和管理有关事项的通知》文件要求，旅行社组织团队旅游活动期间，要为旅游团队提供符合规范要求的导游旗。导游旗形状以长方形或三角形为宜，旗面宽高尺寸以45cm×30cm或60cm×40cm为宜，颜色应鲜艳醒目，材质易于飘扬，旗面应印制旅行社名称、标志或产品名称，且字迹清晰、易辨识，无违背公序良俗的文字、符号或图案。在导游服务过程中，当游客人数超过10人时应持导游旗，当游客人数少于10人时可根据现场情况决定是否持导游旗。导游在使用导游旗时，应保持旗杆直立，旗面位于游客易辨识的方位；暂不使用导游旗时，需妥善放置，不应垫坐、玩耍等。

（2）个人物品准备。

地陪导游必备的个人物品包括名片，手机、充电宝及充电器，洗漱用品与换洗衣服，防护用品（雨伞、遮阳帽、润喉片），常备药物，记事本与工作包等。

3. 形象准备

（1）仪容准备。

地陪导游应面容整洁，不浓妆艳抹；头发要保持清洁、整齐、不染色。女性导游留有长发的要束起，男性导游要前发不覆额、鬓角不近耳、后发不及领。

（2）仪表准备。

地陪导游的着装要符合职业身份，要方便开展旅游服务工作。地陪导游的衣着要简洁、整齐、大方、自然，佩戴首饰要适度。如果旅游接待计划中安排有会见、宴会、舞会等，地陪导游要准备好适合这些场合的正装（男性如西装、中山装，女性如套装、晚礼服、旗袍等）或民族服装。

4. 心理准备

（1）准备面临艰苦复杂的工作。

地陪导游在上团前，不但要根据旅游团的实际情况考虑如何按照正规的工作程序向其提供热情周到的服务，而且还要充分考虑如何为特殊游客提供服务，以及如何面对、处理在旅游服务过程中可能发生的问题和事故。

（2）准备承受抱怨和投诉。

多数地陪导游会尽其所能为游客提供热情周到的服务，但也有些地陪导游工作存在瑕疵或失误，可能会受到游客的抱怨和指责，甚至投诉。面对这种情况，地陪导游要做好思想准备，要冷静、沉着地面对，积极改进不足，无怨无悔地继续做好导游服务工作。

（3）准备面对形形色色的"精神污染"和"物质诱惑"。

地陪导游在带团过程中，经常要与各种各样的游客接触，还要同一些商家打交道，他们的言行举止可能有意无意地传播某些不健康的内容，甚至用不正当利益来进行诱惑。因此，对这些言行，地陪导游应有充分的思想准备，坚持兢兢业业带团，堂堂正正做人。

【任务实施】

1. 分组并填写项目任务书（如表 1-1-5 所示）

表 1-1-5　项目任务书

任务名称	接受任务		
小组成员			
小组组长			
指导教师		计划用时	
实施时间		实施地点	

(续表)

任务内容与目标	
创设情境，模拟接受带团任务的过程。 （1）接收资料。 （2）申领团款。 （3）做好准备工作	
任务分工	地陪导游： 计调员： 会计：
考核项目	（1）落实工作的积极性高，对旅游接待计划的细节把控表现良好。 （2）熟练掌握接受任务的流程，工作内容落实得全面和完整。 （3）在接团工作中与相关人员的交流充分，表达能力强
备注	

2. 实施准备

完成任务需要准备的工具、材料包括旅游接待计划、地陪导游接团任务工作单（派团单），如表1-1-6、表1-1-7所示，以及旅游团名单登记表、旅游服务质量反馈表等。

表 1-1-6 旅游接待计划

旅行社（公章）

线路：太原—乔家大院—平遥古城—五台山风景区—云冈石窟—晋祠　　　　No：

组团社名称及团号	甘肃华夏旅行社 GSHX×××	来自国家地区或城市	甘肃	全陪导游	吕××
地接社团号	SXYY××××			地陪导游	李××
总人数	30人	男	14人	用车情况	晋AA57××	司机	张××
儿童	0人	女	16人				

时间	游览项目及景点	用餐		入住酒店
10月11日	太原武宿国际机场接机，随后乘车前往晋中市祁县乔家大院参观；午餐后，统一乘车前往平遥县，参观平遥古城墙、古县衙、古镖局、日昇昌票号；晚餐后，入住平遥会馆民俗客栈休息	早餐：- 中餐：乔家公寓 晚餐：平遥会馆民俗客栈		平遥会馆民俗客栈 0354-568××××
10月12日	早餐后，统一乘车前往五台山风景区；午餐后，参观五爷庙、菩萨顶、显通寺、塔院寺或殊像寺；晚餐后，观看五台山大型情景剧《又见五台山》；随后，入住酒店休息	早餐：酒店自助 中餐：同丰山庄 晚餐：花卉山庄		花卉山庄 0350-654××××
10月13日	早餐后，乘车前往大同市；午餐后，参观云冈石窟；随后统一安排晚餐，入住酒店休息	早餐：酒店自助 中餐：悦龙餐厅 晚餐：王府至尊酒店		王府至尊酒店 0352-520××××
10月14日	早餐后，乘车前往太原市，到达后参观晋祠；午餐后，前往太原武宿国际机场送团	早餐：酒店自助 中餐：窑洞人家餐厅 晚餐：-		

(续表)

订票计划	飞机：去程（航班兰州—太原 MU23×× 7:55—09:30） 回程（航班太原—兰州 CA46×× 15:50—17:35）
	火车：
	轮船：
备注	

签发日期：2024 年 10 月 9 日　　　　签发人：刘×× 　　　　导游签名：李××

表 1-1-7　地陪导游接团任务工作单（派团单）

编号：

李×× ：（导游证号：YHH×××M）

请按照旅行社确定的行程计划做好导游工作，保证旅游行程按计划执行，并按标准提供服务。

接团时间	2024 年 10 月 11 日		
接团地点	太原武宿国际机场		
团队抵达航班/车次号	去程（航班兰州—太原 MU23×× 7:55—09:30） 回程（航班太原—兰州 CA46×× 15:50—17:35）		
团队人数	共计：30 人　　（成人：30 人　　儿童：　人）		
团队用车车牌号	晋 AA57××		
司机姓名	张××	联系电话	138××××××
全陪导游姓名	吕××	联系电话	153××××××

团队行程详见《旅游接待计划》　　　　　　_____旅行社（盖章）

3. 实施过程

按照项目任务书设计情境并模拟接受任务的具体工作实施。参考情境设计如下。

情境一：地陪导游与计调员对接任务

地陪导游：您好，我来对接一下接团任务。

计调员：您好，李导，10 月 11 日有一个从甘肃来的团，一行 30 人，需要您负责接待。这是派团单，这是旅游接待计划和游客名单，您看一下。

地陪导游：好的。

计调员：这是旅游服务质量反馈表，下团后交回来。

地陪导游：好的，没问题。

情境二：地陪导游向会计申领团款

地陪导游：您好，我来领一下团款。

会计：好的，我看一下您的借款单。

地陪导游：好，这是我的借款单，计调员和我都签字了。

会计：好的，借款单没问题，我给您签字，随后您找领导签字就可以找出纳借款了。

地陪导游：好的，谢谢！

4. 实施总结

请填写项目任务实施报告，如表1-1-8所示。

表 1-1-8　项目任务实施报告

任务名称	接受任务		
小组成员			
小组组长			
计划用时		实际用时	
实施时间		实施地点	
任务内容与目标			
创设情境，模拟接受带团任务的过程。 （1）接收资料。 （2）申领团款。 （3）做好准备工作			
任务分工	地陪导游： 计调员： 会计：		
情境设计			
过程记录			
实施总结			
反思改进			
备注			

【任务评价】

请填写项目任务评价表，如表1-1-9所示。

表 1-1-9　项目任务评价表

任务名称	接受任务		组别	
实施时间			实施地点	
评价项目（分值）	评分依据	自我评价 （20%）	小组互评 （40%）	教师评价 （40%）
素质目标（30分）	工作态度端正、一丝不苟（6分）			
	在处理问题时能够以游客为中心（6分）			
	面对接团任务，心态积极乐观（6分）			
	小组合作默契（6分）			
	小组成员的形象、气质良好（6分）			

(续表)

知识目标（30分）	熟悉接受任务的流程，且工作落实规范（10分）		
	熟悉旅游接待计划（10分）		
	对物品等准备工作的具体要求掌握程度高，且工作落实规范（10分）		
能力目标（40分）	能够按规定完成接受任务的工作（20分）		
	能够准确分析旅游接待计划（10分）		
	具有全面统筹能力，项目任务书、情境设计文本、项目任务实施报告等材料完整、规范（10分）		
小计			
总成绩			
教师评价		教师签名：	年　月　日
学生意见汇总		组长签名：	年　月　日

【任务寄语】

地陪导游的工作千头万绪、事无巨细，如果考虑不周则很容易出错。因此，地陪导游在接受任务的过程中应认真细致、一丝不苟，根据旅游接待计划迅速熟悉相关信息，并本着"游客至上"的服务理念做好相关准备工作，针对旅游团的特点开展相关知识的学习，细致地准备相关资料，并调整心态，积极乐观地面对接下来的带团工作。

【任务拓展】

走访几家旅行社，收集、对比不同旅行社对地陪导游接受任务的相关细节要求，并做出分析。

任务二　落实接待事宜

落实接待事宜

【任务目标】

素质目标：（1）具有认真细致的工作态度。
（2）具有团队合作的精神。

知识目标：（1）熟悉落实接待事宜的主要内容。
（2）掌握落实接待事宜的具体要求。

能力目标：（1）能够全面落实各项接待事宜。
（2）能够与全陪导游、司机，以及酒店、餐厅的工作人员进行有效沟通。

【任务描述】

时间：2024年10月10日10:00

地点：山西乐游春夏旅游开发有限公司

人物：地陪导游、司机、酒店工作人员、餐厅工作人员、全陪导游

内容：根据项目要求，地陪导游通过核对日程安排表，联系司机、酒店、餐厅、全陪导游等，全面落实旅游团接待事宜。

【任务分析】

思考一：

地陪导游落实接待事宜的主要内容有哪些？

知识链接一：

根据《导游服务规范》要求，在准备工作中，导游应与相关接待者建立并保持有效沟通，以确保旅游接待的相关事宜得到妥善安排。全陪导游要与地接社联系，核对旅游接待计划，了解接待工作安排情况；与游客联系，建立联系方式，提醒出发时间、地点等旅游行程及注意事项；与旅游客车司机联系，确定会面时间和车辆停放位置。地陪导游要落实游客的交通、食宿、票务、活动等事宜；确认游客所乘交通工具及其确切抵达时间；与旅游客车司机联系，确定会面时间和车辆停放位置。

为便于记忆，本书将地陪导游落实接待事宜的主要内容总结为一个核对、四个落实（联系）、多个了解。

（1）一个核对：核对日程安排表。

（2）四个落实（联系）

① 联系司机，落实用车；

② 联系酒店与餐厅，落实住房与用餐；

③ 联系全陪导游，落实接团时间和地点；

④ 联系计调等相关部门，落实其他接团细节。

（3）多个了解：了解不熟悉的内容和知识。

思考二：

地陪导游落实接待事宜的具体要求是什么？

知识链接二：

1. 核对日程安排表

地陪导游应根据旅游接待计划安排的日程（电子行程单），认真核对接待社编制的旅游团在当地活动日程表中所列日期、出发时间、游览项目、就餐地点、风味餐品尝、购物、晚间活动、自由活动和会见等项目，如发现有出入，则应立即与本社计调员联系核实，以

免实施时出现不必要的麻烦。

2. 联系司机，落实用车

地陪导游应在接团前联系司机，与司机确定会面时间和车辆停放位置，提醒司机检查车辆空调、话筒及音响、座椅及安全带等设备，保证设备的正常使用。在接待大型旅游团时，地陪导游应在车身合适的位置贴上醒目的编号或标记，以便游客识别。旅游团中游客的行李通常随旅游客车一起运输，但是如果旅游团在合同中要求提供行李车，则地陪导游应与行李车司机联系，告知旅游团抵达的时间、乘坐的交通工具、抵达地点和下榻的酒店。

3. 联系酒店与餐厅，落实住房与用餐

地陪导游在接团前要与旅行社计调部门核实该团游客所住房间的数量、房型、用房时间是否与旅游接待计划相符，核实房费内是否含早餐等，并与酒店销售部或总台核实。若接待重点旅游团，则地陪导游应亲自到游客下榻的酒店向酒店接待人员了解其团队排房情况，告知旅游团的抵达时间和旅游客车车牌号，并主动介绍该团的特点，配合酒店做好接待工作。同时，地陪导游应熟悉旅游团所住酒店的位置、概况、服务设施和服务项目，如距市中心的距离、附近有何购物娱乐场所、交通状况等。

地陪导游应熟悉旅游团就餐餐厅的位置、特色，与有关餐厅联系，确认该团日程表上安排的每一餐的落实情况，并告知旅游团的团号、人数、餐饮标准、日期、特殊要求和饮食禁忌等。

4. 联系全陪导游，落实接团时间和地点

地陪导游应提前与全陪导游取得联系，了解该团的相关情况，以及对在当地的安排有何要求，并告知全陪导游行程中景点对游客的优惠政策和需要携带的相关证件，以及相关的注意事项。若接待的入境旅游团是首站抵达，则地陪导游应与全陪导游联系，约定见面的时间和地点，一起提前赴机场（车站、码头）迎接旅游团。

5. 联系计调等相关部门，落实其他接团细节

地陪导游应主动与计调部门联系，核实旅游团离开当地的交通工具出票情况，并核实航班（车次、船次）确定的出发时间，以便在接待中安排好旅游团离开酒店前往机场（车站、码头）及托运行李出客房的时间。

如果组团社发来的旅游接待计划中包括该旅游团的会见、宴请、品尝风味餐等活动，则地陪导游应在接团前与计调部门联系，请其落实相关活动的准备事宜。

若旅行社为旅游团安排了行李车，则地陪导游应与行李员联系，告知旅游团抵达的时间、地点及下榻的酒店。

6. 了解不熟悉的内容和知识

对新开放的旅游景点或不熟悉的参观旅游点，地陪导游应事先了解景点位置、行车线路、开放时间、最佳游览线路、厕所位置等。必要时，地陪导游可先去踩点，以保证旅游

活动的顺利进行，并提前核实景点门票优惠政策、景点内收费项目、景点内演出或表演的场次和时间等。

同时，地陪导游应提前了解本地天气预报（气温、雨雪、刮风和雾霾情况）并做好相关提醒工作。

【任务实施】

1. 分组并填写项目任务书（如表1-2-1所示）

表1-2-1 项目任务书

任务名称	落实接待事宜			
小组成员					
小组组长					
指导教师		计划用时		
实施时间		实施地点		
任务内容与目标				
根据旅游接待计划和日程安排，创设情境，模拟联系相关部门及人员，落实接待事宜。 （1）联系司机，落实用车。 （2）联系酒店与餐厅，落实住房与用餐。 （3）联系全陪导游，落实接团时间和地点。 （4）联系计调等相关部门，落实其他接团细节				
任务分工	地陪导游： 司机： 酒店总机： 餐厅总机： 全陪导游：			
考核项目	（1）落实工作的态度端正，接待工作中的细节把控到位，问题处理恰当。 （2）工作落实得全面和完整，熟练掌握对吃、住、行等接待工作的要求。 （3）与司机、酒店和餐厅工作人员、全陪导游等人员的交流充分，表达能力强			
备注					

2. 实施准备

完成任务需要准备的工具、材料包括电话、旅游接待计划、日程安排表（如表1-2-2所示）、A4纸、笔。

表1-2-2 日程安排表

日期	起始时间		内容	地点
10月11日	9:00	9:30	接团	太原武宿国际机场
	9:30	10:30	驱车前往乔家大院	
	10:30	12:30	游览乔家大院	乔家大院

（续表）

	12:30	14:00	午餐	乔家公寓餐厅
	14:00	15:00	驱车前往平遥古城	
	15:00	18:00	游览平遥古城	平遥古城
	18:00	20:00	晚餐	平遥大戏堂
	20:00	-	入住酒店休息（自由活动）	平遥会馆民俗客栈
10月12日	6:00	7:00	早餐	平遥会馆民俗客栈
	7:00	11:00	驱车前往五台山	
	11:00	13:00	午餐	同丰山庄
	13:00	17:00	游览五台山	五台山（五爷庙、菩萨顶、显通寺、塔院寺或殊像寺）
	17:00	19:00	晚餐	花卉山庄
	19:00	21:30	前往观看《又见五台山》演出（20:00—21:30）	《又见五台山》剧场
	21:30	-	入住酒店休息	花卉山庄
10月13日	7:00	8:00	早餐	花卉山庄
	8:00	12:00	驱车前往大同	
	12:00	14:00	午餐	悦龙餐厅
	14:00	17:00	游览云冈石窟	云冈石窟
	17:00	19:00	晚餐	王府至尊酒店
	19:00	-	入住酒店休息（自由活动）	王府至尊酒店
10月14日	6:00	7:00	早餐	王府至尊酒店
	7:00	10:30	驱车前往太原	
	10:30	12:00	游览晋祠	晋祠
	12:00	13:00	午餐	窑洞人家餐厅
	13:00	13:30	驱车前往太原武宿国际机场	
	13:30	-	机场送团	太原武宿国际机场

3. **实施过程**

按照项目任务书设计情境并模拟落实接待事宜的具体工作实施。参考情境设计如下。

情境一：地陪导游联系司机，落实用车

司机：喂，您好！

地陪导游：您好，我是山西乐游春夏旅游有限公司的李××，您是张师傅吗？

司机：是的。

地陪导游：张师傅，明天咱们一起去接甘肃来的30人旅游团，8:30我在公司等您，9:00

到太原武宿国际机场。

司机：好的。

地陪导游：对了，您的车牌号是晋AA57××吧？

司机：是的，是一辆红色的49座旅游客车。

地陪导游：我想问一下车上的麦克风和空调都能正常使用吧？

司机：这些都没问题。

地陪导游：那就好，详细情况等见面再跟您沟通。

司机：好的，我知道了。

地陪导游：那明天见！

司机：明天见！

情境二：地陪导游联系酒店，落实住房

酒店：您好，平遥会馆民俗客栈，请问有什么可以帮您呢？

地陪导游：您好，我是山西乐游春夏旅游有限公司的李××，10月11日晚，我们有一个30人的团在这入住，我落实一下。

酒店：请您稍等，我查一下。团号是不是SXYY××××？

地陪导游：对，是的。

酒店：好的，你们是明晚入住，人数30+1，共15个双人标准间，1个全陪导游床，对吗？

地陪导游：对，我们要求所有房间都在同一层。

酒店：好的，我们就是按照你们的预订要求来安排的。

地陪导游：谢谢你们的配合，还有，这个团队的早餐是中餐自助是吧？

酒店：是的，没错。

地陪导游：这个旅游团明天18:00入住，请贵酒店的行李服务员到时做好准备。谢谢您！再见！

酒店：不客气，再见！

情境三：地陪导游联系餐厅，落实用餐

餐厅：您好，乔家公寓餐厅。

地陪导游：您好，我是山西乐游春夏旅游有限公司的李××，明天中午，我们有一个30人的团在这用餐，我落实一下。

餐厅：有的，团号是SXYY××××吗？

地陪导游：是的，是30+1的。还有几个细节问题要跟您讲一下。我们有6个回民需要单独用餐。

餐厅：还是按照原来的用餐标准吧？

地陪导游：是的，拜托了！

餐厅：没问题，再见！

4. 实施总结

请填写项目任务实施报告，如表1-2-3所示。

表 1-2-3　项目任务实施报告

任务名称	落实接待事宜			
小组成员				
小组组长				
计划用时			实际用时	
实施时间			实施地点	
任务内容与目标				
根据旅游接待计划和日程安排，创设情境，模拟联系相关部门及人员，落实接待事宜。 （1）联系司机，落实用车。 （2）联系酒店与餐厅，落实住房与用餐。 （3）联系全陪导游，落实接团时间和地点。 （4）联系计调等相关部门，落实其他接团细节				
任务分工	地陪导游： 司机： 酒店总机： 餐厅总机： 全陪导游：			
情境设计				
过程记录				
实施总结				
反思改进				
备注				

【任务评价】

请填写项目任务评价表，如表1-2-4所示。

表 1-2-4 项目任务评价表

任务名称	落实接待事宜		组别		
实施时间			实施地点		
评价项目（分值）	评分依据		自我评价（20%）	小组互评（40%）	教师评价（40%）
素质目标（30分）	落实工作的态度端正（6分）				
	在联系相关人员时，能够体现团队合作的精神（6分）				
	能够体现以游客为本的服务意识（6分）				
	小组合作默契（6分）				
	小组成员形象、气质良好（6分）				
知识目标（30分）	工作落实得全面、完整（15分）				
	落实接待事宜中对吃、住、行等接待工作的要求熟悉与掌握程度高（15分）				
能力目标（40分）	能够按规定完成落实接待事宜的工作（10分）				
	落实工作时与司机、酒店和餐厅工作人员、全陪导游等人员的交流充分，表达能力强（20分）				
	具有全面统筹能力，项目任务书、情境设计文本、项目任务实施报告等材料完整、规范（10分）				
小计					
总成绩					
教师评价					
			教师签名：	年 月	日
学生意见汇总					
			组长签名：	年 月	日

【任务寄语】

落实接待事宜是提高接待质量和服务效率的关键一环。地陪导游需要事无巨细地落实好与接待服务有关的所有事宜，尽可能考虑周到，保证旅游活动能够顺利进行。在与相关人员交涉时，一定要本着团队合作的精神认真对接协商，从而更好地为游客服务。

【任务拓展】

采访一线导游，了解在落实接待事宜过程中可能出现的突发问题及处理方式。

项目二 接站服务

【项目导读】

2024年10月11日是甘肃旅游团抵达山西的第一天,地陪导游需要前往机场接团,并做好致欢迎词、首次沿途导游、核对商定日程等相关的接站服务。

根据《导游服务规范》要求,地陪导游在执业过程中应携带电子导游证、佩戴导游身份标识,并开启导游执业相关应用软件,提前到达游客出发/迎接地点,持旅行社标识迎候,致欢迎词,介绍本次旅游的行程,提示文明旅游等注意事项。

【学习目标】

素质目标:(1)具有积极主动、热情、细致的工作态度。
(2)具有大方得体、文明礼貌的职业形象。
(3)具有爱党、爱国、爱社会主义、爱家乡的意识。
(4)具有团队合作的精神。
(5)具有导游作为地域文化传播者的使命意识。

知识目标:(1)了解站点接团、致欢迎词等接站服务工作的重要性。
(2)熟悉接站服务的流程及主要内容。
(3)掌握站点接团、首次沿途导游的具体要求。
(4)掌握欢迎词的讲解技巧。
(5)掌握核对商定日程过程中可能出现的不同情况及其处理方法。

能力目标:(1)能够独立完成站点接团、致欢迎词和首次沿途导游的工作。
(2)能够自己创作欢迎词。
(3)能够按规定核对商定日程,并妥善解决可能出现的问题。

【思政案例】

1. 案例介绍

国家金牌导游钱秀珍

钱秀珍是来自云南的一名导游。因为热爱,2007年从业以来,她的足迹遍布大理;因为热爱,她从初涉旅游行业的"小菜鸟",一步步成长为"国家金牌导游"。有人问她,作为一名金牌导游,最大的技巧是什么?钱秀珍说,最大的技巧就是没有技巧,即以心换心,从细节处出发。

2020年,钱秀珍所在旅行社接了一个行程为9天的旅游团,上车不到半个小时,游客就非常喜欢钱秀珍。其中一位游客还在旅行结束后给钱秀珍写了表扬信，这位游客表示，自己的姓氏是一个生僻字，到云南几天了都没有人叫得出她的名字，但钱秀珍却第一时间叫出了，并准确讲出了其姓氏背后的故事。

不仅是这一位游客，从刚工作开始，钱秀珍就会提前熟悉团里每一位游客的名字，并在接团时热情地叫出游客的名字，这为她第一时间赢得游客的认可和信任奠定了坚实的基础。

2. 案例解读

作为导游，钱秀珍能够在接团的第一时间就获得游客的认可和信任，这离不开她细心、热情的服务态度，以及专业的职业素养。

3. 案例思考

在接站服务中，我们应当怎么做才能迅速得到游客的认可，并展现出高素质导游的风采？

任务一　站点接团

站点接团

【任务目标】

素质目标：（1）具有积极主动、热情、细致的工作态度。
（2）具有大方得体、文明礼貌的职业形象。

知识目标：（1）了解站点接团的概念和重要性。
（2）熟悉站点接团工作的主要内容。
（3）掌握旅游团抵达前工作的具体要求。
（4）掌握旅游团抵达后服务的具体要求。

能力目标：（1）能够按规定完成站点接团任务。
（2）通过与全陪导游、游客等人员的交流，提高表达能力及沟通能力。

【任务描述】

时间：2024年10月11日9:00

地点：太原武宿国际机场

人物：地陪导游、全陪导游、游客、司机、机场工作人员

内容：根据项目要求，地陪导游做好旅游团抵达前和抵达后的服务工作，顺利完成站点接团任务。

【任务分析】

思考一：
什么是站点接团？站点接团的重要性何在？

> **知识链接一：**

站点接团是指地陪导游去机场、车站、码头等站点，迎接旅游团。

接站服务在导游服务程序中至关重要，因为这是地陪导游和游客的第一次直接接触，这一阶段的工作直接影响着以后接待工作的质量。站点接团更是接站服务的第一棒，应当特别重视。游客每到一个地方总会有一种新的期待，站点接团是地陪导游的首次亮相，要给游客留下热情、干练的第一印象。

> **思考二：**

站点接团工作的主要内容有哪些？

> **知识链接二：**

站点接团工作主要包括旅游团抵达前的工作和旅游团抵达后的服务。

1. 旅游团抵达前的工作

旅游团抵达前的工作：地陪导游应在接站出发前确认旅游团所乘交通工具的准确抵达时间；地陪导游应提前半小时抵达接站地点，并再次核实旅游团抵达的准确时间；地陪导游应在旅游团出站前与行李员取得联络，告知行李员将行李送往的地点；地陪导游应与司机商定车辆停放的位置；地陪导游应在旅游团出站前持接站标志，站立在出站口醒目的位置热情迎接游客。

2. 旅游团抵达后的服务

根据《导游服务规范》要求，旅游团抵达时，地陪导游应及时与全陪导游或游客接洽，确认应接的游客，核实人数，提醒游客检查并带齐行李；引导游客前往旅游客车停车地点，在车门旁迎候游客；开车前礼貌地清点人数，并进行安全提示。

知识延伸：

团队出发时，全陪导游的工作内容

根据《导游服务规范》要求，团队出发时，全陪导游应：

（1）礼貌地清点人数，引导游客乘坐约定的交通工具；
（2）发放本次旅游行程的相关资料和物资等；
（3）与地陪导游确认迎接游客的时间和地点。

> **思考三：**

旅游团抵达前工作的具体要求是什么？

> **知识链接三：**

1. 确认旅游团所乘交通工具抵达的准确时间

接团当天，地陪导游为了掌握旅游团所乘交通工具抵达的准确时间，应做到计划核实、时刻表核实和问讯时间的三核实。首先，地陪导游要确认旅游接待计划上旅游团到达的时间，并及早与旅游团的全陪导游或领队联系，了解旅游团所乘交通工具的运行情况，尤其是在天气恶劣的情况下，要随时掌握旅游团动向，了解其抵达的准确时间。同时，地陪导游还可以通过查询航班、火车动态信息的App，或向机场（车站、码头）问讯处核实旅游团所乘交通工具的准确抵达时间。

2. 与旅游客车司机联系

得知该团抵达的准确时间以后，地陪导游应与旅游客车司机联系，与其商定出发时间，确保提前半小时抵达接站地点。赴接站地点途中，地陪导游应向司机介绍该团的日程安排。如需要使用音响设备，则地陪导游应事先检查设备并调试音量，以确保设备能够正常使用。到达机场（车站、码头）后，地陪导游应与司机商定旅游客车的停放位置。

3. 再次核实旅游团抵达的准确时间

地陪导游提前半小时抵达接站地点后，应再次通过App、问讯处或者航班（车次）抵达显示器确认航班（车次）抵达的准确时间。如果获悉所接航班（车次）晚点，但推迟时间不长，地陪导游可留在接站地点继续等候旅游团；如果推迟时间长，则应立即将情况告知接待社有关部门，听从安排。

4. 与行李员取得联系，通知其行李送往的地点

如果有配备行李车，则地陪导游应在旅游团出站前与行李员取得联系，告知其该团的名称、人数和行李送往的地点。

5. 持接站标志迎候旅游团

旅游团抵达后，地陪导游应在旅游团出站前，通过电话、微信或短信联系全陪导游或领队，并携带电子导游证、佩戴导游身份标识，开启导游执业相关应用软件（全国导游之家App），持地接社导游旗或接站牌站立在出站口醒目的位置，面带微笑，热情迎接旅游团。接站牌上应写清团名、团号、全陪导游或领队的姓名。当接小型旅游团或无全陪导游、无领队的旅游团时，接站牌上要写清游客的姓名、单位或客源地。

知识延伸：

全国导游之家App

全国导游之家App服务于导游，如图2-1-1所示，方便导游随时查看和编辑带团行程、展示电子导游证、管理自己的工作日历等。

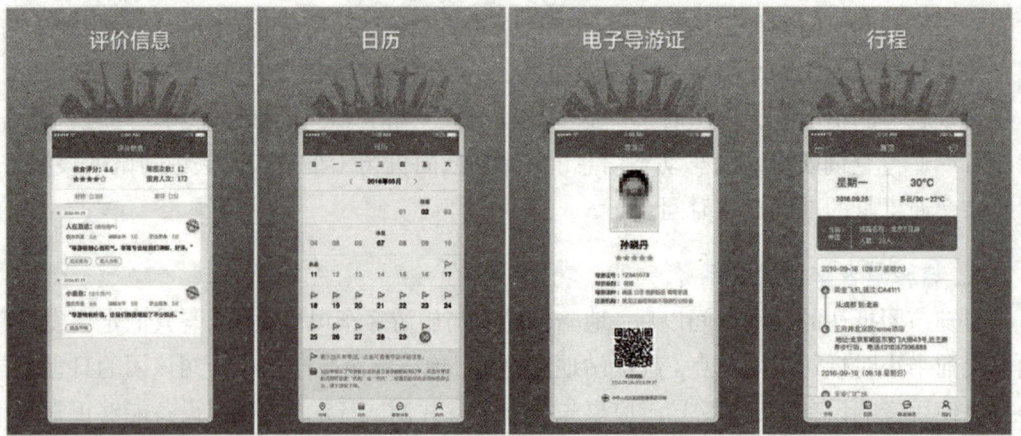

图 2-1-1　全国导游之家 App

产品特点如下。

（1）行程：查看导游当前带团行程详细信息（游玩景点、餐饮住宿、交通工具、注意事项等），行程改变时可通过微信公众号通知所有团内游客。

（2）扫描：扫描导游二维码即可显示电子导游证；接收推送消息，实时了解新闻公告；还可以查看日期、天气信息。

（3）日历：展示导游在自由执业企业承接的所有订单，点击未带团的日期可设置"休息"或"空闲"。

（4）设置：设置后的状态同步给各企业，便于游客下单。

（5）我的：提供导游的基本资料、执业记录、奖励及惩罚记录、游客评价、电子导游证、"全国旅游服务"微信公众号二维码等信息。

思考四：

旅游团抵达后服务的具体要求是什么？

知识链接四：

1. 认找旅游团

旅游团出站时，地陪导游应尽快认找旅游团，持地接社导游旗或接站牌站立在出站口醒目的位置热情迎接旅游团。同时，地陪导游也应通过微信或电话与全陪导游或领队联系，了解游客出站情况。此外，地陪导游也可以从上一站旅行社的社旗或游客的人数及其他标志，如所戴的旅游帽、所携带的旅行包或上前委婉询问，去主动认找旅游团。

2. 认真核实并表示欢迎

找到旅游团后，地陪导游应当再次核对旅游团的基本信息，如组团社名称、团队编号、旅游团人数、领队或全陪导游姓名等，以防止接错。确认旅游团后，地陪导游首先要做到"三问"：一问全陪导游或领队，团队计划是否有变？二问客人，有没有想上洗手间的？三问客人，自己的行李及证件等有没有落在飞机/火车/轮船上？随后，地陪导游要简单介绍自己，并对游客表示欢迎。

3. 集中清点行李

如果有行李车运送行李，则地陪导游应协助游客将行李集中放在指定位置，并提醒游客检查自己的行李物品是否完整无损；与领队、全陪导游核对行李件数无误后，移交给行李员，双方办好交接手续。如果是游客自带行李，则地陪导游应询问游客行李是否带齐，确保无误后，带领游客至旅游客车前集中有序摆放行李，同领队、全陪导游、司机共同清点行李后，协助司机将行李装车。若有行李未到或破损，则地陪导游应协助当事人到机场登记处或其他有关部门办理行李丢失或赔偿申报手续。

4. 集合登车清点人数

地陪导游应提醒游客带齐手提行李和随身物品，引导游客前往登车处。游客上车时，地陪导游应恭候在车门旁，微笑着向游客问好，并协助或搀扶老人等特殊游客上车就座。对于行李比较多的游客应视情况决定是否提供帮助，因为在我国，主动向他人提供帮助是很正常的；而在欧美等国则不同，应征询游客的意见，得到同意后再帮助。游客上车后，地陪导游应帮助游客整理并检查放在行李架上的手提行李，尤其注意行李架上不得存放大型或重型行李，以免意外掉落砸伤游客。待游客坐定后，地陪导游要做的第一件事是礼貌地清点人数，随后提醒游客系好安全带，确认游客到齐坐稳后请司机开车。地陪导游在旅游客车上开始工作前，要将移动电话调至静音或振动模式，无紧急事情不要在旅游客车上打电话。

为了保证安全，地陪导游应当坐在导游专座上。

知识延伸：

导游接站三忌

导游接站有三忌：扛着导游旗，点着兰花指，数着123。扛着导游旗的导游给游客的第一印象是精神萎靡，没有热情，这给刚到的游客传递的是一种不良的感觉和气氛，给游客留下的第一印象不好，对游客来说也是不礼貌的。礼仪常识告诉我们，清点人数时用手指着游客，嘴里还数着123，这种做法是极其不礼貌的。同样不礼貌的做法是用导游旗指着游客数数。正确的做法是站在车头，心里默数游客人数；游客人数较多时也可以从车头走到车尾，手指不能指着游客，一边走一边用两手轻扶椅背，在心里默数人数。游客上下车是一个非常好的机会，导游可以站在车门的一侧，礼貌地欢迎客人上车或下车，在这过程中既显出了导游的水平和礼貌，又把人数清点了。

导游专座

导游专座是指旅游客车在提供旅游服务时，为导游设置的专用座位，如图2-1-2所示。导游专座应设置在旅游客车前乘客门侧第一排乘客座椅靠通道侧位置；旅游客运企业在旅游服务过程中，应配备印有"导游专座"字样的座套；旅行社制订团队旅游计划时，应根据车辆座位数和团队人数，统筹考虑，游客与导游总人数不得超过车辆核定乘员数。设置导游专座，是保障游客安全、导游安全，改善导游执业环境，为游客提供优质服务，尊重导游职业，建立平等客导关系和推进文明旅游乃至建设文明社会的需要。

2016年4月11日，国家旅游局和交通运输部印发《关于进一步规范导游专座等有关事宜的通知》，倡导在全国旅游客车上设置导游专座，使导游可以安全地履职，并提高游客的安全保障，改善导游与游客的关系。通知出台后，各地充分认识规范导游专座设置和使用的重要意义，结合实际和行业特点，创新举措，狠抓落实，效果明显，有效保障了导游安全执业。原国家旅游局制定颁行的《导游管理办法》也明确规定：导游应当在旅游车辆"导游专座"就座，避免在高速公路或危险路段站立讲解。

图 2-1-2　导游专座

【任务实施】

1. 分组并填写项目任务书（如表 2-1-1 所示）

表 2-1-1　项目任务书

任务名称	站点接团		
小组成员			
小组组长			
指导教师		计划用时	
实施时间		实施地点	
任务内容与目标			
根据旅游接待计划和日程安排，创设情境，模拟站点接团。 （1）模拟旅游团抵达前的工作。 ① 确认旅游团所乘交通工具抵达的准确时间。 ② 与旅游客车司机联系			

（续表）

	③ 再次核实旅游团抵达的准确时间。 ④ 与行李员取得联系，通知其行李送往的地点。 ⑤ 持接站标志迎候旅游团。 （2）模拟旅游团抵达后的服务。 ① 认找旅游团。 ② 认真核实并表示欢迎。 ③ 集中清点行李。 ④ 集合登车清点人数
任务分工	地陪导游： 全陪导游： 游客： 司机： 机场工作人员：
考核项目	（1）落实工作的态度端正，对接团工作中的细节把控到位，问题处理恰当。 （2）熟练掌握旅游团抵达前后服务工作和具体要求，工作落实得全面、完整。 （3）在接团工作中，与全陪导游、游客、司机等相关人员的交流充分，表达能力强
备注	

2. 实施准备

完成任务需要准备的工具、材料包括电话、旅游接待计划、日程安排表、导游旗、接站牌、电子导游证、导游身份标识、导游执业相关应用软件（全国导游之家App）等。

3. 实施过程

按照项目任务书设计情境并模拟站点接团的具体工作实施。参考情境设计如下。

情境一：旅游团抵达前几个小时与全陪导游进行电话联系

地陪导游：您好，请问您是甘肃华夏旅行社的吕导吧？

全陪导游：是的，请问您是哪位？

地陪导游：我是山西乐游春夏旅游有限公司的李导。打电话是想和您再核实一下，你们乘坐的飞机什么时候抵达？

全陪导游：我们乘坐的兰州飞太原的MU23××航班将于9点半抵达，航班正常。

地陪导游：好的，没问题，到时我会在出站口等候你们，随时联系，再见！

全陪导游：再见！

情境二：认找并核实旅游团

全陪导游：您好，请问您是山西乐游春夏旅游有限公司的李导吗？

地陪导游：是的，您是甘肃华夏旅行社的吕导吧？

全陪导游：是的，没错，我们一行30人，这是我们的行程单和游客名单。

地陪导游：好的，没问题，大家都出站了吧？

全陪导游：都出站了。

地陪导游：好的，各位游客，一路辛苦了，现在，请大家检查一下自己的行李物品有没有落下的，有需要上卫生间的现在可以去。（等游客到齐、集合后）各位游客，大家好，欢迎大家来山西旅游，我叫李××，接下来山西四天三晚的行程将由我来为大家服务。接下来，请大家携带好自己的行李跟我一起出站，我们的旅游客车已经在停车场等候大家了。

4. 实施总结

请填写项目任务实施报告，如表2-1-2所示。

表2-1-2　项目任务实施报告

任务名称		站点接团	
小组成员			
小组组长			
计划用时		实际用时	
实施时间		实施地点	
任务内容与目标			
根据旅游接待计划和日程安排，创设情境，模拟站点接团。 （1）模拟旅游团抵达前的工作。 ① 确认旅游团所乘交通工具抵达的准确时间。 ② 与旅游客车司机联系。 ③ 再次核实旅游团抵达的准确时间。 ④ 与行李员取得联系，通知其行李送往的地点。 ⑤ 持接站标志迎候旅游团。 （2）模拟旅游团抵达后的服务。 ① 认找旅游团。 ② 认真核实并表示欢迎。 ③ 集中清点行李。 ④ 集合登车清点人数			
任务分工	地陪导游： 全陪导游： 游客： 司机： 机场工作人员：		
情境设计			
过程记录			
实施总结			
反思改进			
备注			

【任务评价】

请填写项目任务评价表，如表2-1-3所示。

表2-1-3　项目任务评价表

任务名称	站点接团		组别		
实施时间			实施地点		
评价项目（分值）	评分依据		自我评价（20%）	小组互评（40%）	教师评价（40%）
素质目标（30分）	工作态度端正、认真细致（8分）				
	在接团过程中大方热情、文明礼貌（8分）				
	小组合作默契（7分）				
	小组成员形象、气质良好（7分）				
知识目标（30分）	对旅游团抵达前工作的主要内容和具体要求的熟悉与掌握程度高，工作落实得全面、完整（15分）				
	对旅游团抵达后服务的主要内容和具体要求的熟悉与掌握程度高，工作落实得全面、完整（15分）				
能力目标（40分）	能够按规定完成站点接团任务（20分）				
	通过与全陪导游、游客等人员的交流，表达能力及沟通能力有所提高（10分）				
	具有全面统筹能力，项目任务书、情境设计文本、项目任务实施报告等材料完整、规范（10分）				
小计					
总成绩					
教师评价			教师签名：	年　月　日	
学生意见汇总			组长签名：	年　月　日	

【任务寄语】

第一次交往时给他人留下的印象，在对方的头脑中形成并占据着主导地位。站点接团是地陪导游和游客的第一次直接接触，作为地陪导游，一定要重视这次机会，积极主动、热情细致地服务好每一位游客，同时也要在妆容、仪态和举止方面表现出大方得体、文明礼貌的职业素养，给游客留下良好的第一印象。

【任务拓展】

采访一线导游或查询相关资料，了解如何在站点接团中给游客留下良好的第一印象。

任务二　致欢迎词

【任务目标】

素质目标：（1）具有热情、细致的工作态度。
　　　　　　（2）树立以游客为本的服务意识。

知识目标：（1）了解欢迎词的概念和重要性。
　　　　　　（2）掌握欢迎词的内容和形式。
　　　　　　（3）掌握欢迎词的讲解技巧。
　　　　　　（4）熟悉致欢迎词的注意事项。

能力目标：（1）能够自己创作欢迎词。
　　　　　　（2）能够按规定完成致欢迎词的任务。

【任务描述】

时间：2024年10月11日9:30

地点：旅游客车上

人物：地陪导游、全陪导游、游客、司机

内容：根据项目要求，地陪导游在首次行车途中向旅游团致欢迎词。

【任务分析】

思考一：

什么是欢迎词？欢迎词在带团服务过程中的重要性何在？

知识链接一：

欢迎词是地陪导游在接到旅游团并把其迎入旅游客车后对游客的致词，是地陪导游给游客留下良好第一印象的重要环节。欢迎词是"行"的开始，艺术性地致好"欢迎词"非常重要，它好比一场戏的"序幕"，一篇乐章的"序曲"，一部作品的"序言"。一段好的欢迎词能够让游客在第一时间感觉到地陪导游的专业能力，让他们知道地陪导游是为他们服务的，并且只有听从地陪导游的安排才能得到最完美的旅行，同时要让他们感觉到地陪导游是值得信赖的。地陪导游应当努力展示自己的艺术风采，使"良好开端"成为"成功的一半"。

思考二：

如何撰写欢迎词？欢迎词的内容和形式有哪些？

> 知识链接二：

1. 欢迎词的内容

致欢迎词的时间应控制在5分钟左右，内容应包括以下五要素。

（1）问候语：真诚问候游客，如"各位来宾、各位朋友，大家好！"

（2）欢迎语：代表所在接待社、本人及司机欢迎游客光临本地。

（3）介绍语：介绍自己的姓名及所属单位，介绍司机。

（4）希望语：表示提供服务的诚挚愿望，希望得到全团的配合。

（5）祝愿语：预祝游客旅游愉快顺利。

当然，由于不同旅游团客观存在着差别，所以欢迎词的内容应视旅游团的性质及其成员的文化水平、职业、年龄及居住地区等情况而有所不同。

2. 欢迎词的形式

欢迎词要有激情、有特点、有新意、有吸引力，能给游客留下深刻印象。所以，欢迎词的形式应该不拘一格，要根据不同的游客对象采取不同的形式，以收到最好的效果。常用的欢迎词形式主要有规范式、聊天式、调侃式、抒情式和安慰式。

（1）规范式。

规范式欢迎词的特点：要点全面、简单直接，没有华丽的辞藻，也没有幽默表现；适用于规格较高、身份特殊的游客；对普通游客而言则略显单调乏味，甚至会引起反感。

（2）聊天式。

聊天式欢迎词的特点：感情真挚，亲切自然，如话家常，娓娓道来，游客容易接受，尤其适用于休闲消遣型的游客。

（3）调侃式。

调侃式欢迎词的特点：风趣幽默，亦庄亦谐，玩笑无伤大雅，自嘲不失小节，言者妙语连珠，听者心领神会。这种欢迎词可以调节气氛，消除紧张，但不适用于社会地位较高、自恃骄矜的游客。

（4）抒情式。

抒情式欢迎词的特点：语言凝练，感情饱满，富有哲理，引用名言警句，使用修辞手法。这种欢迎词能够激发游客的兴趣，烘托现场气氛，但不适用于文化水平较低的游客。

（5）安慰式。

安慰式欢迎词的特点：语气温和、入情入理，用善解人意的话语拨开游客心中的阴云。当出现飞机晚点、行李损坏、旅游团内部产生矛盾等情形时，安慰式欢迎词最为合适。

> 思考三：

如何提升欢迎词的讲解效果，有什么技巧？

> 知识链接三：

1. 内容简洁

一般来说，地陪导游要在游客已经在旅游客车上入座、即将出发前往下榻酒店或旅游景点时向游客致欢迎词。此时游客可能会出现两种状态：一是游客刚刚抵达旅游地，精神上比较亢奋，希望马上了解旅游地的情况；二是游客经过长途旅行，身体比较疲惫，希望能够在车上稍事休息。无论是哪一种情况，游客此时虽然对地陪导游存在一定的新鲜感，但都不会将地陪导游作为主要的欣赏对象。因此，地陪导游致欢迎词的时间不能太长，话不多说，点到为止，只要能够让游客体会到自己的欢迎之情就可以了。一般来说，致欢迎词的时间要控制在5分钟左右。

2. 热情亲切

在致欢迎词前，地陪导游的身份尚未得到游客的认同，双方还很陌生。为便于以后工作的开展，地陪导游必须尽快与游客互相熟络起来。要达到这样的效果，地陪导游必须热情亲切，以"好客主人"的形象对游客的光临表示欢迎，从而迅速拉近与游客之间的情感距离。值得注意的是，欢迎词的感情表达不宜过于强烈。过度的热情，甚至慷慨激昂，反而容易给人以虚假造作之感。

3. 语言自然

尽管事先可能有心理准备，但游客仍然可能会对突然来致欢迎词的地陪导游存在一定的"突兀"之感。因此，地陪导游应以自然的语言、和缓的语调、随意的口吻来消除游客的这种感觉。

4. 针对性强

地陪导游应根据游客的心理、情绪状况及其所在地的习俗，以及地陪导游自己所在城市名称等的特点，进行一定的艺术加工后再讲，方能引起游客的浓厚兴趣和共鸣。例如，有一个地陪导游在接待医生团时是这样致欢迎词的："各位早上好！我叫张少昆，是×××旅行社的导游，十分荣幸能为各位服务。各位都是医生吧？医生是社会最好的职业。我一出生，就对医生有特别的感情，因为我是难产儿，多亏了医生我才得以'死里逃生'。今天的旅游行程是这样为大家安排的，首先游览岳阳楼、洞庭湖，然后去参观一家中医院。如果还有时间，我想请大家安排一个特别节目，那就是为我诊断一下，为什么我老是得感冒。谢谢！"

知识延伸：

针对猜疑型游客致欢迎词的技巧

针对猜疑型的游客，地陪导游要谨慎接待，态度和行动上要落落大方。由于此类人的性格所致，遇事生疑是他们最大的特点。为此，地陪导游最好避免使用模棱两可的语言，不仅要表现出事事有信心、处处有把握的姿态，而且说话要有根据，是黑是白干脆清楚。

刚从旅游专科学校毕业的A导游，身材不高，长相稚嫩。一次，她接待约50人的大团，游客一下火车都用怀疑的眼光望着她，那些猜疑型的游客更是交头接耳、议论纷纷。A导游望着这情景，灵机一动，她一改常用的欢迎词，自我介绍后便说："爹妈给我生了一张娃娃脸，但我却是旅专毕业生，导游水平不高，可我的态度是端正的，指导思想是明确的，我会尽我最大努力，使各位高兴而来，满意而归。"随后，A导游严格按照旅游行程单上的内容进行旅游活动，说话算数，态度热情诚恳，得到了全体游客的一致好评，那些猜疑型的游客也佩服地说："A导游是可信赖的。"

5. 幽默风趣

致欢迎词时的一个重要内容是自我介绍，此时，地陪导游完全可以自嘲一下，既风趣又不夸张，可以给游客留下深刻印象。这样能够创造出融洽的气氛，缩短地陪导游与游客之间的心理距离。一位地陪导游的自我介绍是这样的："我是XXX旅行社的导游，名叫王诚。诚恳、诚实的诚。不瞒大家说，诚恳、诚实确实是我的优点。但很不幸，人们都说导游是一个国家的脸面，我这张脸，其貌不扬，不知能否代表我们这个美丽的国家？"

6. 加强文采

一篇好的欢迎词，不仅是驱散游客心头种种疑惑和迷雾的良方，还是一曲乐章的序曲，通过地陪导游的演奏，将听众（游客）带入这美妙的音乐氛围中。充满文采的欢迎词，将会收到更好的效果。

7. 把握分寸

欢迎词中涉及一个自我评价的问题。恰如其分的自我评价，是地陪导游缩短与游客之间距离、迅速赢得游客信任的有效途径。恰如其分就是把握好分寸。

> **思考四：**
> 致欢迎词过程中有哪些注意事项？

> **知识链接四：**
> （1）在游客放好物品、入座后，静等片刻再开始致欢迎词。因为游客刚到一地，对周围环境充满好奇，左顾右盼，精神不易集中，此时致欢迎词的效果不好。因此地陪导游要把握好时机，等大家情绪稳定下来后再致欢迎词。
> （2）致欢迎词时，如果旅游客车的车型允许，则地陪导游应该采取面向游客的站立姿势，站在车厢前部靠近司机且全体游客都能看到的位置。

【任务实施】

1. 分组并填写项目任务书（如表 2-2-1 所示）

表 2-2-1 项目任务书

任务名称	致欢迎词		
小组成员			
小组组长			
指导教师		计划用时	
实施时间		实施地点	
任务内容与目标			
根据旅游接待计划和日程安排，创设情境，模拟致欢迎词服务。 （1）撰写欢迎词。 （2）致欢迎词			
任务分工	地陪导游： 全陪导游： 游客： 司机：		
考核项目	（1）落实工作的态度端正，致欢迎词时的细节把控到位，服务的灵活性强，欢迎词能够体现以游客为本的服务意识。 （2）欢迎词的内容正确、完整，欢迎词的形式灵活多样。 （3）欢迎词的撰写能力和讲解能力强		
备注			

2. 实施准备

完成任务需要准备的工具、材料包括笔、本、车载话筒。

3. 实施过程

按照项目任务书设计情境并模拟致欢迎词的具体工作实施。参考情境设计如下。

情境一：地陪导游致欢迎词（规范式）

尊敬的各位游客，大家好！首先我代表山西乐游春夏旅游有限公司欢迎大家来山西旅游，我是大家的导游李XX，大家叫我小李或李导就可以了。我旁边的是司机张师傅，他具有多年的驾驶经验，乘坐他的车您尽管放心。在未来的几天中，我和张师傅将竭诚为大家服务。大家有什么要求和建议请尽管提出，我们会尽力满足。衷心祝愿大家旅途愉快！

情境二：地陪导游致欢迎词（调侃式）

各位朋友，大家好！有一首歌曲叫《常回家看看》，有一种渴望叫常出去转转，说白了就是旅游。在城里待久了，天天听噪声、吸尾气、忙家务、搞工作，真可以说操碎了心，磨破了嘴，身板差点没累毁呀！所以我们应该经常出去旅游，到青山绿水中去陶冶情操，到历史名城中去开阔眼界，人生最重要的是什么，不是金钱，不是权力，我个人认为是健康快乐！大家同意吗？

情境三：地陪导游致欢迎词（抒情式）

各位朋友，欢迎您到山西来。山西这片土地，似乎很少有人用美丽富饶来描述它，但在这里您可以嗅到中华大地五千年的芬芳。穿越山西南北，粗犷的黄土高坡向我们展示出一幅尘封的历史画卷。太行山的傲岸，吕梁山的淳朴，恒山、五台山的豪放都会带给您满眼的绿和满腹的情。在这饱含着历史沧桑，充满着浓郁乡情的地方，它独特的文化气息将令您度过一个远离喧嚣和烦躁的阳光假期。

情境四：地陪导游致欢迎词（安慰式）

各位团友，大家好！咦，怎么没人回应呀？以往向大家问好，大家都有回答，这次怎么让我的话掉在地上了？我想，各位还是在为这次飞机晚点的事情恼火吧！事情已经过去，我们就不要再想它了，我们不是已经安全到达了吗？大家再看一下面对你们的这张笑脸多么灿烂，应该高兴呀！我们中国有句老话，叫"好事多磨"嘛。好了，我们不要去想它了，在这几天的游览中，由我来给大家做导游，我会尽量做到最好。行程上今天应该游览的两个景点我会安排给大家补上。刚才和全陪导游商量了，明天早饭后，早点出发，先抓紧时间把这两个景点参观完，再去下一站，怎么样？不过我们的司机师傅要辛苦了。师傅说了，只要大家满意，他辛苦一些也愿意。咱们给师傅鼓鼓掌！

情境五：地陪导游致欢迎词（聊天式）

各位来自北京的朋友，你们好！我先了解一下，大家是一个单位的吗？哦，那就好，那么大家都熟悉了。下面，我们也来认识一下，我是李XX，是山西乐游春夏旅游有限公司的专职导游。在座的哪位是领导？哦，处长您好，那这次您就是老大，不过在山西期间老大也得听我的，我厉害吧！开个玩笑，下面为各位介绍一位真正的老大，就是这位司机张师傅，他可掌管着我们全团人的方向，这位老大在圈里很有威信，可谓德高望重。有了张师傅，我们大家尽可放心，保证大家玩得开心、愉快！

4. 实施总结

请填写项目任务实施报告，如表2-2-2所示。

表 2-2-2　项目任务实施报告

任务名称	致欢迎词			
小组成员				
小组组长				
计划用时		实际用时		
实施时间		实施地点		
任务内容与目标				
根据旅游接待计划和日程安排，创设情境，模拟致欢迎词服务。 （1）撰写欢迎词。 （2）致欢迎词				
任务分工	地陪导游： 全陪导游： 游客： 司机：			
情境设计				
过程记录				
实施总结				
反思改进				
备注				

【任务评价】

请填写项目任务评价表，如表2-2-3所示。

表 2-2-3　项目任务评价表

任务名称	致欢迎词	组别		
实施时间		实施地点		
评价项目（分值）	评分依据	自我评价（20%）	小组互评（40%）	教师评价（40%）
素质目标（30分）	工作态度端正、认真细致（6分）			
	大方热情（6分）			
	欢迎词中能体现以游客为本的服务意识（6分）			
	小组合作默契（6分）			
	小组成员形象、气质良好（6分）			
知识目标（30分）	欢迎词的内容正确、完整（12分）			
	欢迎词的形式灵活多样（12分）			
	致欢迎词的时机准确、站姿规范等（6分）			

（续表）

能力目标(40分)	能够撰写一篇完整的欢迎词（10分）			
	能够按游客特点灵活调整欢迎词的内容和形式（10分）			
	能够按规定完成致欢迎词的任务（10分）			
	具有全面统筹能力，项目任务书、情境设计文本、项目任务实施报告等材料完整、规范（10分）			
小计				
总成绩				
教师评价				
		教师签名：		年　月　日
学生意见汇总				
		组长签名：		年　月　日

【任务寄语】

　　致欢迎词至关重要，欢迎词的好坏直接关系着游客对地陪导游专业能力的认可度。因此，地陪导游要秉承游客至上的服务理念，根据不同游客的特点，认真思考，有针对性地撰写欢迎词，并通过热情的讲解高质量完成致欢迎词的任务，展现良好的职业素养。

【任务拓展】

　　了解不同类型游客的特点，思考如何有针对性地开展致欢迎词服务，并提出有针对性的策略。

任务三　首次沿途导游

首次沿途导游

【任务目标】

　　素质目标：（1）树立爱党、爱国、爱社会主义、爱家乡的意识。
　　　　　　（2）树立导游作为地域文化传播者的使命意识。
　　知识目标：（1）了解首次沿途导游的重要性。
　　　　　　（2）熟悉首次沿途导游的主要内容。
　　　　　　（3）掌握首次沿途导游的具体要求。
　　能力目标：（1）能够对本地情况进行介绍。
　　　　　　（2）能够对首次沿途风光进行即兴讲解。
　　　　　　（3）能够清楚地介绍指定酒店的基本情况。

【任务描述】

时间：2024年10月11日9:40

地点：旅游客车上

人物：地陪导游、全陪导游、游客、司机

内容：根据项目要求，地陪导游在行车途中向旅游团做首次沿途导游。

【任务分析】

思考一：

首次沿途导游在带团服务过程中的重要性何在？

知识链接一：

1. 满足游客的好奇心和求知欲

游客初来一地会感到好奇、新鲜，什么都想问，什么都想知道，地陪导游应把握时机，选择游客最感兴趣、最急于了解的事物进行介绍，以满足游客的好奇心和求知欲，所以地陪导游必须做好首次沿途导游。

2. 有利于地陪导游树立良好形象

首次沿途导游是展示地陪导游的气质、学识、语言水平、导游技能和工作能力的好机会，成功的首次沿途导游会使游客产生信任感和满足感，从而更好地拉近地陪导游与游客之间的距离。

思考二：

首次沿途导游的主要内容和具体要求有哪些？

知识链接二：

当旅游团抵达时，地陪导游在行车途中要做好途中讲解，内容主要包括介绍本地概况、风光风情导游、讲解相关注意事项等。

1. 介绍本地概况

地陪导游应向游客介绍当地的概况，包括地理位置、历史沿革、人口状况、行政区划、市政建设、气候、风物特产、居民生活等，并在适当的时间向游客分发导游图；同时，还可以介绍本地的市貌、发展概况及沿途经过的重要建筑物、街道等。

2. 风光风情导游

地陪导游在行车途中要对道路两边的人、物、景做好风光风情导游，讲解的内容要简明扼要，语言节奏明快、清晰，景物取舍得当，随机应变，见人说人，见景说景，与游客的观赏同步。因此，地陪导游要反应灵敏，把握好时机。

3. 讲解相关注意事项

地陪导游应在车上向游客介绍本次旅游行程的大致情况，并尽快与领队、全陪导游商量当日或次日的活动安排，包括叫早时间、早餐时间和地点、集合时间和地点、旅行线路等，商定后应向游客宣布当日或次日的活动安排，并提醒游客做好必要的参观游览准备，还应当提示游客注意文明旅游。

如果旅游团的第一站是下榻的酒店，在旅游客车快到下榻的酒店时，地陪导游应向游客介绍该酒店的基本情况，包括酒店的名称、位置、距机场（车站、码头）的距离、星级、规模、主要设施和设备及其使用方法、入住手续及注意事项等。当旅游客车驶入下榻酒店后，地陪导游应在游客下车前向其讲清下次集合的时间、地点和停车位置，让其记住旅游客车的颜色、车牌号，并提醒他们将手提行李和随身物品带下车。

此外，对于刚刚入境的国际旅游团而言，地陪导游要向游客介绍两国的时差，并请游客调整好时间。

总之，沿途导游贵在灵活，地陪导游应把握时机、反应敏锐，选择游客最感兴趣、最急于了解的事物进行介绍，以满足游客的好奇心和求知欲。

知识延伸：

世界主要旅游城市与北京的时差如表2-3-1所示。

表2-3-1 世界主要旅游城市与北京的时差

国家	城市	时差数（单位：小时）
埃及	开罗	−6
奥地利	维也纳	−7
澳大利亚	堪培拉、墨尔本、悉尼	+2
巴西	巴西利亚、里约热内卢、圣保罗	−11
比利时	布鲁塞尔	−7
朝鲜	平壤	+1
丹麦	哥本哈根	−7
德国	慕尼黑、柏林、法兰克福	−7
俄罗斯	莫斯科	−5
法国	巴黎	−7
菲律宾	马尼拉	0
芬兰	赫尔辛基	−6
韩国	首尔	+1
荷兰	阿姆斯特丹	−7
加拿大	渥太华	−13
卢森堡	卢森堡	−7
马尔代夫	马累	−3
马来西亚	吉隆坡	0
美国	华盛顿	−13

(续表)

国家	城市	时差数（单位：小时）
美国	拉斯维加斯	−16
美国	纽约	−13
美国	火奴鲁鲁（檀香山）	−18
南非	开普敦	−6
尼泊尔	加德满都	−2.15
葡萄牙	里斯本	−8
日本	东京	+1
瑞士	日内瓦	−7
泰国	曼谷	−1
西班牙	马德里、巴塞罗那	−7
希腊	雅典	−6
新加坡	新加坡	0
新西兰	惠灵顿	+4
匈牙利	布达佩斯	−7
以色列	耶路撒冷	−6
意大利	罗马	−7
印度	新德里	−2.5
印度尼西亚	雅加达	−1
英国	伦敦	−8

注："+"表示比北京时间早，"-"表示比北京时间晚，各地时间均为标准时间。

【任务实施】

1. 分组并填写项目任务书（如表 2-3-2 所示）

表 2-3-2　项目任务书

任务名称	首次沿途导游		
小组成员			
小组组长			
指导教师		计划用时	
实施时间		实施地点	
任务内容与目标			
根据旅游接待计划和日程安排，创设情境，模拟首次沿途导游。 （1）介绍本地概况。 （2）风光风情导游。 （3）讲解相关注意事项			
任务分工	地陪导游： 全陪导游： 游客： 司机：		

	(续表)
考核项目	（1）落实工作的态度端正、地域文化传播的意识强烈。 （2）工作落实得全面、完整，熟练掌握首次沿途导游服务工作的具体要求。 （3）首次沿途导游词的撰写和讲解能力强
备注	

2. 实施准备

完成任务需要准备的工具、材料包括笔、本、车载话筒。

3. 实施过程

按照项目任务书设计情境并模拟首次沿途导游的具体工作实施。参考情境设计及参考资料如下。

情境一：介绍山西省概况

山西省省情概貌

山西省地处黄河流域中部，东有巍巍太行山作天然屏障，与河北省为邻；西、南部以黄河为堑，与陕西省、河南省相望；北跨绵绵长城，与内蒙古自治区毗连。因地属太行山以西，故名山西。春秋战国时期属晋国地，故简称"晋"；战国初期，韩、赵、魏三分晋国，因而又称"三晋"。全省总面积为15.67万平方千米。

地形：山西疆域轮廓呈东北斜向西南的平行四边形，是典型的被黄土广泛覆盖的山地高原，地势东北高西南低。高原内部起伏不平，河谷纵横，地貌类型复杂多样，有山地、丘陵、台地、平原，山多川少，山地、丘陵面积占全省总面积的80.1%，平川、河谷面积占总面积的19.9%。全省大部分地区海拔在1500米以上，最高点为五台山主峰叶斗峰，海拔为3061.1米，为华北最高峰。

气候：山西省地处中纬度地带的内陆，在气候类型上属于温带大陆性季风气候。由于太阳辐射、季风环流和地理因素影响，山西省气候具有四季分明、雨热同步、光照充足、南北气候差异显著、冬夏气温悬殊、昼夜温差大的特点。山西省各地年平均气温介于4.2～14.2℃，总体分布趋势为由北向南升高，由盆地向高山降低；全省各地年降水量介于358～621毫米，季节分布不均，夏季6～8月降水相对集中，约占全年降水量的60%，且省内降水分布受地形影响较大。

面积：全省纵长约682千米，东西宽约385千米，总面积为15.67万平方千米，占全国总面积的1.6%。

旅游资源：山西省是中华文明发祥地之一，是我国旅游资源富集的省份之一。"华夏古文明，山西好风光"是对山西旅游的高度概括。山西省现存有国家级重点文物保护单位452处，占全国的23.3%，位居第一，其中，云冈石窟、平遥古城、五台山为世界文化遗产。全国保存完好的宋、金以前的地面古建筑物70%以上在山西省境内，享有"中国古代建筑艺术博物馆"的美誉。四大佛教圣地之一的五台山，寺庙群集千年之萃。建于北魏的恒山悬空寺悬于悬崖峭壁之上，以惊险奇特著称。太原的晋祠是形式多样的古建筑荟萃的游览胜地。平遥古城是全国现存三座古城之一，被列为世界文化遗产名录。芮城永乐宫是典型的元代道观建筑群，宫内壁画是我国绘画艺术的珍品。解州关帝庙是全国规模最大的武庙。云冈石窟是全国三大佛教石窟之一，气势雄伟。因拍摄《大红灯笼高高挂》而闻名的祁县乔家大院，加上祁县渠家大院、灵石王家大院、太谷三多堂等，共同组成山西晋中的大院民俗文化。

山西名山大川遍布，自然风光资源丰富优美。北岳恒山是五岳之一，是国家级风景名胜区。绵山气候宜人，自古就是避暑胜地。黄河壶口瀑布是仅次于黄果树瀑布的全国第二大瀑布，是国家级风景名胜区。庞泉沟、芦芽山、历山、莽河等自然保护区，风景秀丽，景致各异。

山西是老革命根据地，革命活动遗址和革命文物遍布全省，著名的有八路军总部旧址、黎城黄崖洞八路军兵工厂、文水刘胡兰纪念馆等。

情境二：介绍太原市概况

太原市简介

太原市，简称"并"（bīng），古称晋阳，别称并州、龙城，山西省辖地级市、省会，以能源、重化工为主的工业基地。太原市位于山西省中部、晋中盆地北部地区，介于北纬37°27′～38°25′，东经111°30′～113°09′，总面积为6988平方千米。

太原市是山西省政治、经济、文化和国际交流中心。太原曾成功举办第二届全国青年运动会、中国中部博览会和中国电视华鼎奖等重要大型活动。2019年8月13日，太原市入选全国城市医疗联合体建设试点城市。2019年10月31日，太原市入选首批5G商用城市名单。2021年7月30日，交通运输部命名太原市为国家公交都市建设示范城市。

太原是国家历史文化名城，是一座有两千多年建城历史的古都，"控带山河，踞天下之肩背""襟四塞之要冲，控五原之都邑"的历史古城。太原属于暖温带大陆性季风气候，冬季干冷漫长，夏季湿热多雨，春秋两季短暂多风，干湿季节分明。太原三面环山，黄河第二大支流汾河自北向南流经，自古就有"锦绣太原城"的美誉。

在两千多年的历史长河中，太原曾经是唐尧故地、战国名城、太原故国、北朝霸府、天王北都、中原北门、九边重镇、晋商故里……"无端更渡桑干水，却望并州是故乡"。金代大词人元好问在汾河岸边挥毫写下的千古绝唱"问世间，情为何物，直教生死相许"，令这座充满帝王气息的城市多了几许浪漫的情怀。崇善寺、纯阳宫和文庙的比肩而立，宗教的和睦共存体现了这座城市包罗万象的博大胸怀。行走于太原的情画山水，望双塔凌霄，品崛围红叶，醉蒙山晓月；穿梭于现代都市，行龙城大道，观长风商务，逛繁华柳巷；出没于美食深巷，啜一口陈醋佳酿，尝一碗拉面飘香，太原的味道就浓缩在舌尖久久不散。只要来过太原，都会深深陶醉于它经久不衰的美丽。

4. 实施总结

请填写项目任务实施报告，如表2-3-3所示。

表 2-3-3　项目任务实施报告

任务名称	首次沿途导游			
小组成员				
小组组长				
计划用时		实际用时		
实施时间		实施地点		
任务内容与目标				
根据旅游接待计划和日程安排，创设情境，模拟首次沿途导游。 （1）介绍本地概况。 （2）风光风情导游。 （3）讲解相关注意事项				
任务分工	地陪导游： 全陪导游： 游客： 司机：			
情境设计				
过程记录				
实施总结				
反思改进				
备注				

【任务评价】

请填写项目任务评价表，如表2-3-4所示。

表 2-3-4　项目任务评价表

任务名称	首次沿途导游	组别		
实施时间		实施地点		
评价项目（分值）	评分依据	自我评价（20%）	小组互评（40%）	教师评价（40%）
素质目标(30分)	工作态度端正、认真细致（8分）			
	导游词中能体现出地域文化传播的职业意识（8分）			
	小组合作默契（7分）			
	小组成员形象、气质良好（7分）			
知识目标(30分)	对首次沿途导游的主要内容和具体要求的熟悉与掌握程度高，工作落实得全面、完整（15分）			
	对本地情况的熟悉与掌握程度高，沿途导游词讲解准确（15分）			

（续表）

能力目标(40分)	能够对本地情况进行介绍（15分）			
	能够对沿途风光进行即兴讲解（15分）			
	具有全面统筹能力，项目任务书、情境设计文本、项目任务实施报告等材料完整、规范（10分）			
小计				
总成绩				
教师评价		教师签名：	年 月 日	
学生意见汇总		组长签名：	年 月 日	

【任务寄语】

首次沿途导游考验的是地陪导游对本地旅游基本情况的熟悉和掌握程度，需要地陪导游具有高度的地域文化知识素养，以及移景易导的能力素养。因此，作为未来的导游从业人员，我们一定要积极努力掌握更多的地域文化知识，秉承对家乡的无限热爱，绘声绘色地向游客传递更多的地域文化，让更多的人爱上我们的家乡。

【任务拓展】

收集资料，创作一段太原风光导游词，并制作讲解微视频上传至抖音等自媒体平台，为宣传太原、宣传山西旅游做一份贡献。

任务四　核对、商定日程

核对、商定日程

【任务目标】

素质目标：（1）具有团队合作的精神。

（2）具有耐心细致的工作态度。

（3）具有以游客为本的服务意识。

（4）具有坚持原则和遵守法律规范的职业操守。

知识目标：（1）了解核对、商定日程的重要性。

（2）熟悉核对、商定日程的时间、地点和对象。

（3）掌握核对、商定日程的原则。

（4）掌握核对、商定日程过程中可能出现的问题及其处理方法。

能力目标：（1）能够按规定核对、商定日程。

（2）能够妥善解决核对、商定日程过程中可能出现的问题。

【任务描述】

时间：2024年10月11日10:00

地点：旅游客车上或入住酒店大堂

人物：地陪导游、全陪导游、游客、旅行社相关负责人

内容：根据项目要求，地陪导游在首次行车途中与全陪导游核对、商定日程，并妥善解决可能出现的问题。

【任务分析】

思考一：

活动日程已明确在旅游合同上，旅游团抵达后为什么还要核对、商定日程？

知识链接一：

旅游团抵达前，地陪导游应通过微信或电话等与领队或全陪导游就旅游活动日程进行初步沟通。旅游团抵达后，地陪导游应把旅行社有关部门已经安排好的活动日程与领队、全陪导游进行核对、商定，征求他们的意见。这样做，一是表明对领队、全陪导游、游客的尊重；二是游客也有权利审核活动计划，并提出修改意见；同时地陪导游可利用商谈机会了解游客的兴趣、要求。所以，核对、商定日程是做好接待工作的重要环节，也是地陪导游和领队、全陪导游之间合作的序曲。日程一经商定，必须及时通知每一位游客，并严格遵守日程开展活动。

思考二：

核对、商定日程应该在什么时间、什么地点进行，和谁进行？

知识链接二：

1. 核对、商定日程要尽早

旅游团抵达后，地陪导游要尽快完成核对、商定日程的工作，一般在首次行车途中或到达下榻酒店办理入住流程结束之后。

2. 核对、商定日程的地点要公开

若旅游团抵达后直接去游览，核对、商定日程的时间和地点一般选在首次行车途中。若旅游团先到下榻酒店，有两种选择，一是在首次行车途中；二是在下榻酒店办理入住流程结束之后，选择酒店大堂等公共场所进行。

3. 核对、商定日程的对象要灵活

核对、商定日程的对象要根据旅游团的性质而定，一般是领队、全陪导游。对于专业团、交流考察团、VIP团，除领队、全陪导游外，还应该请团内相关负责人一起商讨。如果没有领队和全陪导游，则地陪导游可与全团游客一起商议。

思考三：

核对、商定日程的原则是什么？

知识链接三：

核对、商定日程时，必须遵循的原则：宾客至上、服务至上的原则；主随客便的原则；合理而可能的原则；平等协商的原则。日程安排既要符合大多数游客的意愿，又不宜对已定的日程安排做大的变动，因为变动过大，可能会涉及其他部门的工作安排。

思考四：

核对、商定日程过程中可能会出现哪些问题，应该如何妥善处理？

知识链接四：

1. 对方提出较小的修改意见

地陪导游在不违背旅游合同的前提下，对游客提出的合理且又可以满足的项目，应尽量予以安排。如果对方提出小的修改意见或希望增加新的游览项目，地陪导游应及时向旅行社有关部门反映，对合理而可能的要求应尽力予以满足；如需增收费用，地陪导游应事先向游客讲明，若他们同意，订立书面合同，并按规定的标准收取费用；对确有困难而无法满足的要求，地陪导游要做详细、耐心的解释。

2. 对方提出的要求与原计划的日程有较大的变动，或涉及接待规格

如果对方提出的要求与原计划的日程有较大的变动，或涉及接待规格，则地陪导游一般应当予以婉言拒绝，并说明我方不便单方面违反合同约定。如果领队、全陪导游或全体游客提出的要求确实有特殊的理由，则地陪导游必须请示旅行社领导，按指示执行。

3. 领队或全陪导游的旅游接待计划与地陪导游的有出入

如果领队或全陪导游的旅游接待计划与地陪导游的有出入，则地陪导游应及时报告旅行社查明原因，分清责任。倘若责任在我方，地陪导游应实事求是地说明情况，并致歉。倘若非我方责任，地陪导游也不应指责对方，必要时，可请领队或全陪导游向游客做好解释工作。

知识延伸：

关于导游变更旅游接待计划的相关规定

《中华人民共和国旅游法》第四十一条规定，导游和领队应当严格执行旅游行程安排，不得擅自变更旅游行程或者中止服务活动；第一百条规定，旅行社在旅游行程中擅自变更旅游行程安排，严重损害旅游者权益的，由旅游主管部门责令改正，处三万元以上三十万元以下罚款，并责令停业整顿；造成旅游者滞留等严重后果的，吊销旅行社业务经营许可证；对直接负责的主管人员和其他直接责任人员，处二千元以上二万元以下罚款，并暂扣或者吊销导游证。

国务院颁发的《导游人员管理条例》第十三条规定,导游人员在引导旅游者旅行、游览过程中,遇有可能危及旅游者人身安全的紧急情形时,经征得多数旅游者的同意,可以调整或者变更接待计划,但是应当立即报告旅行社。《导游人员管理条例》第二十二条规定,导游人员擅自变更接待计划的,由旅游行政部门责令改正,暂扣导游证3至6个月;情节严重的,由省、自治区、直辖市人民政府旅游行政部门吊销导游证并予以公告。

【任务实施】

1. **分组并填写项目任务书**(如表2-4-1所示)

表2-4-1　项目任务书

任务名称	核对、商定日程		
小组成员			
小组组长			
指导教师		计划用时	
实施时间		实施地点	
任务内容与目标			
根据旅游接待计划和日程安排,创设情境,模拟核对、商定日程。 (1)核对、商定日程。 (2)妥善处理可能出现的问题			
任务分工	地陪导游: 全陪导游: 游客: 旅行社相关负责人:		
考核项目	(1)落实工作的态度良好,处理问题时能够体现出良好的服务意识、合作意识。 (2)能够准确地掌握核对、商定日程的原则,以及问题处理技巧等知识。 (3)能够妥善地解决核对、商定日程过程中可能出现的各种问题		
备注			

2. **实施准备**

完成任务需要准备的工具、材料包括电话、旅游接待计划、日程安排表。

3. **实施过程**

按照项目任务书设计情境并模拟核对、商定日程的具体工作实施。参考情境设计如下。

情境一:全陪导游旅游接待计划上的"巡游雷峰塔"在地陪导游的旅游接待计划上是"眺望雷峰塔"。对此,地陪导游应该怎么做?

全陪导游的旅游接待计划与地陪导游的旅游接待计划有部分出入,地陪导游应及时报告地接社查明原因,分清责任。若责任在我方,地陪导游应实事求是地说明情况,并致歉。若非我方责任,地陪导游也不应指责对方,必要时可请全陪导游做好解释工作。

情境二： 在核对、商定日程时，全陪导游代表游客提出想观看《又见平遥》演出。对此，地陪导游应该怎么做？

地陪导游应及时向旅行社有关部门反映，如果时间等条件允许则应尽力予以满足；如需增收费用，地陪导游应事先向游客讲明，若他们同意，订立书面合同，并按规定的标准收取费用；如果确实有困难，无法满足他们的需求，则地陪导游要做详细、耐心的解释。

4. 实施总结

请填写项目任务实施报告，如表2-4-2所示。

表2-4-2 项目任务实施报告

任务名称	核对、商定日程		
小组成员			
小组组长			
计划用时		实际用时	
实施时间		实施地点	
任务内容与目标			
根据旅游接待计划和日程安排，创设情境，模拟核对、商定日程。 （1）核对、商定日程。 （2）妥善处理可能出现的问题			
任务分工	地陪导游： 全陪导游： 游客： 旅行社相关负责人：		
情境设计			
过程记录			
实施总结			
反思改进			
备注			

【任务评价】

请填写项目任务评价表，如表2-4-3所示。

表2-4-3 项目任务评价表

任务名称	核对、商定日程	组别		
实施时间		实施地点		
评价项目 （分值）	评分依据	自我评价 （20%）	小组互评 （40%）	教师评价 （40%）
素质目标 （30分）	工作态度端正、耐心细致（6分）			
	在处理问题时能够以游客为本（6分）			
	在处理问题时能够坚持原则、遵守法律规范（6分）			

（续表）

	小组合作默契（6分）			
	小组成员形象、气质良好（6分）			
知识目标（30分）	对核对、商定日程的时间、地点和对象的熟悉与掌握程度高，工作落实规范（10分）			
	对核对、商定日程的原则掌握程度高，工作落实规范（10分）			
	对核对、商定日程过程中可能出现的问题及其处理方法掌握程度高，工作落实规范（10分）			
能力目标（40分）	能够按规定完成核对、商定日程任务（10分）			
	能够妥善解决核对、商定日程过程中可能出现的问题（20分）			
	具有全面统筹能力，项目任务书、情境设计文本、项目任务实施报告等材料完整、规范（10分）			
	小计			
	总成绩			
教师评价			教师签名：	年 月 日
学生意见汇总			组长签名：	年 月 日

【任务寄语】

地陪导游与领队或全陪导游核对、商定日程是为了顺利地开展后续工作，更好地服务游客。因此，大家在未来的导游从业过程中，一定要本着相互尊重、以游客为本的态度，认真细致地核对日程，遇到问题不互相指责推诿，在坚持原则和遵守法律规范的基础上，精诚合作，尽最大所能妥善解决，更好地完成带团工作。

【任务拓展】

采访一线导游或查询相关资料，收集在核对、商定日程过程中出现过的真实的典型案例，在课堂上与其他同学分享。

项目三　游览服务

【项目导读】

2024年10月11日至14日，有一个来自甘肃的30人旅游团来到山西旅游，该团去往了乔家大院、平遥古城、五台山、云冈石窟、晋祠游览，你作为山西乐游春夏旅游开发有限公司的地陪导游小李，在四天三晚的行程中为该团提供了全程导游服务。

【学习目标】

素质目标：（1）牢固树立游客至上的服务理念。
　　　　　（2）树立团结协作、爱岗敬业的职业素养。
　　　　　（3）筑牢环保意识，引导游客遵守当地法规，文明游览。

知识目标：（1）掌握游览服务中各环节的服务内容。
　　　　　（2）掌握游览服务中各环节的技能要求。
　　　　　（3）熟悉游览服务中各环节的注意事项。

能力目标：（1）能够运用所学知识为游客提供赴景点途中导游、景点导游等游览服务。
　　　　　（2）能够与游客建立良好的关系，营造和谐、愉悦的游览氛围。
　　　　　（3）能够引导游客文明游览。

【思政案例】

1. 案例介绍

我决不会让一个人受伤

全国旅游系统劳动模范、全国模范导游员李滨，是中国国旅（江苏）国际旅行社的一名一线导游。有一年，李滨带的一个团队在石台县遭遇特大暴雨，洪水冲断了游览栈道，泥石流不断滑落，更大的险情随时会发生，52名游客的生命安全受到威胁。千钧一发之际，李滨大声说："我是导游，我决不会让一个人受伤！"说完，他从容镇定地指挥游客迅速撤离，冒着生命危险将老人、小孩一个个背到安全地带。当第36个游客到达安全地带后，劳累过度的他不幸被落石砸中，顿时鲜血直流，他爬起来，忍着剧痛将最后16名游客带领到了安全地带。这时，只听见身后"轰"的一声巨响，先前停留的地方瞬间被泥石流淹没。返程途中，全体游客含着热泪唱起了"感恩的心"。

2. 案例解读

作为一线导游，李滨永远把游客放在第一位，把游客当作自己的亲人。即使是在危难时刻，他首先想到的也是全力保证所有游客的安全，而把自己的生死置之度外。正是这种全心全意为游客着想的职业精神才赢得了游客对他的尊重与信任。

3. 案例思考

导游服务不仅体现在景点讲解环节。在游览旅途中，我们应该如何更加专业、细致、周到地为游客提供服务呢？

任务一　赴景点途中导游

赴景点途中导游

【任务目标】

素质目标：（1）提升团结协作的职业素养。
（2）注重专业知识积累，体现专业的导游素养。
（3）树立良好的导游职业形象。

知识目标：（1）了解在游览服务前应做好哪些准备。
（2）掌握赴景点途中导游的主要内容及具体要求。
（3）熟悉赴景点途中导游的注意事项。

能力目标：（1）能够顺利完成赴景点途中导游的工作任务。
（2）能够做好与旅行社、景区的工作人员及司机的沟通协调工作。
（3）能够引导游客文明游览。

【任务描述】

时间：2024年10月12日9:00
地点：旅游客车上
人物：地陪导游、司机、全陪导游、游客
内容：在从平遥古城前往五台山的途中，地陪导游为游客介绍沿途景点、五台山概况、当地的风俗禁忌和其他注意事项，带领游客顺利、安全地到达五台山。

【任务分析】

思考一：

在带领游客前往旅游景点前，地陪导游应该做好哪些准备工作？

知识链接一：

参观游览服务是地陪导游服务的中心环节，是整个旅游活动的核心，地陪导游在游客心中留下何种印象，在很大程度上取决于游览服务的质量。因此，地陪导游做好游览前的各项准备工作非常必要。

1. 检查物品是否齐备
（1）计划单据：地接行程计划单、质量反馈表、门票结算单、全陪导游结算单等。
（2）工作物件：手机、扩音器、导游旗、导游证（或电子导游证）、名片、笔、便笺等。
（3）个人物品：充电器、针线包、小礼品等。

2. 提前落实好旅游客车
提前与司机联系，确认出发时间、集合地点和即将前往的目的地，并督促司机做好出发前的各项准备工作。

3. 核实餐饮落实情况
向旅行社计调部门核实就餐餐厅名称、地点、用餐时间，提前与餐馆协调用餐时间和人数，确保游客到达餐厅后能够顺利用餐。

4. 知识准备要充分
提前熟悉沿途遇到的景点、目的景点的相关知识，熟悉当地的风俗禁忌、周边环境情况，在途中向游客说明游览注意事项，提醒游客文明游览、自觉维护景点环境卫生。

> **思考二：**

在前往景点的途中，地陪导游应该为游客提供哪些服务？

> **知识链接二：**

旅游客车一旦启动，当天的游览活动就开始了。抵达景点前，地陪导游应向游客介绍该景点的简要情况，尤其是景点的历史价值和特色。开车后，地陪导游需要向游客介绍以下内容。

1. 重申当日活动安排
开车后，地陪导游要向游客重申当日活动安排，包括午、晚餐的时间和地点；向游客报告到达游览景点途中所需时间；视情况介绍当日国内外重要新闻。

2. 讲解沿途风光
在前往景点的途中，地陪导游应根据时间要求向游客介绍本地的风土人情、自然景观、历史典故、景区概况，以加深游客对目的地的了解，并回答游客提出的问题。在讲解时，地陪导游要注意所见景物与介绍"同步"，并留意游客的反应，以便对其中的景物做更为深入的讲解。

3. 介绍游览景点
抵达景点前，地陪导游应向游客介绍该景点的简要概况，尤其是景点的历史价值和特色。讲解要简明扼要，目的是满足游客事先想了解有关知识的心理，激起其游览景点的兴趣，同时也为即将参观游览该景点做一个铺垫，也可节省到目的地后的讲解时间。

4. 活跃气氛

如果旅途较长，则地陪导游可以和游客进行互动，如做游戏、讲故事、猜谜、智力抢答等，也可以讨论一些游客感兴趣的话题，或者组织适当的娱乐活动等来活跃气氛。

5. 说明注意事项

抵达景点时，地陪导游应告知在景点停留的时间，以及参观游览结束后集合的时间和地点。地陪导游还应向游客讲明游览过程中的有关注意事项，如当日的天气情况；旅游客车的车型、颜色、标志、车牌号和停车地点、开车的时间，尤其是下车和上车不在同一地点时，地陪导游更应提醒游客注意；游览线路、游览景点的地形、行程距离；游览所需时间、集合时间、集合地点；游览参观过程中的注意事项（禁烟、禁拍照、风俗禁忌、环境卫生等）。

> **思考三：**
> 赴景点途中的导游服务需要注意哪些事项？

> **知识链接三：**
> 赴景点途中导游服务的注意事项包括以下几点。

1. 提前到达集合地点

地陪导游应至少提前10分钟到达集合地点，迎候游客；迎接游客时态度要热情，主动拉近与游客之间的距离。

2. 落实旅游活动日程各项事宜

在游览前，地陪导游应以旅游合同约定的旅游接待计划为准，核实本日行程，如出发时间、游览项目、就餐地点、风味餐品尝、购物、晚间活动、自由活动时间等内容；若发现不妥，则应立即与旅行社有关人员联系，在确认情况后，做出必要的调整。

3. 及时清点旅游团人数

（1）地陪导游出发前要核实、清点旅游团实到人数，若发现有游客未到，则要向全陪导游（领队）或其他游客询问未到原因，尽量与未到游客取得联系，确认其是否到场。

（2）假如有的游客不愿随团游览，地陪导游要问明原因，并做出妥善安排，必要时报告旅行社。

（3）上车后、下车后、到达景点时，地陪导游都要集中旅游团成员，并清点人数，保证每一位游客都没有掉队，防止游客走失。

4. 树立良好的职业形象

（1）地陪导游要做到着装得体、化妆适度、讲究个人卫生。

（2）地陪导游对待游客要耐心细致，及时了解游客的需求，尽可能提供优质服务。

（3）假如团内有老人、儿童、体弱的游客，地陪导游要及时给予问询和关照。

知识延伸：

新导游如何克服在旅游客车上的讲解障碍

对于新导游而言，刚开始在车上讲解时可能会遇到以下一系列挑战。

（1）车程时间长。在前往景点的路上，当行车时间超过60分钟时，游客很容易无聊疲乏，这就要求导游在车上的讲解时间不能少于30分钟。对于习惯了几分钟景点讲解的新导游来讲，要在数小时的行程中为游客带来丰富生动的讲解内容，这无疑是个巨大挑战。

（2）游客对讲解不感兴趣。与景点讲解不同，坐在车里的游客注意力通常比较集中，加上扩音器的音量远远超过正常声音，所以导游在讲解时通常会有压倒性的优势。有些新导游上车之后，可能由于不熟练或过于紧张，讲解时思维散乱、语言不通，无法吸引游客的兴趣，游客自然而然地就将注意力转向窗外或睡觉，从而出现讲解无人理会的情况。

（3）讲解中断。旅游客车在行进过程中，可能会经过一些重要的地方，如有标志性的建筑、蕴含文化气息的寺庙，还有发生过一些重大事件的地点，此时导游应暂时停下自己的讲解，对当时出现的地标进行简要介绍，然后再回归到之前的讲解中。这就要求导游在车上讲解时，不光要语言流畅，更要思维清晰、敏捷。导游不仅要对当地的风物有足够的了解，还要拥有足够好的连续性思维能力和记忆力，在介绍完相关地标后，还要将后面的讲解在之前的断点上重新续接起来。但是对于新导游而言，很容易出现在讲解完沿途景观后，不能顺畅地与之前的讲解内容衔接的情况。

（4）讲解内容无套路。这个可能是新导游遇到的最大障碍之一。景点讲解有章可循，把讲解框架先定下来再添枝加叶即可。但是车上讲解时间久，穿插讲解的内容多，没有固定的框架，甚至没有命题，需要自己去总结归纳，然后再将准备好的资料娓娓道来。对于新导游来讲，景点丰富的历史背景可以让他们有足够的内容去表现，但因为没有太多的生活阅历，思考问题的深度也不够，如何选材，如何构思车上导游词，就成了极大的困难。

那么，新导游应该如何克服上述障碍呢？有效途径可以归结为三点：多积累、多观察、勤练习。

（1）多积累。在平时就要格外注意各种知识的积累，通过读书、上网、咨询等方法，尽可能多地积累素材，可以准备一个笔记本专门用来记录积累的素材。积累的内容可以不限题材，不一定非要与景点直接有关，风土人情、历史知识、建筑知识、名人典故、生活常识等都可以，说不定在哪一次讲解中，就用上了之前无意中积累的知识。

（2）多观察。在带团过程中，导游要多注意游客的喜好，留心他们提出的问题，总结出来他们对哪些题材的内容感兴趣，然后再按这些题材去查找资料。

（3）勤练习。当你把手头上的资料整理好后，就需要勤加练习，先自己对着镜子说，再尝试着讲给自己的家人和朋友听，看看效果如何，然后对不满意的地方进行修改完善，直到能够比较通顺、流畅地开展讲解。

【任务实施】

1. 分组并填写项目任务书（如表 3-1-1 所示）

表 3-1-1　项目任务书

任务名称	赴景点途中导游		
小组成员			
小组组长			
指导教师		计划用时	
实施时间		实施地点	
任务内容与目标			
根据旅游接待计划和日程安排，模拟从平遥古城前往五台山旅途中的导游服务工作，掌握赴景点途中导游服务的技能。 （1）为游客提供沿途景点和目的景点的讲解服务。 （2）向游客说明游览注意事项，引导游客文明游览。 （3）与游客建立良好的关系，营造和谐、愉悦的游览氛围			
任务分工	地陪导游： 全陪导游： 司机： 游客：		
考核项目	（1）景点介绍内容完整准确，富有特色。 （2）向游客清晰地说明游览注意事项。 （3）讲解耐心细致，体现游客至上的服务理念，树立良好的职业形象。 （4）能够引导游客文明游览		
备注			

2. 实施准备

（1）与司机核实当天的行程安排。

（2）完成任务需要的工具、材料包括日程安排表（如表3-1-2所示）、车载话筒、导游旗。

表 3-1-2　日程安排表

日期	起始时间		内容	地点
10月12日	6:00	7:00	早餐	平遥会馆
	7:00	11:00	驱车前往五台山	
	11:00	13:00	午餐	五台山同丰山庄
	13:00	17:00	游览五台山	五台山（五爷庙、菩萨顶、显通寺、塔院寺或殊像寺）
	17:00	19:00	晚餐	五台山花卉山庄
	19:00	21:30	前往观看《又见五台山》演出（20:00—21:30）	《又见五台山》剧场
	21:30	-	入住酒店休息	五台山花卉山庄

3. 实施过程

按照项目任务书设计情境，模拟赴景点途中地陪导游的具体工作。参考情境设计如下。

情境一：介绍当天行程

甘肃的朋友们，早上好！今天我们开启了本次行程的第三站——五台山。平遥距离五台山300千米，大概需要4个小时的车程，预计11:00到达五台山。我先向大家简单介绍一下今天的行程安排。到达五台山以后临近中午，所以我们先吃午饭，下午带大家游览五台山的主要景点。晚餐后，19:00我们去看中国第一个佛教题材大型情境体验剧《又见五台山》，21:30结束后回酒店休息。今天五台山是晴天，白天温度为18度，天气凉爽，非常适合出游。晚上温度会降到8度左右，大家看完《又见五台山》后会感觉到凉意，所以大家最好提前准备一件厚外套。

情境二：介绍沿途经过的城市和景点

行程介绍完了，现在啊，我向大家介绍一下我们沿途会经过的城市和景点。我们刚刚离开的平遥古城位于山西省中部，而五台山位于山西省的东北部忻州市境内，我们现在乘坐大巴一路向东北方向行驶。途中会经过山西省的晋中市、太原市和忻州市，最后到达五台山。沿途我们会经过许多山西省有名的景点。（可以按照沿途城市和景点的顺序分别进行介绍：晋中市的平遥古城、乔家大院；太原市的晋祠；忻州市的禹王洞、忻州古城）

情境三：介绍五台山景区

朋友们，再有半个小时，我们就要到达五台山景区了。五台山景区占地面积607.43平方千米，平均海拔1000多米，是掌握智慧的文殊菩萨的道场。五台山之所以称五台，是因为它由东台、西台、中台、南台、北台这五座山峰组成，又因五峰如五根擎天大柱，拔地崛起，峰顶平坦如台而得名。而五台山五大高峰怀抱的中心腹地，就是台怀镇了，五台山大大小小的寺庙共有47座，由于时间关系我们没有办法一一游览，今天主要带大家参观五爷庙、菩萨顶、显通寺、塔院寺这四处极具代表性的寺庙。

情境四：介绍注意事项

我们马上就要到达景区了，五台山是佛教圣地，不管信不信佛，我们都要入乡随俗。在这里呢，小李还有几点需要提醒大家。一是在进入寺庙参观游览的过程中，千万不要踩门槛。二是对寺庙的僧人应尊称为"师傅"或"法师"。三是当我们遇到僧人需要打招呼时，常见的行礼方式为双手合十，微微低头，或单手竖掌于胸前、头略低，忌用握手、拥抱、摸僧人头部等不当礼节。四是与僧人交谈时不要提及杀戮之词、婚配之事，以及提起食用腥荤之言。五是游览寺庙时不要大声喧哗、指点议论、妄加嘲讽或随便乱走、乱动寺庙之物，如遇佛事活动应静立默视或悄然离开。在参观游览寺庙的过程中，最好不要随意拍照。另外，寺庙里是禁止吸烟的，这点一定要注意了。

一会儿大家跟着我的导游旗走，不要掉队，更不要擅自离队。我们从哪里下车就从哪里上车，我们这辆车的车牌号是晋A57××，蓝色金龙客车。有事一定要给小李打电话，我会尽力帮大家解决。好了，大家可以下车了。

地陪导游：吕导，一会儿游览时我在前面带路，您在后面可以吧？

全陪导游：好的，没问题。

地陪导游：张师傅，大概17:00我带游客还是在这里上车，然后我们去五台山花卉山庄用晚餐，19:00带游客去看《又见五台山》。

司机：好的。

4. 实施总结

请填写项目任务实施报告，如表3-1-3所示。

表3-1-3 项目任务实施报告

任务名称	赴景点途中导游		
小组成员			
小组组长			
计划用时		实际用时	
实施时间		实施地点	
任务内容与目标			
根据旅游接待计划和日程安排，模拟从平遥古城前往五台山旅途中的导游服务工作，掌握赴景点途中导游的技能。 （1）为游客提供沿途景点和目的景点的讲解服务。 （2）向游客说明游览注意事项，引导游客文明游览。 （3）与游客建立良好的关系，营造和谐、愉悦的游览氛围			
任务分工	地陪导游： 全陪导游： 司机： 游客：		
情境设计			
过程记录			
实施总结			
反思改进			
备注			

【任务评价】

请填写项目任务评价表，如表3-1-4所示。

表 3-1-4　项目任务评价表

任务名称	赴景点途中导游		组别		
实施时间			实施地点		
评价项目（分值）	评分依据		自我评价（20%）	小组互评（40%）	教师评价（40%）
素质目标（30分）	能够与全陪导游、司机团结协作，配合默契（10分）				
	能够引导游客文明游览（10分）				
	讲解自信大方，体现了良好的职业素养（10分）				
知识目标（30分）	游览前各项准备工作充分（10分）				
	赴景点途中讲解的内容完整、充分，明确讲解的具体要求（10分）				
	熟悉赴景点途中导游服务的注意事项（10分）				
能力目标（40分）	能够顺利完成讲解任务，与游客产生良好的互动，气氛和谐愉快（20分）				
	具有全面统筹能力，项目任务书、情境设计文本、项目任务实施报告等材料完整、规范（20分）				
小计					
总成绩					
教师评价		教师签名：		年　月　日	
学生意见汇总		组长签名：		年　月　日	

【任务寄语】

在赴景点途中的乘车时间一般较长，如何让游客在旅途中既不感到枯燥乏味，又能了解当地风土人情和景点知识，是体现导游职业素养的重要环节。一方面，我们需要掌握扎实的专业知识，并在平时重视景点知识的积累，这样才能为游客带来专业的讲解。另一方面，我们要始终牢记游客至上的服务理念，关注细节，为游客提供细致周到的服务，展示自身良好的职业形象。

【任务拓展】

和小组成员讨论，在任务实施的过程中，有哪些环节存在不足，应该如何完善。

任务二　车上活动

车上活动

【任务目标】

素质目标：（1）培养良好的沟通协调能力。

（2）树立阳光、友善的导游职业形象。

（3）引导游客在车上举止文明，保持车内卫生。

知识目标：（1）了解车上活跃气氛的重要作用。

（2）熟悉车上活跃气氛的原则。

（3）掌握车上活跃气氛的技巧。

能力目标：（1）能够有效组织游客在车上开展各项活动。

（2）能够与游客进行友好互动，营造轻松愉快、和谐的游览氛围。

【任务描述】

时间：2024年10月13日9:00

地点：旅游客车上

人物：地陪导游、司机、全陪导游、游客

内容：在前往景点的旅游客车上，地陪导游组织游客开展娱乐活动，以活跃旅行气氛。

【任务分析】

思考一：

地陪导游为什么要在车上活跃气氛？

知识链接一：

地陪导游在车上活跃气氛可以让游客享受轻松愉快的旅行过程，并留下美好的回忆。具体说来，地陪导游在车上活跃气氛有以下作用。

1. 增强旅行体验

在长途的旅行中，游客可能会感到疲倦或无聊。地陪导游可以活跃气氛，从而使游客感到更加愉快和充实。

2. 打破僵局

有时候，游客可能会感到尴尬或游客之间不熟悉。地陪导游可以通过活跃气氛来打破僵局，帮助游客相互了解并建立联系。

3. 传递信息

在车上，地陪导游可以向游客传递重要的旅行信息，如景点介绍、安全须知、行程安排等。在活跃的气氛中，游客更容易关注和吸收这些信息。

4. 提供娱乐和乐趣

地陪导游可以在车上组织一些娱乐活动和游戏，如问答、小测验等，以增加旅行的乐趣和互动性，这不仅可以让游客享受旅行过程，还可以帮助他们更好地了解当地文化。

5. 维持积极的氛围

通过活跃气氛，地陪导游可以营造出乐观和积极的旅行氛围，这有助于提升游客的情绪和满意度，使他们对旅行充满期待并保持愉快的心情。

6. 拉近与游客的距离

地陪导游通过组织一些轻松有趣的活动，可以让团队成员彼此更加亲近和熟络，增强团队凝聚力。地陪导游也可以在游戏活动中了解各个游客的性格特征，从而提供更加具有针对性的导游服务。

> **思考二：**
> 在车上活跃气氛应遵循哪些原则？

> **知识链接二：**

1. 选择有健康意义的活动内容

地陪导游应该激发游客的兴趣和好奇心，通过精彩的讲解和活动来吸引他们的注意力，这可以提高游客参与旅行活动的意愿。

2. 尊重游客，勿取笑他人

地陪导游应该尊重和包容拥有不同文化背景的游客，避免使用冒犯性的言辞或行为，并确保每个游客都感到被尊重和欢迎。

3. 参与活动的行为举止要文明

地陪导游在组织活动时不仅自己的行为举止要文明规范，也要引导游客不讲脏话、不生气、不骂人、不嘲笑他人。

4. 杜绝不良笑话与黑色幽默

地陪导游在讲故事、笑话时，不能选择不良题材的内容或黑色幽默，对于游客提出的无理要求，要委婉拒绝。

5. 活动要适合游客的层次

地陪导游在带团时可能会遇到不同的团型，需要地陪导游提前了解旅游团成员的年龄、职业等信息，选择适合的故事内容和游戏活动，以适合游客的层次。

6. 组织旅途活动不要重复

在活动过程中，地陪导游要注意巧妙运用才艺表演、讲故事、做游戏、猜谜语等多种形式，避免游客产生疲倦感，当发现游客积极性下降、参与人数减少等情况时，要及时更换活动内容。

> **思考三：**
> 在旅程途中，地陪导游可以组织哪些活动来活跃气氛？

> **知识链接三：**
> 地陪导游在车上可以组织的活动有以下几类。

1. 才艺展示

地陪导游首先自己要做好才艺准备，如唱歌、单口相声、快板、诗歌朗诵、讲故事等，事先要准备好才艺展示所需要的道具；展示时情绪要饱满、自然大方、声音洪亮，以轻松欢快的内容为宜，同时也要调动游客参与才艺表演的积极性，通过鼓励、游戏惩罚等形式，将游客带入才艺展示环节。另外，地陪导游准备的才艺内容最好与游客的地域、年龄、团型等相吻合，避免出现曲高和寡的窘境。

2. 互动游戏

做一些简单、轻松、有趣的小游戏是常见的活跃气氛的方法。地陪导游要提前积累一定数量的互动小游戏，熟悉游戏内容和规则。最好选择规则简单易懂，同时又兼具趣味性的互动游戏，从而吸引游客参与到游戏中来。地陪导游要做好游戏组织工作，引导游客顺利完成游戏。

3. 讲故事

地陪导游可以给游客讲故事，特别是可以讲些鲜为人知的风土人情故事，并结合当地的习俗传统，不仅可以吸引游客的注意力，还可以起到活跃气氛的作用。

4. 教大家才艺

地陪导游想在车上活跃气氛，还可以教游客一些与游览景点相关的才艺。例如，到一些少数民族聚居地旅游，教大家唱一些本地的歌曲、学一些当地的方言，同样可以起到活跃气氛的作用。

5. 猜谜语

猜谜语可以有效调动游客的积极性，地陪导游要提前准备好大量的谜语，熟记于心。谜语内容最好能够与游览目的地相关，如地名、景点、建筑、名人、典故等。

6. 脑筋急转弯

脑筋急转弯因为其出其不意的答案而深受大众喜爱，因此在旅途中，地陪导游向游客提出一些有趣的脑筋急转弯也能有效活跃气氛。

知识延伸：

避免活动冷场的小技巧

让游客讲笑话或唱歌，可能会遇到游客不配合，造成冷场。如果地陪导游在车上组织活动时遇到了冷场该怎么办呢？接下来我们就一起学习一些避免冷场的小技巧吧！

1. 调动游客情绪

组织活动最重要的事情，就是要调动游客情绪，让游客有参与到游戏中的欲望和兴趣。这就需要地陪导游提前营造出一种轻松热闹的气氛，在面对游客时应该情绪高昂，语言轻松幽默，只有和游客建立了和谐轻松的互动关系，才能让游客放松下来，从而愿意参与到游戏中来。

2. 学会问问题

地陪导游可以提出一些比较热门的话题，引发大家讨论，并适时地进行提问、评论、征询游客看法等，引导游客开口。

3. 积极肯定

对于游客的表现，地陪导游应给予积极的肯定和鼓励，如带动其他游客鼓掌；对于游客在活动过程中出现忘词、卡壳等情况要及时出手援助，帮助游客完成活动，这样做也能让其他游客放下思想包袱，愿意主动参与到活动当中。

4. 巧妙引导

当遇到游客不会表演节目时，地陪导游可以让游客跟自己学绕口令、方言之类的相对简单的表演。当然，为了鼓励游客参与，也可以分成几个小组来开展活动（如对歌大赛），可以让游客为自己的小组取一个有趣的名字，让没参与的人来当裁判，优胜的组别给予适当的奖励，如明信片、钥匙扣、小印章等。

【任务实施】

1. 分组并填写项目任务书（如表 3-2-1 所示）

表 3-2-1 项目任务书

任务名称	车上活动		
小组成员			
小组组长			
指导教师		计划用时	
实施时间		实施地点	
任务内容与目标			
在前往乔家大院、平遥古城、五台山、大同、太原途中的任一旅途中的旅游客车上，采取多种方式来活跃车上的气氛。 （1）运用所学知识组织游客在旅途中开展各类轻松的活动。 （2）可以运用一些小技巧促进活动顺利完成。 （3）营造和谐、愉悦的乘车氛围，避免旅途枯燥			
任务分工	地陪导游： 全陪导游： 司机： 游客：		

（续表）

考核项目	（1）能够利用多种形式开展车上活动。 （2）可以有效调动游客的积极性。 （3）树立友善、阳光的职业形象。 （4）能够引导游客在车上举止文明，自觉维护车上环境卫生
备注	

2. 实施准备

完成任务需要准备的工具、材料包括活跃气氛所需要的道具、小奖品等。

3. 实施过程

模拟赴景点途中地陪导游活跃车上气氛的工作。参考情境设计如下。

情境一：才艺展示

地陪导游：朋友们，我们从平遥到达五台山大约有4个小时的车程。下面让我们来做一些小游戏轻松一下。

游客：小李，你先给我们表演一个节目啊！

地陪导游：当然，作为大家的导游，我可是有备而来的。但是我有个条件，我表演完了，就该大家大显身手了。

游客：李导你先来一个！

地陪导游：没问题，我作为一个地地道道的山西人，看到甘肃的朋友们来我们这里做客，心里特别高兴，我现在给大家唱一首我们山西的民歌，一来表达我对大家的欢迎，二来也请游客朋友们鉴别一下，我们山西民歌和甘肃民歌有什么差别。

（地陪导游表演节目）

地陪导游：我的歌唱完了，你们说好听吗？

游客：好听！

地陪导游：谢谢大家对我的肯定。当然了，其实我知道我唱得还不够好，我只能算抛砖引玉，我相信在游客中一定有高手，谁愿意为大家一展歌喉啊，也让小李欣赏一下咱们甘肃民歌，说不定还能学会几句呢！

游客：我来给大家唱一首我们甘肃民歌。

地陪导游：大家掌声欢迎！

（游客表演节目）

地陪导游：大家说，咱们王姐唱得好不好？

游客：好！

地陪导游：那接下来该谁给大家露一手了呢？

情境二：猜谜语

地陪导游：看来我们大多数游客还是比较内敛含蓄的啊！那这样吧，小李现在给大家出几个谜语,请大家来猜,猜对了有奖哦!大家都是热爱生活、热爱旅游的人,想必对我们国家的很多城市都很熟悉,我先来给大家出几个关于地名的谜语,咱们先来热热身。大家听好了,圆规画鸡蛋,打一个城市名字。

游客:太原!

地陪导游:是的,张先生好厉害,就是太原。鸡蛋一般都是椭圆的,用圆规画出来的鸡蛋可不就是太圆(原)了嘛!我把一个太原的地标性建筑——双塔的钥匙扣送给张先生,欢迎大家常来太原。好,我再说下一个谜语,相差无几,依然是打一个城市名字。

游客:猜不出来。

地陪导游:那我提示一下大家。相差无几是不是就是大致相同的意思呢?

游客:是大同!

地陪导游:对了!就是大同。大同自古以来被称为北方锁钥,是边关重镇,留下了丰厚的历史文化遗产。现在,我把大同云冈石窟的钥匙扣送给您,在明天的行程中我们就可以见到钥匙扣上的佛像了。

情境三:组织游戏

地陪导游:我们现在来玩一个数数的小游戏,游戏规则是这样的,大家从前往后逐一报数,报数要从小到大按照自然数的顺序,但是遇到3的倍数或尾数是3的数字,则以拍手代替,出错的人或行动太慢的人是要表演节目的哦。大家听清楚规则了吗?好,咱们先从第一排游客开始,我先说一个数字,然后依次接龙。

(全体游客参与游戏)

地陪导游:看到大家刚才玩得很尽兴啊,看来3这个数字对于大家来说太简单了,咱们现在难度升级,换成数字7,从后往前依次报数。

4. 实施总结

请填写项目任务实施报告,如表3-2-2所示。

表3-2-2 项目任务实施报告

任务名称	车上活动		
小组成员			
小组组长			
计划用时		实际用时	
实施时间		实施地点	
任务内容与目标			
在前往乔家大院、平遥古城、五台山、大同、太原途中的任一旅途中的旅游客车上,采取多种方式来活跃车上的气氛。 (1)运用所学知识组织游客在旅途中开展各类轻松的活动。 (2)可以运用一些小技巧促进活动顺利完成。 (3)能够营造和谐、愉悦的乘车氛围,避免旅途枯燥			

（续表）

任务分工	地陪导游： 全陪导游： 司机： 游客：
情境设计	
过程记录	
实施总结	
反思改进	
备注	

【任务评价】

请填写项目任务评价表，如表3-2-3所示。

表3-2-3　项目任务评价表

任务名称	车上活动		组别		
实施时间			实施地点		
评价项目（分值）	评分依据		自我评价（20%）	小组互评（40%）	教师评价（40%）
素质目标（30分）	能够与游客进行良好的沟通（10分）				
	在组织活动时，展现出了阳光、友善的职业形象（10分）				
	引导游客在车上举止文明，保持车内卫生（10分）				
知识目标（30分）	活跃气氛的技巧熟练（15分）				
	能够遵循活跃气氛的原则来组织活动（15分）				
能力目标（40分）	组织车上活动时流程顺畅、形式丰富（10分）				
	车上气氛活跃，游客参与度高（20分）				
	组织协调能力较强，项目任务书、情境设计文本、项目任务实施报告等材料完整、规范（10分）				
	小计				
	总成绩				
教师评价			教师签名：　　　　年　月　日		
学生意见汇总			组长签名：　　　　年　月　日		

【任务寄语】

地陪导游在带团时，很长时间都会在车上度过，为游客组织轻松愉快的车上活动可以活跃气氛，让游客开心地度过在车上的时间，同时也有助于增强地陪导游的亲切感，从而拉近地陪导游与游客之间的距离。因此，地陪导游要非常重视车上活动的组织，以游客为中心精心准备车上的活动内容，营造和谐、愉悦、热烈的活动氛围，展现出良好的导游职业素养。

【任务拓展】

地陪导游在车上组织活动的时候可能会出现冷场的局面，如果遇到这样的情况我们该如何应对呢？和小组成员一起讨论应对的方法，然后模拟演练一下吧！

任务三　景点导游

景点导游

【任务目标】

素质目标：（1）强化以游客为中心的服务意识。
　　　　　（2）养成严谨、专业、细致、负责的职业态度。
　　　　　（3）树立传播地域文化的使命意识。

知识目标：（1）了解景点导游服务的注意事项。
　　　　　（2）熟悉引导游客文明游览的基本规范。
　　　　　（3）掌握景点导游服务的具体内容。

能力目标：（1）能够运用准确、生动、形象的语言进行导游讲解。
　　　　　（2）具有良好的交流表达能力、沟通能力及独立工作的能力。
　　　　　（3）能够引导游客文明游览。

【任务描述】

时间：2024年10月13日15:00
地点：大同云冈石窟
人物：地陪导游、全陪导游、游客、景点工作人员
内容：根据项目要求，地陪导游带领游客游览大同云冈石窟，为游客提供专业、准确、生动的景点讲解，并且能够引导游客文明游览。

【任务分析】

思考一：
地陪导游进行景点导游服务的主要内容有哪些？

知识链接一：
到达景点时，地陪导游需要做好以下工作。

1. 购票入园

（1）在线订票。随着网络技术的发展，现在有很多景点都采取网上门票预约或购买的形式，到达景点后，游客只需刷身份证入园即可，这样可以大大节约购票等待时间。一般来说，地陪导游应该提前通过景点微信公众号预约或购买门票。

（2）现场买票。到达景点后，地陪导游应该迅速为游客购买门票或签单，带领旅游团进入景区。无论是购票还是签单，都是买几张票就进几个人，所以地陪导游一定要确定好入园人数，并认清楚团队成员。地陪导游一般会在检票口和景点工作人员一起数人，避免有其他陌生人插进团队当中充数。

2. 说明游览注意事项

一般来说，每一个景点会在刚入园醒目的位置设置导览图。地陪导游应该首先将游客带到导览图前，向游客介绍该景点的游览路线、所需时间、集合时间及地点；提醒游客文明游览，如不乱刻乱画、不在禁烟区吸烟、不在禁止拍照处拍照等，还要提醒游客注意人身和财产安全并预防走失。如果有游客要求自由活动，则需征得全陪导游同意，地陪导游要向该游客讲清参观游览结束后的集合时间和地点，并告知周围环境。

3. 做好景点导游讲解

在景点讲解时，地陪导游应手举导游旗走在旅游队伍前面，一边引路，一边讲解。讲解时，地陪导游应面向游客，站在距游客约1.2米、与景点约60度角的位置。对景点的讲解，地陪导游还应注意以下几方面。

（1）讲解前，应对讲解的内容预先有所构思和计划，即讲解内容先后有序，中间穿插典故、传说、奇闻趣事恰到好处，讲解的主要内容应包括景点的历史背景、特色、地位和价值等。

（2）讲解的内容要正确无误，要做到有根有据。

（3）讲解的方法要有针对性，能够做到因人而异、因时间而异。

（4）讲解的语言要生动、优美、富有表现力，使游客不但能增长知识，而且能得到美的享受。此外，应结合有关景物或展品，宣传环境和文物保护知识。

（5）讲解活动中可适度使用肢体语言，尽量避免无关的小动作。

（6）对游客的拍照时机进行适当引导，尽量提前宣布拍照时间，以免游客只顾拍照而误了听讲解。

（7）对景点做繁简适度的讲解，包括该景点的历史背景、特色、地位、价值等内容，使游客对景点的特色、价值、风貌、背景及其他感兴趣的问题有基本的了解。

4. 密切注意游客的动向

在景点参观游览时，全陪导游或领队一般跟在队伍后面关注旅游队伍情况。地陪导游在队伍前面讲解时，也应时刻留心游客的动向，以免游客走失或发生安全事故，尤其应特别关注老年人、未成年人、残疾人等特殊人群。

导游带团

思考二：
引导游客文明游览是地陪导游的重要职责，地陪导游应该如何引导游客文明游览呢？

知识链接二：
地陪导游引导游客文明游览的基本规范有以下几点。
（1）将文明旅游的内容融合在讲解词中，从而进行提醒和告知。
（2）主动提醒游客遵守游览场所规则，依序文明游览。
（3）在自然环境中游览时，提示游客爱护环境、不攀折花草、不伤害动物、不进入未开放区域。
（4）观赏人文景观时，提示游客爱护公物、保护文物。
（5）在参观博物馆、教堂等室内场所时，提示游客保持安静，根据场馆要求规范使用摄影摄像设备，不随意触摸展品。
（6）游览区域对游客着装有要求的（如教堂、寺庙等），应提前一天向游客说明，以便于游客提前准备。
（7）提醒游客摄影摄像时先后有序，不妨碍他人。如需拍摄他人或与他人合影，则应事先征得同意。

思考三：
作为一名地陪导游，在带领游客游览景点时还应该注意什么？

知识链接三：
景点导游服务的注意事项有以下几点。

1. 提前了解游客需求
地陪导游要提前了解旅游团游客的有关情况，如游客的来源、职业、文化程度、风俗禁忌、有无特殊要求等，使自己的讲解更符合游客的需要。

2. 随时查点游客数量
在游览过程中，地陪导游需要多次查点游客人数，防止在途中有游客掉队，而导致游客走失、受伤等意外发生。

3. 体现职业形象
地陪导游的着装要整洁、得体；言谈举止要大方、端庄、文明、稳重，表情自然、诚恳、亲切；对待游客应热情诚恳，符合礼仪规范；工作中应始终情绪饱满，不吸烟、不酗酒；游客人数超过10人时持导游旗，并保持旗杆直立，旗面位于游客易辨识的方位，不应使用过多或造型怪异的挂饰；暂不使用导游旗时，应妥善放置，不应垫坐、玩耍等。

4. 重视游客安全
地陪导游要自始至终与游客在一起活动，时刻注意游客的安全，对于存在危险的道路、设施设备要及时提醒游客远离。

5. 合理安排游览节奏

地陪导游应让游客在计划的时间与费用内能充分地游览和观赏，做到讲解与引导游览相结合，适当集中与分散相结合，劳逸适度，并应特别关照老弱病残的游客。

知识延伸：

把导游装入手机

2023年8月1日，腾讯文旅联合河南省文化和旅游厅、云台山旅游服务有限公司及林州市红旗渠风景区旅游服务有限责任公司共同发布行业首个景区导游导览大模型服务平台，探索景区游客服务的智能化应用落地，用科技提升游览体验。

2023年以来，文旅行业复苏迹象明显，各大景区接待游客量屡创新高。在需求大增的情况下，如何通过科技手段提升服务质量，改善游客游览体验，成为各大景区运营关注的核心问题。

基于对此类需求的洞察，腾讯文旅联合多家合作伙伴，基于腾讯领先的人工智能技术，在河南落地景区导游导览大模型服务平台，该平台在"预训练"阶段积累了海量的景区景点知识，提供开箱即用的新一代智能客服，让游客的问答互动更便捷高效，游览体验更好。

具体来说，景区导游导览大模型服务平台覆盖游客旅游前、中、后全流程不同阶段的各个场景，可以满足游客在行程规划、智能导览、互动体验等方面的旅游资讯需求，游客只需进入景区的官方小程序并点击"智能导游小豫"，即可向智能客服进行关于行程的询问。

在游览开始之前，景区导游导览大模型服务平台可以基于AI大模型能力，与游客进行多轮深度对话，为游客提供吃、住、行、游、购、娱全方位的问答服务，同时还能够结合游客偏好、景区天气、人流情况等多维公开数据，推荐更懂游客的专属定制路线，帮助游客更轻松、高效的提前了解景区相关内容。

多轮智能对话是景区导游导览大模型服务平台应用的亮点之一，例如，当被问到"云台山有什么好吃的"时，基于景区导游导览大模型服务平台打造的智能导游小豫首先可以概括性地介绍一些当地美食；在此基础之上，游客还可以继续提问，进行如"一家三口旅行最经济实惠的吃饭方式有哪些""不吃辣有哪些选择""推荐离我最近的餐厅"等多轮次的对话，直到获得自己想要的全部信息。

此外，游客在景区内游览时，景区导游导览大模型服务平台能够结合景点点位数据，借助大模型内容生成、内容理解能力，自动生成个性化景点知识讲解内容，并根据游客所在位置进行推送，游客在游览过程中遇到的问题也可以随时得到解答。同时，通过腾讯LBS大数据能力，平台还可以实时分析景区内人流和拥挤情况，为管理者引导游客到更优路线提供参考信息。

【任务实施】

1. 分组并填写项目任务书（如表 3-3-1 所示）

表 3-3-1　项目任务书

任务名称	景点导游		
小组成员			
小组组长			
指导教师		计划用时	
实施时间		实施地点	
任务内容与目标			
在带领游客游览云冈石窟的过程中，能够运用所学知识完成景点导游服务。 （1）体现以游客为中心的服务意识，展现严谨、专业、细致、负责的职业态度。 （2）熟悉景点导游服务的内容和文明游览的基本规范。 （3）能够以游客为中心，引导游客文明游览			
任务分工	地陪导游： 全陪导游： 游客： 景点工作人员：		
考核项目	（1）景点导游服务的流程完整，服务规范，展现出专业的职业形象。 （2）讲解的内容准确、专业，能够在讲解过程中传播中国优秀传统文化。 （3）能够以游客为中心，引导游客文明游览。 （4）小组成员之间配合默契，分工合理，能够顺利完成任务		
备注			

2. 实施准备

完成任务需要准备的工具、材料包括便携式扩音器、导游旗、门票结算单、导游证、手机等。

3. 实施过程

模拟地陪导游在云冈石窟景点导游服务的过程。参考情境设计如下。

情境一：入园

地陪导游：各位游客，现在我们到了大同云冈石窟。请大家拿出身份证，一会儿我们刷身份证入园。我现在指向的那个位置是洗手间，有需要去洗手间的朋友速去速回，我们在原地等大家，然后一起入园。

地陪导游：现在大家看到的是云冈石窟导览图。一会儿我们需要从地下入口检票进入景区。进入景区后我们会首先穿过一个由很多石柱构成的回廊。在这里大家可以选择步行前往石窟区，也可以选择乘船直接到达，但是乘船的费用需要大家自己支付。我建议大家步行前往，因为只有步行才能参观途中的灵岩寺，它是按照《水经注》中的描写所仿建的。

当然，年龄大一些的叔叔阿姨，假如腿脚不是很方便，可以选择乘船，我们的吕导会带领大家去乘船，然后与我们会合。

全陪导游：好的，有需要乘船的朋友，一会儿跟我走，我带大家去买票。

情境二：景点游览

地陪导游：小李在这里还要提醒大家，这些石壁、石像都是非常珍贵的文物，它们现在也依然经受着风化的考验，需要我们格外保护。所以大家千万不要在石壁、石像上涂抹刻画，也不要攀岩踩踏。另外，我们随处都可以看到垃圾桶，游览时，请大家一定把手里的垃圾扔进垃圾桶内，环境卫生靠我们共同维护！（建议对云冈石窟进行总体介绍后，按照游览顺序逐一进行具体景点的讲解，讲解完要给游客留下拍照和自由参观的时间，并强调集合时间和集合地点。同时提醒游客爱护景区环境，保护文物。）

4. 实施总结

请填写项目任务实施报告，如表3-3-2所示。

表3-3-2　项目任务实施报告

任务名称	景点导游		
小组成员			
小组组长			
计划用时		实际用时	
实施时间		实施地点	
任务内容与目标			
在带领游客游览云冈石窟的过程中，能够运用所学知识完成景点导游服务。 （1）体现以游客为中心的服务意识，展现严谨、专业、细致、负责的职业态度。 （2）熟悉景点导游服务的内容和文明游览的基本规范。 （3）能够以游客为中心，引导游客文明游览			
任务分工	地陪导游： 全陪导游： 游客： 景点工作人员：		
情境设计			
过程记录			
实施总结			
反思改进			
备注			

【任务评价】

请填写项目任务评价表，如表3-3-3所示。

表 3-3-3 项目任务评价表

任务名称	景点导游		组别		
实施时间			实施地点		
评价项目（分值）	评分依据		自我评价（20%）	小组互评（40%）	教师评价（40%）
素质目标（30分）	展现出严谨、专业、细致、负责的职业态度（10分）				
	景点讲解内容准确、专业，能够在讲解过程中传播中国优秀传统文化（10分）				
	体现游客至上的服务理念（10分）				
知识目标（30分）	掌握景点导游服务的流程和内容（10分）				
	熟悉文明游览的基本规范（10分）				
	掌握景点导游服务的注意事项（10分）				
能力目标（40分）	景点导游服务的流程完整，服务规范，展现出专业的职业形象（20分）				
	能够引导游客文明游览（10分）				
	组织协调能力较强，项目任务书、情境设计文本、项目任务实施报告等材料完整、规范（10分）				
	小计				
	总成绩				
教师评价		教师签名：		年 月 日	
学生意见汇总		组长签名：		年 月 日	

【任务寄语】

旅游景点的参观游览是游客旅游活动的主要目的，是旅游消费的重要环节，因此景点导游服务的好坏直接影响游客的满意程度。在开展景点导游服务时，地陪导游要始终牢记游客至上的服务理念，从游客实际需求出发，体现出细致、真诚、友善的服务态度。在进行景点讲解时，地陪导游要做好充分的准备，向游客展现出严谨、专业、负责的职业素养。导游是传播中国优秀文化的使者，在景点讲解时要重视对历史、人文、精神、价值的融入。

【任务拓展】

请各小组利用节假日前往附近的一处景点，开展一次真正的景点导游服务吧！

任务四　景点返程沿途导游

【任务目标】

素质目标：（1）强化以游客为中心的服务意识。
（2）展现细致、周到、专业的职业素养。

知识目标：（1）了解景点返程沿途导游服务的注意事项。
（2）掌握景点返程途中导游服务的具体内容。

能力目标：（1）能够在景点返程途中顺利完成各项服务流程。
（2）能够较好地总结一天行程，具备良好的沟通能力。
（3）做好景点返程途中沿途讲解工作。

景点返程沿途导游

【任务描述】

时间：2024年10月13日17:00
地点：旅游客车上
人物：地陪导游、全陪导游、游客、司机
内容：根据项目要求，在游览大同云冈石窟景点结束后，地陪导游在返程途中进行导游服务。

【任务分析】

思考一：
一天的旅游活动结束后，在返程途中，地陪导游应做好的导游服务包括哪些？

知识链接一：
在返程途中，地陪导游应该做好以下工作。

1. 回顾当天行程

地陪导游应回顾、总结当天游览参观的内容，必要时可做一些补充讲解，并热情地回答游客的问询。

2. 沿途景观介绍

如果返程的路与原路不同，那么地陪导游还要进行沿途风光风情介绍；若返程走的是原路，则地陪导游可在原有介绍的基础上再进行补充介绍。

3. 宣布次日的行程安排

在即将到达下榻的酒店时，地陪导游要宣布次日的行程安排，还要向游客说明入住酒店的基本事项，如房卡分配、检查屋内物品等，以及叫早时间、早餐时间和地点、出发集合时间和地点等有关事项。

4. 引导游客下车

地陪导游要先下车，并照顾游客下车，提醒游客带好随身物品，带领游客入住酒店。

> **思考二：**

地陪导游在游览完景点的返程途中，需要注意什么？

> **知识链接二：**

地陪导游在进行返程沿途导游服务时，应注意以下事项。

（1）当日游览结束后，地陪导游应该引导游客上车，并再次清点人数，确保无人掉队。

（2）在返程途中，游客一般会比较疲惫，地陪导游不宜进行太多的讲解，也不宜组织游戏活动。

（3）旅游团在结束当日活动时，地陪导游应询问其对当日活动安排的反映。

（4）游览结束后如果有自由活动时间，则地陪导游要提醒游客注意安全，并请他们记住全陪导游和自己的联系方式。

【任务实施】

1. 分组并填写项目任务书（如表 3-4-1 所示）

表 3-4-1 项目任务书

任务名称	景点返程沿途导游		
小组成员			
小组组长			
指导教师		计划用时	
实施时间		实施地点	
任务内容与目标			
在游览了乔家大院、平遥古城、五台山、云冈石窟、晋祠等景点的返程途中，能够运用所学知识完成景点返程沿途导游服务。 （1）能够在返程途中顺利完成各项服务流程和内容。 （2）能够总结当天行程，具备良好的沟通能力。 （3）适当开展沿途讲解。 （4）营造放松、安静的乘车氛围			
任务分工	地陪导游： 全陪导游： 游客： 司机：		
考核项目	（1）返程沿途导游服务的流程完整，服务规范，展现出专业的职业形象。 （2）沿途景点讲解内容准确专业，能够在讲解过程中传播中国优秀传统文化。 （3）小组成员之间配合默契，分工合理，能够顺利完成任务		
备注			

2. 实施准备

完成任务需要准备的工具、材料包括车载扩音器等。

3. 实施过程

按照行程计划安排，选择其中某一景点模拟景点返程途中导游服务的工作。参考情境设计如下。

情境一：回顾当天行程

地陪导游：游客朋友们，游览了一天，大家辛苦了！坐上车，意味着今天的行程就全部结束了，现在我们返回大同市区入住酒店休息。利用这个时间，我们一起回顾一下今天的行程。早晨我们从五台山出发，经过4个多小时的车程来到了云冈石窟。作为全国首批重点文物保护单位和世界文化遗产，它被誉为一部镌刻在石头上的史书。今天，我们主要游览了云冈石窟中第5窟、6窟、18窟和20窟，其中第20窟的露天大佛被称为云冈石窟的杰出代表，也是游客最喜欢打卡拍照的地方。大家一定也都在露天大佛面前拍照留念了吧？

游客：都拍啦！

地陪导游：我还想问大家，你们觉得云冈石窟景区的环境美不美？

游客：就是一个大型公园，非常漂亮。在我的印象中大同产煤，我以为到处都又黑又脏，想不到环境这么好！

地陪导游：这位朋友，您说得太对了。是的，在20世纪90年代以前，云冈石窟周边的粉尘和废气污染十分严重。后来经过改造，云冈石窟周边的环境得到了极大改善。除了环境治理，云冈石窟的文物保护工作也做得非常好。我们都知道，历史文化遗产是不可再生、不可替代的宝贵资源，要始终把保护放在第一位。云冈石窟发挥数字化技术在文物保护中的优势，建立了石窟"数字档案"；利用3D打印技术，将部分石窟等比例复制，分体3D打印、积木式安装，开创了超大体量文物大比例复制的世界先例。我们现在还可以通过VR全方位欣赏一座座石窟、一尊尊雕像，可以说，原本不可移动的石窟艺术正在以全新的方式、年轻的姿态"活"了起来、"动"了起来，历经千年的石窟艺术正在飞上"云端"、走向世界。

情境二：沿途景点讲解

一会儿我们就要进入大同市区了。大同是国务院首批公布的24座历史文化名城之一，曾经是北魏的首都，是历代兵家必争之地，有"北方锁钥"之称。千年的历史为古城积淀了丰厚的文化底蕴，留下了许多名胜古迹。有彰显皇城气象、独具历史魅力的明代古城墙；有我国现存规模最大的石窟群、世界文化遗产——云冈石窟；还有华严寺天宫楼阁的雕塑艺术，堪称辽金时期的"海内孤品"；善化寺是我国现存最完整的辽金寺院；大同九龙壁是我国建筑最早、规模最大、保存最好的龙壁；还有法华寺、白塔、鼓楼等古建筑，这些建筑殿宇巍峨、金碧辉煌，彰显了引领中华文化数百年风骚的"平城文化"。

情境三：引导游客下车

今天我们入住的是大同王府至尊酒店。酒店地处市中心繁华地带，地理位置优越，交通便捷，设施设备齐全，相信大家在这里可以得到很好的休息。回到酒店以后大家稍微休整一下，咱们19点就在酒店的二楼餐厅吃自助晚餐。晚上我们没有统一的安排，大家可以在附近转转。小李要提醒大家，出门前要记牢酒店的名字，以及我和吕导的电话。累的话可以早点休息，睡个好觉，明天我们需要早起。我会安排明天早上5点40分的叫早服务，6点我们吃早饭，然后退房，7点出发返回太原，游览最后一个景点——晋祠。现在我来收一下身份证，一会儿为大家办理入住手续，请大家提前准备好身份证。

朋友们，酒店到了。请拿好自己的行李和随身物品先到大厅等候，我会尽快帮大家办理入住手续，给大家分发房卡。请大家慢点下车，不用着急。

4. 实施总结

请填写项目任务实施报告，如表3-4-2所示。

表3-4-2 项目任务实施报告

任务名称	景点返程沿途导游		
小组成员			
小组组长			
计划用时		实际用时	
实施时间		实施地点	
任务内容与目标			
在游览了乔家大院、平遥古城、五台山、云冈石窟、晋祠等景点的返程途中，能够运用所学知识完成景点返程沿途导游服务。 （1）能够在返程途中顺利完成各项服务流程和内容。 （2）能够总结当天行程，具备良好的沟通能力。 （3）适当开展沿途讲解。 （4）营造放松、安静的乘车氛围			
任务分工	地陪导游： 全陪导游： 游客： 司机：		
情境设计			
过程记录			
实施总结			
反思改进			
备注			

【任务评价】

请填写项目任务评价表，如表3-4-3所示。

表3-4-3 项目任务评价表

任务名称	景点返程沿途导游		组别		
实施时间			实施地点		
评价项目（分值）	评分依据		自我评价（20%）	小组互评（40%）	教师评价（40%）
素质目标（30分）	展现了细致、周到、专业的职业素养（10分）				
	景点讲解内容准确、专业，能够在讲解过程中传播中国优秀传统文化（10分）				
	体现了以游客为中心的服务意识（10分）				
知识目标（30分）	熟悉返程途中导游服务的具体内容和流程（15分）				
	较好地遵守了返程途中导游服务的注意事项（15分）				
能力目标（40分）	返程途中导游服务流程完整，讲解恰当，展现出专业的职业形象（20分）				
	能够较好地总结一天行程，具备良好的沟通能力（10分）				
	组织协调能力较强，项目任务书、情境设计文本、项目任务实施报告等材料完整、规范（10分）				
	小计				
	总成绩				
教师评价			教师签名：	年 月	日
学生意见汇总			组长签名：	年 月	日

【任务寄语】

景点返程沿途导游是游览服务的最后一个环节，无论是游客还是地陪导游此时都已经十分疲惫。这个时候的服务工作很容易松懈，这就要求地陪导游更要保持积极主动的服务状态，继续为游客提供耐心、贴心的服务，避免工作虎头蛇尾。只有从始至终保证高质量的服务，才能展现出优秀的职业素养。

【任务拓展】

请小组成员之间变换角色，重新设定一个返程情境，然后开始新一轮的模拟练习。

项目四　讲解服务

【项目导读】

2024年10月11日至10月14日，山西乐游春夏旅游开发有限公司接待了一个来自甘肃的30人旅游团，游览了乔家大院、平遥古城、五台山、云冈石窟、晋祠等景点。假设你作为该团的地陪导游，你如何为游客提供导游讲解服务？

【学习目标】

素质目标：（1）树立传播中华优秀传统文化和地域文化的使命感。
　　　　　　（2）增强文化自信。
　　　　　　（3）传承精益求精的工匠精神。

知识目标：（1）了解导游语言的特点及各种类型讲解词的结构与内容。
　　　　　　（2）熟悉导游语言的类型及讲解词创作的具体要求。
　　　　　　（3）掌握导游讲解的方法与技巧。

能力目标：（1）能够针对游客的不同需求提供个性化的导游讲解服务。
　　　　　　（2）能够熟练使用导游讲解的方法和技巧。

【思政案例】

1. 案例介绍

"90"后导游闫鑫：把山西之美推介给世界

山西古建、古村落之多、之美让人叹为观止，其中蕴含的学问更是博大精深。为了把这种独特的美传递给慕名而来的游客，出生于1993年的导游闫鑫不拘泥于书本上的知识，不愿死记硬背纸面上的导游词，在学习之余，他走遍山西300多处古建、20多处古村落，并写下多篇游记，把自己变成一本山西古建的"活字典"。

为了让游客近距离接触山西地域文化，他还自学了山西民歌、太原莲花落等表演形式，在讲解过程中展示给游客。他的出色表现赢得了世界各地游客的称赞，有马来西亚的游客称他为"在中国遇到的最好的导游"。

对于山西旅游的热爱和成为旅游行业"90后"标杆、把山西之美推介到世界各地的远大志向，推动他在行业中取得不俗的成绩：2013年、2014年，他分别获得教育部和国家旅游局举办的全国导游大赛一等奖；2014年，他在山西最美导游评选中总成绩为第一名，被授予"山西省五一劳动奖章"；2015年，他在山西导游大赛中摘得一等奖。

"我的目标，就是把山西之美推介给世界，我会为之一直努力下去。"闫鑫说道。

2. 案例解读

作为导游,要有传播优秀地域文化的使命感,闫鑫为了讲好山西故事,通过各种方式充实自己的讲解内容,提升自己的讲解水平,还自学了山西民歌、太原莲花落等表演形式,以便在讲解过程中展示给游客。这不仅体现了一名山西优秀导游的责任感、使命感,更是树立地域文化自信、厚积薄发推介山西之美的典范。

3. 案例思考

作为一名导游,如何才能有效传播优秀地域文化,讲好中国故事?

任务一　导游语言技能训练

【任务目标】

素质目标：（1）感悟中华优秀文化表达时的语言美。
（2）体会语言表达的文学与文化魅力。
（3）培养对中华文化、地域文化的自信。

知识目标：（1）了解导游语言的概念和特点。
（2）熟悉导游语言的类型。
（3）掌握导游语言的运用原则和表达技巧。

能力目标：（1）能够具备较高的导游语言表达能力。
（2）克服导游表达的不良习惯。

导游语言技能

【任务描述】

时间：2024年10月11日10:00
地点：旅游客车上
人物：地陪导游、司机、全陪导游、游客
内容：在接上旅游团之后,在车上致欢迎词、进行首次沿途讲解时,地陪导游在导游语言方面应该注意些什么?

【任务分析】

思考一：
导游语言的概念和特点是什么?

知识链接一：

1. 导游语言的概念

语言是导游服务中不可或缺的核心工具。导游通过生动的讲解,将壮丽山河的静态美景赋予动态活力,让沉睡千年的文物仿佛重获新生,将精致的传统工艺品描绘得栩栩如生,将深奥复杂的古建筑园林与神秘的废墟遗址诠释得浅显易懂。他们不仅营造了和谐愉悦的旅行氛围，更让游客在旅途中感受到无穷的乐趣，留下深刻而持久的记忆。

从狭义的角度上来看，导游语言是指导游与游客之间交流情感、引导游览、阐述讲解及传播文化时采用的富有表现力、形象生动的口头表达形式。从广义的角度上来看，导游语言是导游在服务过程中必须熟练掌握和运用的所有含有一定意义并能引起互动的一种符号。

"所有"，是指导游语言不仅包括口头语言，还包括态势语言、书面语言和副语言。其中，副语言是一种有声而无固定语义的语言，如重音、笑声、叹息、掌声等。"含有一定意义"，是指导游语言能传递某种信息或表达某种思想感情，如介绍旅游景观如何美、美在何处等。"引起互动"则强调了游客对导游语言行为的积极响应。例如，导游以微笑和搀扶动作帮助老年游客上车，这样的态势语言不仅传递了关怀，还激发了游客的正面反馈，如感谢的话语和周围人的赞许目光。"一种符号"，是指导游语言作为导游过程中的媒介，承载着沟通信息、建立联系、促进理解的重要作用，是连接导游与游客情感与认知的桥梁。

2. 导游语言的特点

导游语言是一种独具特色的职业交流工具，它要求导游在与游客互动或进行讲解时，必须追求语言表达的准确性与恰当性，致力于在"清晰传达信息"与"营造舒适氛围"两方面下功夫，同时，在语言的"美学价值"上也要有所建树。导游语言的得体与优美，不仅体现了导游个人的语言艺术修养，更是对游客高度尊重与重视的体现。

（1）范围广泛。

导游职业的广泛性和复杂性赋予了其语言使用的广泛性和多样性。这一特点具体体现在两大方面。第一，导游语言巧妙融合了日常生活用语与专业术语。在日常讲解中，导游需运用通俗易懂的语言满足普通游客的求知需求；同时，面对专业考察者，他们则需精准运用专业术语，深入浅出地讲解相关知识，这要求导游不仅拥有广博的知识面，还需熟练掌握并能灵活运用各类专业词汇。第二，导游的讲解内容丰富多彩，语言表达也随之多样化。从浩瀚的天文地理到悠久的历史文化，从独特的民俗风情到有趣的逸闻趣事，导游需根据所见所闻即兴发挥，灵活应变，其思维需高度活跃，语言需跨越时空限制，实现内容与形式的完美统一。这考验着导游在思维和语言运用上的高度适应性和创造力。

（2）表达灵活。

导游在运用语言时，需展现出高度的机智与灵活性，能够根据时间、空间、游客类型，以及游客的心理状态、情绪变化和行为表现的不同，灵活调整表达方式。在语音、语调及具体的表达手法上，他们需迅速适应各种情境，有效应对各种变化。例如，当游客情绪低落时，导游应采用劝慰或鼓舞人心的语言给予支持；面对愤怒或不满的游客，导游需以谦和的语言缓和气氛；在游客感到疲惫时，风趣幽默或轻松惬意的语言能有效提振精神；而当游客表达不满或牢骚时，导游在某些情况下选择沉默可能更为明智，因为此时过多的解释可能适得其反，而沉默往往能成为一种强有力的沟通方式。

（3）具有美感。

导游的语言水平不仅是其个人内在素质与文化修养的直接体现，也是游客评估导游服务质量的重要依据。旅游活动本质上是一场审美之旅，游客在旅途中渴望体验一切美好的事物，包括听到的语言。因此，导游的语言表达必须蕴含美感。这种美感体现在两个方面：一是导游通过语言精准捕捉并传达客观景物的美学特质，让游客通过听觉感受到景物的美丽；二是导游的语言还需满足游客的审美需求，成为他们心灵愉悦的源泉。

> 思考二：

导游语言的类型有哪些？

> 知识链接二：

1. 口头语言

　　口头语言是导游工作中最常用的一种有声语言表达方式，在导游服务中使用频率最高，具有"快、急、难、杂"的特点。口头语言主要通过以下两种方式展现。

　　（1）独白体。这是一种单向的信息传递方式，即导游讲述，游客倾听。独白体广泛应用于多种场合，如致欢迎词、日程宣布、景点详尽介绍、旅途中的讲解以及欢送词的发表等。该方式的特点在于目的清晰、受众明确，且内容表述详尽。

　　（2）对话体。这是导游与游客进行互动交流的语言方式，用于交谈、回答问题及商讨事宜。对话体对特定的语言环境具有较强的依赖性，并且能迅速且明确地获得游客的反馈，使得交流更加高效、直接。

2. 体态语言

　　体态语言又称"肢体语言"，是一种利用身体动作、姿态、手势、面部表情及其他非言语手段来传达情感、交流信息和表达意向的沟通方式，主要包括人的面部表情、身体姿势、肢体动作及体位变化，形成了一个丰富的图像符号体系。体态语言是人们在长期社交互动中自然形成并普遍接受的一种非言语交流方式，常被视作洞察说话者内心世界的窗口。

　　体态语言包括首语（通过头部的活动，如点头或摇头，来传递特定的语义和信息）、表情语（利用眉毛、眼睛、耳朵、鼻子、嘴巴及面部肌肉的细微运动，细腻地表达情感和传递信息）、目光语（通过人与人之间视线的接触和移动，来建立联系、传递情感、表达态度或意图）、手势语（手指、手掌和手臂的各种动作，能够传递丰富的信息，从简单的指示到复杂的情感表达）。

> 思考三：

如何运用好导游语言？

> 知识链接三：

1. 导游语言的运用原则

　　导游语言是一门艺术，它要求导游在工作现场能够运用准确、高雅且生动的语言，进行引人入胜的讲解。讲解内容需富有趣味性，修辞需优美，语调需饱含情感，语速应适中，声音强弱相宜，高低和谐，转折自然流畅，嗓音甜润悦耳，这样的讲解才能令游客心旷神怡，留下深刻而难忘的印象。

要成为一名优秀的导游，不仅需要具备扎实的语言基础（包括汉语及外语），还需要在语言表达上遵循"正确、清晰、生动、灵活"的四大原则。这四大原则是导游语言的基本要求，也是导游人员语言技能的具体展现，它们相互依存，缺一不可。

2. 导游语言的表达技能

讲话的艺术精髓在于"适中"，这一原则在导游语言的口头表达中尤为关键，具体体现在语音、语速、语调及节奏等方面。

（1）语音。

俗话说，"锣鼓听声，说话听音"。语音在导游讲解中扮演着重要的角色。对于语音的把握，尤其要注意以下几个方面。

① 音质。虽难以改变，但每位导游都应基于自身条件，发挥独特魅力，扬长避短，塑造个性化风格。如同自然界的百灵与黄鹂，以悦耳之音引人入胜。

② 音量。音量是指声音的强弱。在讲解过程中，调节好音量是语言表达的一种技巧。导游在讲解时音量不可过高或过低，要以游客听清为准。

首先，要根据游客数量、导游场合和地点来确定音量。当游客较多时，音量应适当提高；当游客较少时，可适当降低音量。在室外讲解时，音量要大些；在室内讲解则音量应小些。例如，在节假日期间，来五台山参观游览的游客很多，这时我们可以在进山门前或进山门后再向游客讲解山门，以避免拥挤嘈杂造成游客听不清讲解。

其次，在讲解过程中，应根据内容的重要性灵活调整音量。对于传达核心信息的关键词汇，应适当提高音量，以突出其重要性并引起游客的注意。而在讲述故事或营造特定氛围时，为了增加情节的紧张感和感染力，则可以运用"欲扬先抑"的技巧，通过故意降低音量来吊足听众的胃口，使故事更加引人入胜。

最后，讲话时音量的大小应遵循恰当、适度和顺畅、自然两点要求。

（2）语速。

导游讲解的语速把握同样至关重要。语速过快，可能会导致游客接收信息不全，游览体验打折，同时游客也会因精神紧绷而感到疲惫；语速过慢，则会浪费宝贵时间，影响游客观赏美景的连贯性，甚至给人留下不专业、不自信的印象。

理想的语速应维持在每分钟大约200字，这样的速度既能让导游从容不迫地表达，又能确保游客清晰理解。然而，语速并非一成不变，需根据讲解内容灵活调整。

一般来说，当遇到需要特别强调的信息，如关键地名、人名、数字，或是可能引起游客疑惑的内容时，应适当放慢语速，以加深游客印象，避免误解。

（3）语调。

任何一种语言都离不开抑扬顿挫、起伏多变的声调和语调，它们如同音乐的旋律，用以生动展现和深刻传达思想与情感。在导游活动中，导游讲解同样需要注重语调的节奏变化，即运用抑扬顿挫的技巧来吸引游客的注意力。人类的感官天生偏好变化，长时间听取单调的声调会令人感到乏味。因此，通过语调的高低起伏，可以为语言增添音乐般的韵律感，使游客更加乐于聆听。

语调主要分为三种类型：直调、升调和降调，它们各自承载着不同的情感表达功能。直调通常用于传达庄严、稳重、平静等情感状态，营造出一种正式而沉稳的氛围。升调多用于表达兴奋、激动、惊叹或疑问等情绪，能够迅速提升游客的兴趣与好奇心。降调则常用于表达肯定、赞许、期待或同情等情感，有助于增强话语的说服力和感染力。

通过巧妙运用这三种语调，导游可以更加生动地讲述故事，更加准确地传达情感，使游客在旅途中不仅能获得知识的滋养，更能享受到一场听觉的盛宴。

（4）节奏。

声调的节奏是导游讲解艺术中的精髓，它要求导游语言不仅要富有感情色彩，还需做到抑扬顿挫，如同音乐般具有动人的节奏感。这种节奏感涵盖了讲解的快慢节奏、声调的高低起伏，以及语句之间的巧妙停顿与接续。当导游能够精准地把握并巧妙运用语言的节奏时，其效果是显著的。一方面，它确保了信息的清晰传达，使游客能够轻松理解导游的讲解内容；另一方面，通过节奏的变化，导游能够引导游客的情绪，使他们在情感上与讲解内容产生共鸣，从而达到心领神会、情随意转的境界。

3. 克服不良的表达习惯

（1）含糊其词。

部分导游在讲解时言语含糊不清，这往往源于对讲解内容的不熟悉及自信心的缺乏。他们倾向于使用"大概""可能""好像"等模糊词汇，这样的表达方式难以让游客感到满意，因为游客在旅行中渴望获得的是确切的知识和明确的答案。

为了提升讲解质量，赢得游客的信任，导游必须在对讲解对象有深入了解的基础上，注重使用准确、肯定的言辞。这不仅要求导游具备扎实的专业知识，还需要他们在准备讲解内容时做到细致入微，确保每一个细节都准确无误。

（2）啰唆重复。

导游的讲解应当紧凑，简洁明快。虽然有些导游出于担心游客不理解的好意，会反复、重复地解释和说明，但这种冗长啰唆的讲解方式往往会适得其反，让游客失去耐心。游客既不喜欢沉默寡言、惜字如金的导游，也同样反感那些滔滔不绝、重复啰唆的导游。

（3）晦涩难懂。

有些导游在讲解过程中，存在一个显著的问题：他们过于机械地背诵导游词，常常使用一些生硬拗口的修饰语、倒装句及专业性过强的术语，甚至选用晦涩难懂、生僻罕见的词汇。这样的讲解方式不仅难以吸引游客的注意力，反而可能导致游客失去兴趣，即便听了也难以理解其中的含义。

此外，还有一些导游为了展示自己的学识，故意引用古文诗词，然而在引用之后却未能进行恰当的解释，这种做法往往让游客感到困惑不解，并给人一种故作高深、难以接近的印象。

（4）口头禅。

导游在讲解时，需特别注意避免一个常见的问题——过度使用口头禅。口头禅的频繁出现会打断讲解内容的流畅性，影响信息的有效传递，同时也可能给游客带来听觉上的不适和困扰。

（5）令人生厌的小动作。

常见的小动作有摆弄头发、首饰或衣服；眼睛快速转动或做出夸张的表情、动作等。

（6）其他不良的语言表达习惯。

导游在讲解时，应当避免几种不良的语言表达习惯，主要包括赘言惯用语、言过其实以及满口时髦词汇等。赘言惯用语指的是在讲话时频繁使用如"自然总是这样""老实说""明白了吗"等不必要的口头禅，这些口头禅会打断讲解的连贯性，影响游客的聆听体验。言过其实则是指导游在言语表达上过于浮夸，超出实际情况的描述，如随意使用"绝无仅有""毫无价值"等极端词汇，这种做法往往忽视了游客自身的判断能力，容易引发反感。此外，满口时髦词汇也可能成为导游讲解中的一大败笔，这些词汇若使用不当，不仅不能增添讲解的魅力，反而可能让游客感到困惑和疏远。

为了避免这些不良的语言表达习惯，导游可以通过观看自己讲解的录像带或请教同行来获得公正的评价。在认识到自己的弱点后，需要学习如何控制这些不良习惯，并通过不断的练习来逐渐改掉它们，养成更加专业、得体的语言表达方式。只有这样，导游才能在讲解过程中更加自信、流畅地传达信息，为游客带来更加愉悦和丰富的旅行体验。

【任务实施】

1. 分组并填写项目任务书（如表 4-1-1 所示）

表 4-1-1　项目任务书

任务名称	导游语言技能训练		
小组成员			
小组组长			
指导教师		计划用时	
实施时间		实施地点	
任务内容与目标			
根据导游语言技能包含的内容，进行研讨交流，巩固所学，提高运用能力。 （1）了解导游语言的特殊性和作用。 （2）熟悉导游语言的特点和类型。 （3）掌握导游语言的运用原则，提高导游语言的表达技巧。 （4）克服不良的表达习惯			
任务分工	地陪导游： 游客：		

(续表)

考核项目	（1）对导游语言类型和特点的精准把握。 （2）导游语言表达技能能够运用到工作实践之中。 （3）在导游语言表达中自觉克服不良习惯
备注	

2. 实施准备

完成任务需要准备的工具、材料包括电话、日程安排表、A4纸、笔。

3. 实施过程

按照项目任务书设计情境并模拟导游语言技能的实训过程。参考情境设计如下。

情境一：致欢迎词（口头语言，独白体表达）

各位来自甘肃的朋友，欢迎您来到山西旅游，我是大家此行的导游小李，旁边是我们的司机张师傅，甘肃和山西都拥有着悠久的历史和灿烂的文化，都是中华民族和华夏文明的重要发祥地，是中华文明的见证者和主要参与者，相信陇晋两省的交流能够进一步加深彼此的了解，同处黄土高原，孕育了淳朴直爽的性格，大家在旅游的过程中有什么要求尽管提出，我们将竭诚为您服务。预祝我们的行程一路顺利。谢谢大家！

情境二：首次沿途讲解（口头语言和体态语言配合，独白体表达）

各位游客，我们现在正驱车前往著名的乔家大院，所行驶的这条道路名为龙城高速。龙城高速不仅是山西省首条由市政府自主投资并建设的高速公路，也是晋中市在投资规模和项目管理上的创新尝试。

这条高速公路起始于山西省晋中市榆次区的龙白，与国家高速公路G20青银高速的山西段——太旧高速公路相连。途中，它与国家高速公路G55二广高速的山西段——太长高速公路形成十字交叉，最终在祁县城赵与大运高速公路相接。龙城高速不仅是山西中部地区连接西部陕、甘、宁及东部京、津、冀、环渤海经济圈的重要战略通道，也是山西高速公路网"三纵十一横十一环"中第九环的关键组成部分。

龙城高速全长71.588千米，穿越晋中平原腹地，途经榆次区、太谷区、祁县三县区的14个乡镇。它于2011年年底建成通车，按照双向六车道标准设计，总投资额达40亿元。作为山西省首条高标准双向六车道高速公路，龙城高速的建成极大地缓解了太原南环高速和汾河谷地的交通压力，同时也作为太原经济圈、晋中城市群的外环高速公路，对推动"一核一圈三群"的市域城镇化目标、提升太原大都市圈的辐射作用，以及促进晋中市经济的包容性增长具有重要意义。

值得一提的是，晋中是明清时期晋商的重要发源地，其中祁县、太谷、平遥更是晋商的典型代表，特别是在旅蒙晋商中占据了举足轻重的地位。像"大盛魁""复盛公"这样的商号，至今仍被传为佳话。在晋中保留的五处晋商宅院中，除王家未涉足旅蒙生意外，乔家、渠家、曹家和常家都将生意拓展到了蒙古高原，甚至远至俄罗斯的莫斯科，共同书写了纵横商海五百年的传奇篇章。

希望这段旅程能让大家更加深入地了解山西的历史与文化，也祝愿大家在接下来的参观中收获满满。

情境三：景点讲解概述（口头语言和体态语言配合，独白体表达，适用于未到景点时的综述）

游客朋友们，我们即将抵达本次行程的首站——乔家大院。这座院落，在众多影视作品中频频亮相，早已成为晋商文化的标志性景点，它以非凡的魅力惊艳了时光，传承着文化的精髓。

一宅一世界，乔家大院正是古人智慧的结晶。明清时期，晋商雄霸商界长达五百年，他们不仅演绎了德行与汇通天下的晋商传奇，更留下了无数精美绝伦的建筑瑰宝。乔家大院便是其中的佼佼者，其建筑规模宏大，设计精巧，工艺精湛，充分展现了中国清代北方民居建筑的独特风貌，堪称华夏民居建筑的瑰宝。

厚重的院墙如同坚固的堡垒，一砖一瓦间都镌刻着历史的印记。推开那扇厚重的宅门，仿佛穿越了几百年的历史长河，感受到了岁月的沧桑与风云变幻。大院内的房屋布局有序，地础台基坚实稳固，屋体构架稳固如初，翼角出檐深远，斗拱层叠出跳，屋顶轮廓优美，无不彰显出中国古建筑"实用、坚固、美观"的特质。同时，其建筑造型既体现了直线的稳健与挺拔，又融合了曲线的流畅与典雅，充分展示了中国古院落营造技艺的高超水平。

乔家大院的每一个建筑构件都是一件精美的艺术品。从精致的彩绘到巧夺天工的砖雕、木雕、石雕，俯拾皆是，异彩纷呈。装饰题材广泛，图案造型独特且寓意吉祥。工艺手法多样，想象力丰富，表现力十足，将俗气化为雅致，以景寄情，庄重典雅，既保持了建筑的实用功能，又赋予了其极高的艺术价值。

而那些散落在乔家大院的匾额楹联，更是构成了一道底蕴深厚的风景线。它们集文学、书法、雕刻、装饰艺术于一体，意义深远，内涵丰富。这些匾额楹联不仅装点了乔家豪门望族的门面，更蕴含了宅院主人修身治家、经商处世的道德志向及生活情趣。其人文魅力熠熠生辉，让每一位前来观赏的游客都能在出入俯仰间受到熏陶与启迪。

庭院深深，乔家大院以其独特的魅力，尽显晋商第一院的风采。让我们一同走进这座古院落，感受那份厚重的历史与文化底蕴吧！

4. 实施总结

请填写项目任务实施报告，如表4-1-2所示。

表 4-1-2　项目任务实施报告

任务名称	导游语言技能训练			
小组成员				
小组组长				
计划用时		实际用时		
实施时间		实施地点		
任务内容与目标				
根据导游语言技能包含的内容，进行研讨交流，巩固所学，提高运用能力。 （1）了解导游语言的特殊性和作用。 （2）熟悉导游语言的特点和类型。 （3）掌握导游语言的运用原则，提高导游语言的表达技巧。 （4）克服不良的表达习惯				
任务分工	地陪导游： 游客：			
情境设计				
过程记录				
实施总结				
反思改进				
备注				

【任务评价】

请填写项目任务评价表，如表4-1-3所示。

表 4-1-3　项目任务评价表

任务名称	导游语言技能训练	组别		
实施时间		实施地点		
评价项目（分值）	评分依据	自我评价（20%）	小组互评（40%）	教师评价（40%）
素质目标（30分）	态度端正，有责任心（10分）			
	导游语言运用恰当，体现语言美（10分）			
	小组成员形象、气质良好，合作默契（10分）			
知识目标（30分）	能将导游语言的特点和类型表达出来（15分）			
	导游语言的运用原则和表达技巧掌握程度高（15分）			
能力目标（40分）	导游语言的表达技能娴熟（20分）			
	在导游语言表达中无不良习惯（20分）			
小计				
总成绩				

（续表）

教师评价		教师签名：	年 月 日
学生意见汇总		组长签名：	年 月 日

【任务寄语】

语言是人与人之间沟通的桥梁，巧用语言，可以拉近导游与游客之间的距离。希望同学们通过导游语言技能的学习和训练，学会因人、因地、因时的恰当表达。希望同学们能够珍视每一次学习和实践的机会，不断提升自己的导游语言技能和文化素养，以更加自信的姿态、更加生动的语言，向世界展示中华文明的独特魅力，为做好地域文化传播使者、讲好中国故事贡献自己的力量。

【任务拓展】

观看一些导游讲解的视频，分析导游在讲解时对导游语言的运用。

任务二　讲解词创作技能训练

讲解词创作技能

【任务目标】

素质目标：（1）增强勇于探索和总结的创新精神。
（2）培养严谨、认真、细致的工作态度。
（3）提高发现美、表述美和传播美的责任意识。

知识目标：（1）了解讲解词的结构与内容。
（2）熟悉讲解词的创作要求。
（3）掌握讲解词的记忆方法。

能力目标：（1）能够熟练地进行讲解词的创作。
（2）能够针对游客的不同需求创作个性化的讲解词。

【任务描述】

时间：2024年10月12日16:00
地点：五台山
人物：地陪导游、游客、全陪导游
内容：旅游团在五台山游览，地陪导游提供讲解服务。

【任务分析】

思考一：
导游讲解词的内容有哪些？

知识链接一：
一篇完整的讲解词，其结构一般包括开头语、概括介绍、重点讲解、结束语四个部分。

1. 开头语

开头语包括问候语、欢迎语、介绍语、游览注意事项和对游客的希望五个方面，放在讲解词的最前面；同时要提醒游客注意自己携带的东西，保管好自己随身的物品，这是讲解词最重要的组成部分。

2. 概括介绍

概括介绍是用概述法介绍旅游景点的位置、范围、地位、意义、历史、现状和发展前景等，目的是帮助游客对景点先有个总体了解，引起游览兴趣。

进行概括介绍时，导游需灵活应变，依据游览时间的长短、游客的兴趣点及背景知识，适时调整介绍的深度与广度。

3. 重点讲解

重点讲解是指对旅游景点的成因、历史传说、文化背景、审美功能等方面进行详细的讲解，使游客对旅游景点有一个全面、正确的了解。

4. 结束语

对所游览的景点进行回顾和总结、感谢游客配合、强调集合时间等。

思考二：
导游讲解词写作的基本要求是什么？

知识链接二：

1. 强调知识性

一篇优秀的导游讲解词，其内容应当丰富多彩，广泛涵盖各类知识，并通过巧妙的融合与引用，使得讲解既深入浅出又引人入胜。讲解内容务必准确无误，确保信息的真实性和可信度，从而赢得游客的信任。此外，讲解词不应仅停留于表面的泛泛而谈，而应深入挖掘景点的文化内涵与独特价值，如通过对比同类景观的特色、穿插相关的诗词歌赋、引用知名人士的点评等方式，来丰富讲解的层次与深度。

2. 讲究口语化

导游语言是一种极具表现力与生动性的口头表达形式，因此在创作讲解词时，应特别注重采用贴近生活的口语词汇及简洁明了的书面语词汇，力求让讲解内容通俗易懂，避免使用晦涩难懂的书面语或发音拗口的词汇。采用短句结构，能够使讲解流畅自然，便于导游讲述时朗朗上口，同时也让游客在聆听时感到轻松愉悦。

尽管强调导游语言的口语化特点，但绝不应忽视语言的规范性和雅致性。在编写讲解词时，务必确保语言既符合日常交流的习惯，又具有一定的文学韵味和审美价值，从而提升整体的语言品质与讲解效果。

3. 突出趣味性

为了显著提升导游讲解的趣味性，需精心关注以下六个关键要素。

（1）融入故事情节。在讲解景点时，应适时穿插引人入胜的传说与民间故事，以此激发游客的好奇心和探索欲。所选故事需确保内容健康积极，且与所讲解的景点紧密相关，增强讲解的吸引力。

（2）语言生动多样。运用形象鲜明、词汇丰富的语言，能够有效引导游客进入特定的意境之中，让他们留下难以磨灭的印象，提升讲解的感染力。

（3）善用修辞手法。在讲解词中巧妙融入比喻、拟人、夸张、象征等修辞技巧，可将静态景观转化为生动活泼的画面，挖掘并展现其内在的美学价值，使游客沉浸其中，享受美的体验。

（4）注入幽默元素。幽默风趣是提升讲解词艺术性的关键所在，它能增添讲解的趣味性，营造轻松愉悦的氛围，使旅程更加愉快。

（5）情感真挚亲切。讲解词应采用文明、友好且充满人情味的语言，字里行间流露出真挚的情感，让游客在聆听中感受到温暖与亲近，增进彼此间的情感联系。

（6）灵活应变，即兴发挥。讲解词的创作与呈现，不仅是对导游知识广度的考验，更是对其应变能力和临场发挥技巧的挑战。成功的导游讲解往往能在保持内容丰富的同时，根据现场情况灵活调整，展现出高度的专业素养与创意。

4. 重点突出

每个景点都拥有其标志性的景观，而这些景观又各自以其独特的视角展现着景点的特色与精髓。因此，在撰写讲解词时，在兼顾全面介绍的同时，更要精准地突出重点。一份成功的讲解词，不应是泛泛而谈、面面俱到的流水账，而是应当精心挑选最具代表性的景观进行深入剖析，让游客在有限的游览时间内，能够深刻感受到景点的核心魅力与独特之处。

5. 要有针对性

讲解词绝非一成不变、千篇一律的模板，而是应当基于实际情况，灵活调整，做到因人而异、因时而变。有效的导游讲解应当具备高度的针对性和适应性，能够紧密贴合不同游客群体的特点、当时的情绪状态及周围的具体环境，做到有的放矢。必须避免"游客各具特色，讲解词却千篇一律"的尴尬现象。在编写讲解词时，应当预设一个具体的游客群体作为目标对象，这样不仅能确保内容的针对性和吸引力，还能更好地满足游客的实际需求，提升游览体验。

6. 重视品位

在创作讲解词的过程中，提升品位是至关重要的。首先，要高度重视思想品位，这要求导游承担起弘扬爱国主义精神的职责，通过讲解将景点的历史文化、自然风光与爱国情怀相结合，激发游客的民族自豪感和文化认同感。其次，文学品位同样不可忽视。讲解词的语言应当规范、文字准确无误，结构严谨有序，内容层次清晰且符合逻辑。

> **思考三：**
> 导游讲解词的记忆方法有哪些？

> **知识链接三：**

1. 个性化创作

参考优秀的讲解词案例，结合自身的口语习惯和发音特点，亲自撰写一份独特的讲解词；确保内容既专业又富有个人色彩，能够自然流畅地表达。

2. 反复揣摩与熟读

将你撰写的导游讲解词抄写一遍，并在抄写的过程中，逐句揣摩其语境，同时大声朗读出来；这有助于你更好地理解每句话的适用场景，同时加深对讲解词的熟悉度。完成抄写后，反复熟读，直至能够流畅背诵。

3. 视觉辅助记忆

收集景区的高清图片，特别是包含景区平面导游图的图片。通过仔细观察这些图片，你可以更直观地了解旅游线路和主要景点的分布，加强感性认识，从而帮助记忆讲解内容。

4. 立体感知

观看景区的宣传视频，这样你就能对景区有一个更加立体、全面的了解。视频中的动态画面和解说词能够为你提供更加丰富的信息，有助于你在讲解时更加生动形象地描述景点。

5. 实地踩点与学习

如果条件允许，可亲自前往景区进行实地踩点。通过亲身体验，你可以更加熟悉景区的浏览路线，同时观察并学习其他导游的讲解技巧，吸取他们的长处，为自己的讲解增添亮点。

6. 模拟讲解

找一个安静的环境，向宿舍的同学、父母等亲人进行模拟讲解，这不仅能够锻炼你的胆量，还能让你在实践中不断调整和完善讲解词。

7. 深入学习资料

广泛阅读关于景区的相关资料，包括历史背景、文化内涵、自然景观等。这样做不仅可以为你的讲解提供丰富的素材，还能在关键时刻帮助你应对可能出现的忘词情况。记住，作为一名优秀的导游，你只有拥有比游客更多的知识和信息，才能确保讲解的准确性和深度。

【任务实施】

1. 分组并填写项目任务书（如表 4-2-1 所示）

表 4-2-1 项目任务书

任务名称	讲解词创作技能训练		
小组成员			
小组组长			
指导教师		计划用时	
实施时间		实施地点	
任务内容与目标			
根据旅游接待计划和日程安排，创设情境，模拟带团过程，创作和撰写讲解词。 （1）根据情境创作和撰写讲解词。 （2）试着背诵讲解词			
任务分工	地陪导游： 游客： 全陪导游：		
考核项目	（1）讲解词的撰写符合结构要求。 （2）讲解词的撰写使用了相应技巧。 （3）能够分享讲解词的记忆方法。 （4）讲解词体现了足够的创新精神和审美意识		
备注			

2. 实施准备

完成任务需要准备的工具、材料包括景区文字资料、导游旗、A4纸、笔。

3. 实施过程

按照项目任务书设计情境并模拟导游讲解的具体工作实施。参考情境设计如下。

情境一：五台山概况讲解

内容设计：分析旅游团中的游客特点，回民游客信仰伊斯兰教，甘肃地区有藏传佛教流传，游客中或许有信徒，因此对于五台山概况的讲解可以采用对比法呈现，如伊斯兰教和佛教的对比，藏传佛教和汉传佛教的对比，要参观的菩萨顶即为藏传佛教寺庙。（可以在即将到达五台山的途中进行，也可以在参观前进行）

情境二：显通寺讲解

内容设计：显通寺在五台山乃至中国佛教界的独特地位，五台山的"朝台"和显通寺的"方便朝台"，三大特色殿（全木的大雄宝殿、全砖的无量殿、全铜的铜殿），"钟楼建在外、山门斜着开、经阁前后盖、殿殿文殊在"的显通寺四大怪。

情景三：菩萨顶讲解

内容设计：菩萨顶的历史沿革，菩萨顶作为清代皇帝行宫的独特地位，菩萨顶的建筑特色，菩萨顶藏传佛教的发展，菩萨顶与甘南藏传佛教寺庙拉卜楞寺的区别。

4. 实施总结

请填写项目任务实施报告，如表4-2-2所示。

表4-2-2　项目任务实施报告

任务名称	讲解词创作技能训练		
小组成员			
小组组长			
计划用时		实际用时	
实施时间		实施地点	
任务内容与目标			
根据旅游接待计划和日程安排，创设情境，模拟带团过程，创作和撰写讲解词。 （1）根据情境创作和撰写讲解词。 （2）试着背诵讲解词			
任务分工	地陪导游： 游客： 全陪导游：		
情境设计			
过程记录			
实施总结			
反思改进			
备注			

【任务评价】

请填写项目任务评价表，如表4-2-3所示。

表4-2-3　项目任务评价表

任务名称	讲解词创作技能训练	组别		
实施时间		实施地点		
评价项目（分值）	评分依据	自我评价（20%）	小组互评（40%）	教师评价（40%）
素质目标（30分）	创作的讲解词体现了发现美、表述美和传播美的意识（10分）			
	严谨、认真、细致的工作态度（10分）			
	小组合作默契（5分）			
	小组成员形象、气质良好（5分）			

(续表)

知识目标（30分）	讲解词的内容全面、完整（20分）			
	讲解词的创作和撰写符合规范（10分）			
能力目标（40分）	能够熟练地撰写讲解词（20分）			
	能够根据游客的特点有针对性地调整讲解词（10分）			
	能够快速地记忆讲解词（10分）			
小计				
总成绩				
教师评价		教师签名：		年　月　日
学生意见汇总		组长签名：		年　月　日

【任务寄语】

　　一篇卓越的、引人入胜的讲解词，如同魔法钥匙，能瞬间点燃游客对游览内容的浓厚兴趣与深刻理解，更能让游客对导游深厚的文化底蕴与卓越的表达才能赞叹不已。因此，在未来的导游职业生涯中，我们应当秉持不懈的探索精神与勇于创新的态度，倾注心血与情感，深入剖析每一处景点或景观的独特韵味，再以精妙绝伦的语言将其娓娓道来。同时，我们需具备敏锐的观察力，细致分析每位游客的特性与偏好，以此为依据，不断调整和完善讲解词，使之更加贴近游客的心灵，实现个性化、定制化的讲解服务。让每一次的导游讲解，都成为一场发现美、诠释美、传递美的非凡旅程，让游客在旅途中不仅收获知识，更能感受到文化的魅力与心灵的触动。

【任务拓展】

　　分析一篇优秀的导游讲解词，了解其创作的优缺点，举一反三，提高自身的讲解词创作和撰写能力。

任务三　导游讲解技能训练

导游讲解技巧

【任务目标】

　　素质目标：（1）树立以游客为中心的导游服务意识。
　　　　　　　（2）传承精益求精的工匠精神。
　　　　　　　（3）从人文景观的讲解中体悟中国传统建筑文化的丰富内涵，提升文化自信。
　　知识目标：（1）了解导游讲解的原则。

（2）熟悉导游讲解的基本要求。

（3）掌握导游讲解的方法和技巧。

能力目标：（1）能够按导游讲解的基本要求，熟练地进行导游讲解。

（2）能够熟练运用导游讲解的技巧，为游客提供个性化的导游讲解服务。

【任务描述】

时间：2024年10月11日至14日

地点：某一个景点中

人物：地陪导游、游客、全陪导游

内容：旅游团在平遥、大同等地的游览过程中，地陪导游提供讲解服务。

【任务分析】

思考一：

导游讲解的原则有哪些？

知识链接一：

1. 计划性原则

导游在接团前应根据旅游接待计划、旅游团的线路安排及游客的组成等因素，做好接待的讲解计划。讲解计划中应包括景物的特色、重点、观赏的途径、要点、时间的安排及顺序等。

2. 针对性原则

每一次带团，导游所面临的游客群体都是独一无二的，他们的兴趣点与需求各不相同，采用一成不变的解说方式显然无法满足所有游客的期望。因此，导游必须灵活应对，根据每位游客的具体特征与需求，在接待方式、服务形式、讲解内容、语言风格及讲解技巧上做出相应调整。

在进行导游讲解时，解说词的广度、深度及结构应富有弹性，以适应不同游客的需求。简而言之，导游需具备"看人说话"的智慧，确保所讲述的内容正是游客渴望了解、能够消化且充满兴趣的。毕竟，不同的游客对导游服务及讲解有着迥异的要求与期待。

3. 灵活性原则

所谓灵活性，是指导游的讲解需根据游客的不同、时间的变化及地点的特性而灵活调整。导游讲解的内容应富有弹性，既能深入剖析，也能浅尝辄止；既能详尽展开，也能简洁明了；既能连贯讲述，也能适时停顿，一切均以实际情况为转移，避免陷入僵化与刻板。

导游讲解之所以强调灵活多变，其精髓在于游客的审美偏好千差万别，而各旅游景点的美学特质也各具特色。加之自然界的瞬息万变，天气的阴晴不定，以及游览过程中氛围的营造与游客情绪的起伏，都构成了讲解中不可忽视的变量。

即使面对同一景点，导游也应依据季节的更迭、时间的流转及游客群体的差异，采取最为贴切的讲解策略。以雨中游览武夷山为例，若导游说："下雨天，什么景色也看不清"，这无疑会大煞风景，严重影响游客的心情；相反，若能巧妙转换视角，以诗意的语言描绘："听，那淅淅沥沥的雨声，宛如天籁之音，雨珠如珍珠般洒落，在我们脚下溅起朵朵晶莹的浪花。群山在雨幕中若隐若现，仿佛置身于梦幻般的仙境，我们正漫步于这人间天堂之中。"这样的讲解，无疑能极大地提升游客的游览体验，让雨中之旅同样充满魅力与惊喜。

4. 以客观事实为依托原则

客观事实是指那些独立于个体意识之外，却能被人类意识所感知和反映的真实存在。这一范畴广泛涵盖了自然界的万千气象与人类社会的种种现象。其中，有形之物如壮丽的山川、悠久的历史遗迹，以其直观的形象和深厚的文化底蕴，成为客观事实中不可或缺的一部分；而无形之实，如社会制度、文化习俗，乃至旅游目的地居民对游客的接纳态度，虽难以捉摸其具体形态，却同样深刻地影响着人类社会的发展进程与个体的行为体验，同样是客观现实的重要组成部分。

导游在讲解时，无论采用何种创新手法或高超技巧，其根本依据始终在于这些客观存在的事实。换言之，导游的讲解必须紧密围绕自然界或人类社会的某种具体现实，确保信息的真实性与准确性，让游客在享受视听盛宴的同时，也能深刻感受到客观世界的多样魅力与深厚底蕴。

> **思考二：**
> 导游讲解的基本要求是什么？

> **知识链接二：**

1. 言之有据

导游讲解需口齿清晰、见解明确、措辞得当、层次分明、逻辑严密，确保所言皆有据可依。

2. 言之有理

文物古迹的历史底蕴和艺术价值，以及自然景观的成因与特色，导游均应详尽阐述，使游客明了其中之理。

3. 言之有趣

导游在讲解时应采用通俗易懂的语言，避免使用歧义或生僻词汇，使游客能够轻松理解，并感受到讲解的趣味性。

4. 言之有礼

在服务过程中，导游应正视游客，视线与游客保持平行，并适时环视四周，同时避免长时间注视某一位游客，以免引起不必要的误解或反感。

5. 言之有神

导游在讲解时可适当融入娱乐性细节，使内容更加生动有趣。偶尔加入个人经历或感受，往往能引发游客的共鸣，提升讲解效果。

6. 言之有力

导游在旅游客车上讲解时，需密切关注交通状况，灵活调整讲解内容的长度，并使用明确的指示语，引导游客将视线聚焦于讲解的景观上，实现讲解与景观的同步。

> **思考三：**
> 导游讲解的具体方法有哪些？

> **知识链接三：**

1. 分段讲解法

分段讲解法是一种高效的导游技巧，其核心在于将一处大型景点细分为若干相互衔接的部分来逐一介绍。这种方法不仅有助于游客更好地理解和吸收信息，还能确保讲解内容条理清晰，易于跟随。需要注意的是，在讲解当前景点时，导游应避免过多涉及下一个景点，以免打乱游客的思绪；在结束当前景点的讲解时，可以巧妙地引出下一个景点的内容，激发游客对后续景点的兴趣和期待。

2. 突出重点法

突出重点法是导游讲解中的一种高效策略，旨在避免面面俱到，而是聚焦于某一关键方面进行深度讲解。以下是几种实施突出重点法的具体方法。

（1）聚焦代表性景观。

在介绍大型景点如云冈石窟时，导游应着重讲解其标志性的景观，如第五、六窟及五华洞和昙耀五窟。这些景观不仅是云冈石窟的精华所在，也是游客了解石窟文化的窗口。通过深入讲解这些代表性景观，导游可以帮助游客快速把握景点的整体风貌和文化内涵。

（2）突出景点特色与差异。

对于如五台山这样的多寺院景点，导游在讲解时应注重突出每个寺院的独特之处。通过对比和区分，游客可以感受到虽然都是寺院，但每个寺院都有其独特的风格和魅力。这种讲解方式有助于增强游客的游览体验，使他们对每个寺院都留下深刻印象。

（3）紧扣游客兴趣点。

导游在讲解前应充分了解游客的职业、文化层次和兴趣爱好，以便在讲解时重点介绍他们感兴趣的内容。这种个性化的讲解方式能够提升游客的参与度和满意度，使他们更加享受游览过程。

（4）强调"之最"信息。

在介绍景点时，导游可以巧妙地运用"之最"信息来吸引游客的注意力。例如，北京故宫是世界上规模最大的宫殿建筑群，长城是世界上最伟大的古代人类建筑工程等。这些信息不仅体现了景点的独特性和重要性，还能激发游客的好奇心和探索欲。

3. 触景生情法

触景生情法是一种能够激发游客情感共鸣、提升游览体验的导游讲解技巧。它要求导游在讲解过程中，能够敏锐地捕捉景物的情感元素，借题发挥，将讲解内容与所见景物巧妙融合，达到情景交融的境地。在这一过程中，导游需确保讲解内容与眼前景物的和谐统一，通过细腻入微的描绘和生动形象的叙述，营造出一种引人入胜的意境。这种意境不仅让游客仿佛置身于一个充满生命力的世界，更能激发他们的想象力，引导他们深入领略景点的内在妙趣和独特魅力。触景生情的关键在于自然、正确且切题的发挥，导游需运用生动有趣、感人至深的语言，将原本静默无声的景物赋予鲜活的生命力，注入丰富的情感色彩，从而引导游客进入特定的意境之中，让他们在享受美景的同时，也能深刻感受到其中蕴含的知识与美感。

4. 制造悬念法

制造悬念法在导游讲解中常被形象地称为"卖关子"或"吊胃口"，是一种通过设置疑问、引发好奇来增强讲解吸引力的有效手段。例如，在游览晋祠时，导游可能会指着路边稻田里的水稻说："晋祠的大米品质上乘，足以与天津的小站稻相媲美，但为何这样优质的大米却无法成为贡品呢？别急，让我们先深入游览晋祠，待游览结束后，答案自会揭晓。"

这种"先藏后露、欲扬先抑、引而不发"的讲解手法，不仅能够有效激发游客的好奇心，还能在游览过程中营造出一种神秘的氛围，使游客更加期待后续的讲解内容。一旦悬念揭晓，游客往往会因为之前的期待和好奇而感到格外满足，从而对讲解内容留下深刻的印象。

制造悬念法在导游讲解中扮演着重要的角色。它不仅能够活跃游览气氛，使游客在轻松愉快的氛围中享受旅程；还能巧妙地制造意境，引导游客进入特定的情感状态，增强他们的游览体验。更重要的是，悬念的设置能够极大地激发游客的探索欲和求知欲，使他们在游览过程中更加主动、积极地参与进来，从而获得更加丰富、深刻的游览体验。因此，制造悬念法备受导游青睐，成为他们讲解过程中的一大法宝。

5. 要素法

要素法是指导游在讲解过程中，系统地向游客介绍所参观景点的核心欣赏要点，旨在帮助游客建立对欣赏对象的全面且准确的认识。该方法涵盖了七大关键要素：景点的历史背景、功能定位、特色、社会地位、文化价值、名人点评，以及讲解的完整性与逻辑性（有始有终）。在实际运用中，导游需灵活调整讲解重点，针对不同景点的特色进行有针对性的阐述，以确保每位游客都能获得深刻而个性化的游览体验。

6. 问答法

问答法是指导游在讲解过程中，通过向游客提出问题或鼓励游客主动提问来增强互动与参与感。这种方法具体分为三种形式：问自答法（导游自问自答，用以引导游客思考并传递信息）、我问客答法（导游提出问题，邀请游客回答，促进交流）、客问我答法（游客主动提问，导游给予解答，满足游客的好奇心和求知欲）。通过问答法，导游能够更有效地吸引游客注意，加深他们对旅游景点的理解与记忆。

7. 启示联想法

启示联想法是指导游通过巧妙地引入话题并生动描述相关情景，激发游客的联想与想象，进而深化他们对景点的认知与理解，促使游客能够从中得出更为深刻和独到的见解与结论。

8. 虚实结合法

虚实结合法是指导游巧妙地将景点的实体介绍（包括景观本身、实物展示、历史史实及艺术价值等"实"的方面）与相关的民间传说、神话故事、逸闻趣事等富有想象力的"虚"的内容相融合，通过编织引人入胜的故事情节，不仅丰富了讲解内容，还极大地增强了游客的听觉与情感体验，使他们对景点的认识更加立体且深刻。

9. 类比法

类比法的核心在于"以熟喻生"，即通过游客已熟知的事物与当前所观赏的景物进行类比，以达到触类旁通、易于理解的目的。类比法通常分为三类：同类相似类比（寻找两者之间的共同点进行比较）、同类相异类比（对比相似但又有显著差异的事物）、时代类比（将古代或历史事物与现代事物进行跨时空的比较）。通过这些类比，导游能够生动、直观地传达景点的特色与内涵，使游客获得更加深刻而难忘的旅行体验。

10. 讲游结合法

讲游结合法是指将导游的精彩讲解与游客的自我观赏、深度体会紧密结合，通过灵活多变的应用，确保游客既能从导游那里获取准确丰富的信息，又能充分自由地沉浸于景点之中，细细品味其独特魅力与微妙之处。这种方式既保证了信息传递的准确性，又极大地提升了游客的参与度和满意度，让旅行体验更加丰富和深刻。

11. 画龙点睛法

画龙点睛法是指导游运用精练的言辞凸显景点的独特魅力，从而给游客留下深刻印象。

12. 创造意境法

创造意境法是指通过导游生动形象的描述与讲解，激发游客的想象力，引导他们沉浸于精心构建的特定情境中。这种方法巧妙地将游客与游览景点紧密相连，使之融为一体，营造出超越现实、更加美好的感知体验。

> **思考四：**
> 导游讲解的技巧有哪些？

知识链接四：

1. 讲解站位

导游在讲解时的站位选择至关重要，包括面对游客时的站位和引领游客面对景点时的站位，两者均需精心安排以最大化讲解效果。例如，在五台山菩萨顶的滴水殿，站在大殿对面约五米处讲解，相较于直接站在大殿屋檐下，能显著提升讲解的清晰度与游客的聆听体验。此外，站位还需避免交通要道、大门入口等游客密集流动的区域，以减少外界干扰，确保讲解的连贯性与游客的专注度。

2. 编织故事

编织故事的能力对导游而言十分重要，它不仅关乎能否吸引游客，更是展现导游讲解魅力的关键。在山西丰富的旅游故事中，无论是历史真实、神话传说，还是民间掌故，要使它们引人入胜，关键在于巧妙构思故事结构。

编织故事时，首先需善用悬念手法，避免平铺直叙，让游客在情节的起伏中保持好奇心与兴趣，随着故事发展而心潮澎湃。其次，要注重故事的内在逻辑，确保人物关系、情节进展合理紧凑，剔除冗余内容，以免削弱故事感染力。最后，编织故事时还需谨慎，避免使用可能引起游客误解或反感的元素，确保故事传递正能量，营造愉快的游览氛围。

3. 点到为止

导游在讲解景点时，应巧妙掌握分寸，避免陷入琐碎细节，无须将所有信息一一赘述。对于部分问题，点到为止更为适宜，这样能激发游客的想象力，为他们留出更多进行个人体验和二次创作的空间。这种做法的优势在于能够有效缩短讲解时间，从而让游客拥有更多自由时间去深入观察景点细节及拍摄留念。

4. 巧妙切入

导游在游览途中进行专题讲解时，应确保每个话题的引入都显得水到渠成，其关键在于"巧妙切入"。

例如，可以巧妙地利用沿途的风景作为引子，如看到路边的庄稼，就可以顺势展开讲解，先介绍当地的农作物种类，再逐步延伸到当地的饮食文化与风俗习惯。这样的过渡既自然又轻松，能让游客在欣赏美景的同时，也对当地的饮食风俗有更深入的了解。除此之外，也可以借助路边的路牌来引入新话题。例如，当看到"晋阳古城遗址"的指示牌时，就可以顺势引入太原的历史故事、别称由来等相关话题。这样的切入点既贴合实际情境，又能激发游客的好奇心。

【任务实施】

1. 分组并填写项目任务书（如表 4-3-1 所示）

表 4-3-1　项目任务书

任务名称		导游讲解技能训练	
小组成员			
小组组长			
指导教师		计划用时	
实施时间		实施地点	
任务内容与目标			
根据旅游接待计划和日程安排，创设情境，模拟带团过程，并提供导游讲解服务。 （1）开展导游讲解，讲解词的表达符合相应的原则和要求。 （2）根据游客要求，开展个性化导游讲解，能够熟练运用导游讲解的方法和技巧			
任务分工	地陪导游： 游客： 全陪导游：		
考核项目	（1）导游讲解符合基本要求。 （2）导游讲解方法的运用科学规范。 （3）导游讲解技巧的运用得体自然。 （4）导游讲解能够体现以游客为中心的服务意识和精益求精的工匠精神		
备注			

2. 实施准备

完成任务需要准备的工具、材料包括导游讲解词、导游旗、话筒和扩音器等。

3. 实施过程

按照项目任务书设计情境并模拟导游讲解的具体工作实施。参考情境设计如下。

情境一：大同概况讲解（可以在即将到达大同的途中进行，也可以在参观景点前进行）

内容设计：甘肃和大同在佛教东传中的渊源、甘肃的长城文化和大同的边塞文化对比、大同"三代京华，两朝重镇"、煤都的盛衰、凤凰城的涅槃重生、佛教文化和平城文化。

情境二：云冈石窟讲解

内容设计：云冈石窟的独特地位、一部全石化的百科全书、一个刻在石头上的王朝、一个消失在历史尘烟中的民族、一种无可替代的艺术。

情境三：平遥古城讲解

内容设计：古城的独特地位、古城墙防御体系的构成与功能、古代城市的布局特点、世界遗产委员会的评价、日昇昌票号。

平遥古城导游讲解词

各位游客，大家好！欢迎来到历史悠久、文化灿烂的平遥古城，这座坐落于三晋腹地的瑰宝，不仅荣获国家级历史文化名城、全国重点文物保护单位等殊荣，更被联合国教科文组织列为世界文化遗产，以其古朴风貌、晋商遗韵及淳朴民风，吸引着全球游客的目光。

平遥古城，作为我国现存四大古城之一，仿佛一本厚重的历史书，等待着我们去翻阅。青砖灰瓦、亭台楼阁，乃至寻常百姓家，都原汁原味地保留着往昔的风貌。平遥人为保护这座古城付出了巨大努力，城内居民不得擅自改动一砖一瓦，即便家境殷实，也需搬至城外以建新居，这份坚持在现代社会尤为珍贵，也成就了这座世界级的文化遗产。

平遥古城留给我们的宝贵遗产包括古朴典雅的镇国寺、东方彩塑艺术宝库双林寺、雄伟壮观的古城墙、中国第一票号"日昇昌"旧址，以及明清一条街上的古寺庙、古市楼、古店铺和古代民居。

现在，让我们一同走进平遥古城墙。这座始建于西周宣王时期，明洪武三年（1370年）扩建而成的砖石城墙，历经600余年风雨，依然坚固壮观。城墙周长6000余米，高6至10米，设6座城门，东西各2个，南北各1个，平面略偏东南，因地制宜，用险制塞。

我们正处于瓮城之中，瓮城作为古代城门外的防御设施，形似大瓮，能有效抵御敌人攻击。一旦城门关闭，城头士兵可居高临下，以弓弩、檑木、巨石反击，形成"关门打狗、瓮中捉鳖"之势。接下来，请大家随我登上城墙，感受移步换景的奇妙。

城墙顶部宽3至6米，内侧这道高约0.6米的护城墙叫"女儿墙"，是为了保障城上士兵的安全，并无御敌的功能。外侧这道护城墙则高达2米，设有方形垛口，既可瞭望敌情，又可放箭御敌。城墙每隔一段设有墩台，与敌楼共同构成强大的立体防御体系。城墙东南角还建有魁星楼，象征科考文运，与城墙上的3000个垛口、72座敌楼（分别象征孔子的3000弟子和72贤人）及敌楼内的孙子兵法石刻相映成趣，使这座军事堡垒充满了文化气息。

大家看，远处的市楼位于南大街，是古城的中心，围绕它形成了左文庙、右武庙，东道观、西寺庙，城隍庙与县衙署遥相呼应的布局。城内大街小巷四通八达，古民居、古寺庙、古市楼、古店铺交相辉映，构成了一幅宏伟壮观的古建筑群画卷。

平遥古城以其结构完整、风格古朴、名胜古迹众多而著称，正如世界遗产委员会所言："平遥古城是中国境内保存最为完整的一座古代县城，是中国汉民族城市在明清时期的杰出范例，在中国历史的发展中，为人们展示了一幅非同寻常的文化、社会、经济及宗教发展的完整画卷。"

接下来，请大家自由游览古城墙半小时，半小时后我们在城门口集合，前往被称为"中国票号始祖"的日昇昌票号参观。

平遥古城日昇昌票号导游讲解词（商务考察团）

各位老总，下午好！非常荣幸能陪同各位参观平遥古城，并一同探访"中国票号始祖"——日昇昌票号。希望通过今天的行程，我们能共同领略晋商文化的深厚底蕴，特别是其在金融领域的创新智慧。

平遥古城不仅是古代城市防御体系的杰出代表，更是中国票号文化的摇篮。在清光绪年间，全国票号中山西籍占据了绝大多数，而平遥更是票号的集中地，被誉为"中国华尔街"。日昇昌票号作为我国金融史上第一家经营汇兑业务的票号，其敢为人先的创新精神，正是晋商精神的生动体现。

　　现在我们已来到日昇昌票号的大门前，抬头可见"日昇昌记"的金字牌匾，其中暗含四个"日"字，寓意旭日东升、事业蒸蒸日上。日昇昌创立后迅速崛起，分号遍布全国35个大中城市，年汇兑总额高达3800万两白银，一度掌控着清王朝的经济命脉。

　　请各位随我穿过大门，进入日昇昌总部，探索其经营之道。日昇昌票号占地1400平方米，主要分为前院、后院和西跨院，我们现在重点参观的是前院，这里是票号的业务核心区域，集中设置了柜房、信房、账房等营业用房。

　　首先，我们来到的是柜房，相当于现代的银行营业厅。客户先在东柜房办理存款、取款、汇兑等手续，然后到西柜房收支现银。当年日昇昌票号日进斗金、吞吐万银的大笔现银，就是在西柜房柜台上流进流出的。晋商以诚信为先，日昇昌票号在其经营史上从未出现过冒领误领等事件，这得益于它严格的密押制度。请您顺着我手指的方向，看那边墙上的诗文牌匾，这其实是我国最早的银行密押方式，前12个字"谨防假票冒取，勿忘细视书章"代表一年十二个月，后30个字代表一个月三十天，设计巧妙，令人叹为观止。

　　接下来，我们前往信房。这里是票号的信息中心，负责向全国各分号发送文件指示。如此重要的部门，如何来保障万无一失呢？原来呀，日昇昌票号的用人制度非常严格，当时聘请的文信员，必须是有文化、有信誉、不懂生意，又与同事关系生疏的秀才，其年薪可达到1000两白银，相当于现在的100多万元人民币，正是"任人唯贤"的用人制度和"高薪"激励制度，使得这些伙计没有理由起歪心邪念。

　　再往里走，便是账房。这里是校点账目的地方，相当于现代的会计室。日昇昌票号实行"身股"奖励制度，优秀职员达到一定年限，可享受与大股东同股同酬的分红待遇。这种制度大大激发了员工的忠诚与敬业精神。

　　现在，我们来到了中厅。两侧的楹联"轻重权衡千金日利，中西汇兑一纸风行"，生动描绘了日昇昌票号的繁荣景象。日昇昌的兴起，带动了平遥票号业的蓬勃发展，形成了著名的"平遥帮"。平遥票号在全国设立分号400多家，鼎盛时期控制着全国80%的资金流向，成为金融界的领军者。

　　在清朝后期，平遥票号不仅为清政府借垫公款，帮助其渡过难关，还积极参与公益事业，体现了晋商开拓创新、诚信守义、注重乡情、同舟共济、乐善好施的精神。这种精神不仅激励着过去，也启迪着今天，影响着未来。

　　各位老总，我的讲解到此结束。接下来，请大家自由参观，深入感受晋商"汇通天下"的经营之道。感谢各位的聆听与配合，祝各位在平遥古城度过一个愉快而充实的下午！

4. 实施总结

请填写项目任务实施报告，如表4-3-2所示。

表4-3-2 项目任务实施报告

任务名称	导游讲解技能训练		
小组成员			
小组组长			
计划用时		实际用时	
实施时间		实施地点	
任务内容与目标			
根据旅游接待计划和日程安排，创设情境，模拟带团过程，并提供导游讲解服务。 （1）开展导游讲解，讲解词的表达符合相应的原则和要求。 （2）根据游客要求，开展个性化导游讲解，能够熟练运用导游讲解的方法和技巧			
任务分工	地陪导游： 游客： 全陪导游：		
情境设计			
过程记录			
实施总结			
反思改进			
备注			

【任务评价】

请填写项目任务评价表，如表4-3-3所示。

表4-3-3 项目任务评价表

任务名称	导游讲解技能训练	组别		
实施时间		实施地点		
评价项目（分值）	评分依据	自我评价（20%）	小组互评（40%）	教师评价（40%）
素质目标（30分）	讲解中能够体现精益求精的工匠精神（6分）			
	关注游客反应，能够时刻以游客为中心（6分）			
	在人文景观讲解中能够体现文化自信（6分）			
	小组合作默契（6分）			
	小组成员形象、气质良好（6分）			
知识目标（30分）	讲解原则的使用规范（15分）			
	讲解符合要求（15分）			

(续表)

能力目标（40分）	导游讲解方法运用灵活（20分）			
	导游讲解艺术表达得体（20分）			
	小计			
	总成绩			
教师评价		教师签名：		年 月 日
学生意见汇总		组长签名：		年 月 日

【任务寄语】

习近平总书记指出："让旅游成为人们感悟中华文化、增强文化自信的过程。"一次优秀的讲解必须富含深意、精准对位、饱含热情，让游客沉浸其中，享受心灵的洗礼，仿佛置身于和煦春风之中。因此，对于未来即将踏上导游岗位的同学们而言，做好导游讲解工作的核心在于坚持游客导向，量身定制讲解内容，确保服务个性化且贴心。同时，更要肩负起传承与弘扬中华优秀文化的使命，生动讲述中国故事，让每一位游客都能成为中华优秀文化的见证者与传播者。

【任务拓展】

查找一段优秀的导游讲解视频，分析其所使用的讲解方法和讲解技巧，举一反三，提高自身的讲解能力。

项目五　生活服务

【项目导读】

当甘肃旅游团一行抵达山西时,你作为地陪导游,需要做好游客的生活服务,包括住宿服务、用餐服务、购物服务和娱乐服务。

【学习目标】

素质目标:（1）具有大方得体、文明礼貌、团结合作的职业素养。
（2）具有热情主动、周到细致、文明导游的服务意识。
（3）树立导游作为地域文化传播者的使命意识。

知识目标:（1）了解住宿服务等生活服务的重要性和注意事项。
（2）熟悉住宿服务等生活服务的主要内容。
（3）掌握住宿服务等生活服务的具体要求。
（4）掌握住宿服务等生活服务中可能出现的具体问题及其处理方法。

能力目标:（1）能够独立完成住宿服务等生活服务的工作。
（2）能够灵活回应游客关于住宿、用餐等方面的提问。
（3）具有较强的沟通协调能力。

【思政案例】

1. 案例介绍

导游吴皓的带团经历

机场广播室的温馨提醒响起:"请注意,上海至沈阳的CJ63××航班将于北京时间18点50分准时抵达,请接机的朋友们做好迎接准备。"这声音预示着,吴皓即将迎来他负责的18位上海游客。他迅速从随身包中抽出导游旗,细心整理后,一切准备就绪。

吴皓对接团计划了然于胸,特别是旅行社为旅客精心准备的晚餐环节。他向游客们热情介绍道:"大家请放心,我们旅行社深知长途飞行后晚餐的重要性,因此特别安排了沈阳著名的'老边饺子'作为大家的接风晚宴。东北有句俗语,'站着不如躺着,好吃不过饺子'。'老边饺子'在全国享有盛名,曾在中央电视台的满汉全席饺子宴上屡获金奖,相信一定能让大家大饱口福,大家觉得如何?"吴皓的话语瞬间点燃了游客们的热情,不少人还在车上分享起了自家的包饺子心得。

抵达餐厅后,吴皓急切地先行下车,快步走进餐厅,他想先去一下洗手间。而游客们在大厅内一时找不到吴皓,略显焦急。不久,吴皓匆匆返回,满含歉意地将游客们引导至预订的餐桌旁。

从上海一同到沈阳的全陪导游张小姐和司机师傅一直跟着团队客人，却对自己的座位感到困惑。吴皓正忙于为客人服务，两人不便打扰。幸而服务员及时上前询问，得知两人身份后，礼貌地将他们引领至陪同桌就座。此时，餐厅内顾客稀少，菜品上桌迅速，尤其是那独具特色的饺子，让上海游客们赞不绝口。

2. 案例解读

一般来说，在游客即将抵达某一目的地进行参观之前，地陪导游需要提前妥善安排团队的用餐事宜，包括仔细核对午餐和晚餐的用餐地点、具体时间、参与人数、餐标以及游客的特殊饮食需求，确保每一项细节都得到确认无误。此外，在用餐过程中，地陪导游应展现出热情主动、细致入微的服务态度，以提升游客的整体体验。

然而，在本案例中，尽管地陪导游吴皓以其热情洋溢的态度给上海游客留下了良好的第一印象，但在后续的服务过程中，仍出现了一些细微的疏漏。例如，他没有立即引领游客进入餐厅的用餐区域，导致游客在寻找座位时略感不便；同时，吴皓也未能充分关注到司机和全陪导游的需求，对他们的照顾不够周全，这在某种程度上影响了服务的全面性和细致度。这些小的失误提醒我们，作为导游，在提供优质服务的同时，也需要时刻保持高度的警觉性和服务意识，确保每一位团队成员都能感受到贴心与关怀。

3. 案例思考

请思考，地陪导游在住宿服务、用餐服务等生活服务中，如何做到热情主动、细致周到，以避免出现案例中的尴尬局面。

任务一　住宿服务

住宿服务

【任务目标】

素质目标：（1）具有团队精神。
　　　　　（2）具有热情主动、周到细致的服务意识。
知识目标：（1）了解住宿服务的注意事项。
　　　　　（2）熟悉住宿服务的主要内容。
　　　　　（3）掌握住宿服务的具体要求。
能力目标：（1）能够按规定协助旅游团办理入住手续。
　　　　　（2）能够按规定提供协助处理问题、办理退房等其他住宿服务。
　　　　　（3）能够灵活回答游客提问。

【任务描述】

时间：2024年10月11日15:00

地点：平遥会馆

人物：地陪导游、全陪导游、游客、酒店工作人员

内容：根据项目要求，地陪导游做好旅游团抵达酒店后的住宿服务工作。

【任务分析】

思考一：

地陪导游要如何做好旅游团抵达酒店后的入住服务工作，主要内容是什么，具体要求有哪些？

知识链接一：

1. 入住服务的主要内容

根据《导游服务规范》要求，游客抵达酒店时，地陪导游应按以下要求协助办理住宿手续，妥善处理入住过程中出现的问题，提醒安全注意事项。

地陪导游要做到以下几点。

（1）与酒店保持有效的沟通和联系，落实住宿安排。

（2）告知游客酒店的基本情况和当日或次日的活动安排。

（3）若留宿酒店，将房间号告知领队或全陪导游，并掌握全团游客的房间号。

（4）根据需要安排次日的叫早服务。

2. 入住服务的具体要求

（1）协助办理住宿手续。

地陪导游要提前与酒店保持有效的沟通和联系，落实住宿安排。游客抵达酒店时，地陪导游要协助领队或全陪导游办理入住登记手续，请领队或全陪导游分发住房卡。地陪导游要掌握领队、全陪导游和所有游客的房间号，并将自己的房间号（若地陪导游住在酒店）、电话号码等告知领队或全陪导游，以便有事时尽快联系。

（2）介绍酒店设施设备。

进入酒店后，地陪导游应向全团介绍酒店内的外币兑换处、中西餐厅、娱乐场所、商品部、公共洗手间等设施的位置，以及在店内如何使用网络，向游客指明电梯和楼梯的位置；要提醒游客将贵重物品妥善保管，介绍酒店相关的服务项目、收费标准和注意事项；同时要告知游客酒店的名称、位置、基本设施和周边设施。

（3）带领旅游团用好第一餐。

游客进入房间之前，地陪导游要向游客介绍酒店内的就餐形式、地点、时间及相关规定。游客到餐厅用第一餐时，地陪导游必须带他们去餐厅，帮助他们找到桌次，要将领队或全陪导游介绍给餐厅领班、主管等有关人员，告知旅游团的特殊要求（如用餐标准、饮食禁忌等），并向游客介绍相关餐饮规定。

（4）宣布当日或次日的活动安排。

游客进入房间之前，地陪导游应向全团再次宣布有关当日或次日的活动安排、集合的时间和地点。

（5）照顾行李进房。

地陪导游要确保游客带着自己的行李进入房间。配备行李车的旅游团，地陪导游要等到该团行李运抵酒店后，与行李员、领队、全陪导游一起核对行李，然后交给酒店工作人员，督促其尽快将行李送到游客的房间。若个别游客未拿到行李或拿到的行李有破损，地陪导游应尽快查明原因，并采取相应的措施。

（6）确定叫早时间。

地陪导游在结束当日活动离开酒店之前，应安排好叫早服务。

> **思考二：**
> 住宿服务还包括哪些内容？

> **知识链接二：**

旅游团入住后，地陪导游还应协助游客解决入住后的各项问题，如打不开房门、房间不符合标准、房间卫生差、设施不全或损坏、卫生设备无法使用、行李错放等。游客可能会提出调换房间等要求，地陪导游要协助酒店有关部门处理此类问题。

此外，离店时，地陪导游应协助游客办理退房手续、结清有关自费项目费用，并提醒游客携带好证件和行李等个人物品。

知识延伸：

发房卡一定要谨慎

2024年6月，地陪导游小李接待了C市一行18人的旅游团。第一天，他们来到K市的XX大酒店。小李在办理入住登记时，全陪导游小金肚子疼，去了洗手间。等前台把9张房卡给小李时，小金还没有回来。小李就对客人说："两人一间，大家自由组合吧！"于是客人们很快把房卡拿走纷纷上楼了。小金回来时，听说小李已经把房卡分完了，蓦地问了一句："9个房间在阳面还是阴面？"小李说："阴面有4间，阳面有5间。"小金看了看小李，说道："你应该让我来分房卡，希望没事。"

晚餐后，有一对住在阴面房间的夫妻来找小李，说他们的房间没有阳光，要求换房。小李很为难，现在是旺季，连阴面的空房也没有了，怎么可能换房。最后，在小金的调解下，此事才得以解决。

案例中的地陪导游小李擅自帮全陪导游小金分房间，结果引起了游客的不满，可谓好心办了坏事。那么，导游在分配房间时，应该如何避免类似情况的发生呢？

在一般情况下，外宾团由领队分配房间，内宾团由全陪导游分配房间。在无全陪导游的情况下，如果游客来自同一个单位，那么可以请团长分配；而散客拼团则由地陪导游来分配。

酒店在给旅游团分配房间时，房型、楼层、朝向等不尽相同。不同的游客有不同的需求，全陪导游（领队）全程和游客在一起，对游客的情况和需求比较熟悉，因此由全陪导游（领队）来分配房间较为稳妥。

【任务实施】

1. 分组并填写项目任务书（如表 5-1-1 所示）

表 5-1-1　项目任务书

任务名称	住宿服务		
小组成员			
小组组长			
指导教师		计划用时	
实施时间		实施地点	
任务内容与目标			
根据旅游接待计划和日程安排，创设情境，模拟住宿服务。 （1）模拟协助旅游团入住服务工作。 ① 协助办理入住登记手续。 ② 介绍酒店的设施设备。 ③ 带领旅游团用好第一餐。 ④ 宣布当日或次日的活动安排。 ⑤ 照顾行李进房。 ⑥ 确定叫早时间。 （2）模拟其他住宿服务工作。 ① 个别问题处理。 ② 离店时的服务			
任务分工	地陪导游： 全陪导游： 游客： 酒店工作人员：		
考核项目	（1）落实工作的态度端正，提供住宿服务时细致周到、团结协作。 （2）工作落实得全面、完整，熟练掌握旅游团抵达酒店后的服务工作。 （3）在住宿服务工作中，能够与全陪导游、游客、酒店工作人员进行有效的沟通和交流		
备注			

2. 实施准备

完成任务需要准备的工具、材料包括电话、房卡、导游证等。

3. 实施过程

按照项目任务书设计情境并模拟住宿服务的具体工作实施。参考情境设计如下。

情境：协助旅游团入住酒店

地陪导游：各位游客朋友们，我们到酒店了，请大家拿好自己的行李准备下车。等会儿大家进了酒店，在大厅稍事休息，我和全陪导游去前台拿房卡。

酒店前台：您好，有什么可以帮您？

地陪导游：你好，我是山西乐游春夏旅游有限公司的导游小李，我们预订了15个双人标准间、1个全陪床，这是我们的人员名单，这是费用。

酒店前台：好的，房间已经提前为你们准备好了，这是你们的房卡。

地陪导游：这是我们的房卡，请你给大家分配一下。

全陪导游：好的。各位游客，房间已经分好了，请念到名字的游客来领房卡。

地陪导游：各位游客，现在房卡已经分好了，我的房间号是8201，大家有事随时联系我。电梯在左手边，大家可以去房间休息了，明天早上6:30酒店统一叫早，7:30我们在酒店门口集合，出发前往五台山。酒店一层有咖啡厅、商品部，有需要的可以光顾。

游客：谢谢。

4. 实施总结

请填写项目任务实施报告，如表5-1-2所示。

表5-1-2 项目任务实施报告

任务名称	住宿服务		
小组成员			
小组组长			
计划用时		实际用时	
实施时间		实施地点	
任务内容与目标			
根据旅游接待计划和日程安排，创设情境，模拟住宿服务。 （1）模拟协助旅游团入住服务工作。 ① 协助办理入住登记手续。 ② 介绍酒店的设施设备。 ③ 带领旅游团用好第一餐。 ④ 宣布当日或次日的活动安排。 ⑤ 照顾行李进房。 ⑥ 确定叫早时间。 （2）模拟其他住宿服务工作。 ① 个别问题处理。 ② 离店时的服务			
任务分工	地陪导游： 全陪导游： 游客： 酒店工作人员：		

（续表）

情境设计	
过程记录	
实施总结	
反思改进	
备注	

【任务评价】

请填写项目任务评价表，如表5-1-3所示。

表5-1-3 项目任务评价表

任务名称	住宿服务	组别		
实施时间		实施地点		
评价项目（分值）	评分依据	自我评价（20%）	小组互评（40%）	教师评价（40%）
素质目标（30分）	工作态度端正，能够体现合作精神（10分）			
	在服务过程中热情主动、细致周到（10分）			
	小组成员形象、气质良好（10分）			
知识目标（30分）	熟练掌握住宿服务的主要内容（15分）			
	准确掌握住宿服务的具体要求，工作落实得全面、完整（15分）			
能力目标（40分）	能够按规定完成住宿服务任务（20分）			
	通过与全陪导游、游客等人员的交流，表达能力及沟通能力有所提高（10分）			
	具有全面统筹能力，项目任务书、情境设计文本、项目任务实施报告等材料完整、规范（10分）			
小计				
总成绩				
教师评价		教师签名： 年 月 日		
学生意见汇总		组长签名： 年 月 日		

【任务寄语】

住宿服务是导游服务中的重要一环，其质量直接关系到游客次日的精神状态。在未来的导游职业生涯中，我们务必以积极主动的态度，协助旅游团高效完成入住流程。同时，需与其他导游及酒店员工紧密合作，细致入微地应对游客在住宿期间可能遇到的各种问题，确保每位游客都能享受到卓越的住宿体验。

【任务拓展】

与酒店管理与数字化运营专业的同学进行交流，了解酒店个性化服务的方法和案例，为未来导游从业积累丰富的知识。

任务二　用餐服务

【任务目标】

素质目标：（1）具有积极主动的工作态度。
（2）具有以游客为本、个性化服务、文明导游的意识。
（3）具有地域特色饮食文化传播的意识。

知识目标：（1）了解用餐服务的基本原则。
（2）熟悉用餐服务的主要内容。
（3）掌握用餐服务的具体要求。

能力目标：（1）能够按规定完成计划内的用餐服务任务。
（2）能够按规定为游客提供风味餐等计划外的用餐服务。
（3）能够灵活回答游客提问。

【任务描述】

时间：2024年10月12日18:00
地点：五台山花卉山庄
人物：地陪导游、全陪导游、游客、餐厅工作人员
内容：根据项目要求，地陪导游做好旅游团用餐服务。

思考一：
用餐服务的基本原则是什么？

知识链接一：
根据《导游服务规范》要求，地陪导游应按照旅游合同的约定安排用餐，对合同中游客的特殊用餐要求，应提前掌握并做出相关安排。全陪导游应对此实施监督和协助。

思考二：
地陪导游应当如何安排计划内的团队餐？

知识链接二：

1. 提前与餐厅联系，核实订餐情况

地陪导游应提前落实团队当天的用餐，对午、晚餐的用餐地点、时间、人数、标准、

特殊要求等逐一核实并确认。

2. 介绍餐厅和菜肴
到达餐厅前，地陪导游应当提前介绍餐厅，并对饭菜的标准、特色进行介绍，引起游客的兴趣。

3. 引导入座并介绍有关设施
用餐前，地陪导游应引导游客进入餐厅就座，介绍餐厅的设施、酒水的类别等；同时告知领队、全陪导游和司机的用餐地点，并向全团成员宣布用餐后的安排。

4. 引导文明用餐
用餐前，地陪导游还应该引导游客文明用餐、使用公筷公勺，提倡"厉行节约，反对浪费"。

5. 关注用餐情况
在用餐过程中，地陪导游应至少进行一至两次的巡查，密切关注旅游团的用餐状况，及时响应游客关于餐饮的任何疑问或需求。同时，地陪导游需承担起监督与检查的角色，确保餐厅完全遵循既定的服务标准执行，一旦发现任何偏差或问题，应立即指出并敦促餐厅采取有效措施迅速解决。

餐后，地陪导游需准确无误地填写《餐饮费用结算单》，详细记录用餐情况，随后与餐厅进行账目核对并完成结账流程，确保费用结算的准确无误。

思考三：

关于风味餐和宴会等如何安排？

知识链接三：

1. 风味餐
游客体验风味美食的方式主要分为两种：一种是包含在行程计划内的；另一种是游客自行安排的计划外活动，通常需自费进行。若游客在计划外自费品尝风味美食并邀请地陪导游参与时，地陪导游应注意保持适当的角色定位，避免成为活动的主导者，确保游客的主体地位。无论是计划内还是计划外的品尝活动，地陪导游都应积极向游客介绍本地的特色风味菜肴及其独特的食用方法，同时与游客进行友好互动，分享文化故事。

2. 宴会
宴会作为旅游活动中一项计划周密且正式的活动，地陪导游需全程参与其中，承担起重要角色。若活动中未配备专业翻译，地陪导游还需肩负起翻译的职责，确保信息传递的准确无误。此外，地陪导游应严格遵守时间规定，准时出席宴会，展现出高度的职业素养。在着装方面，地陪导游需注重仪容仪表，选择整齐大方、符合场合的着装，以专业的形象为旅游团队增添光彩，同时也展现出对宴会主办方及同伴的尊重。

1. 分组并填写项目任务书（如表 5-2-1 所示）

表 5-2-1　项目任务书

任务名称	用餐服务		
小组成员			
小组组长			
指导教师		计划用时	
实施时间		实施地点	
任务内容与目标			
根据旅游接待计划和日程安排，创设情境，模拟用餐服务。 （1）模拟计划内的团队餐用餐服务。 ① 提前与餐厅联系，核实订餐情况。 ② 介绍餐厅和菜肴。 ③ 引导入座并介绍有关设施。 ④ 引导文明用餐。 ⑤ 关注用餐情况。 （2）模拟风味餐用餐服务			
任务分工	地陪导游： 全陪导游： 游客： 餐厅服务员：		
考核项目	（1）落实工作的态度端正，对用餐服务中的细节把控良好，体现以游客为本的服务意识。 （2）熟练掌握用餐服务的内容和要求，工作落实得全面、完整。 （3）在用餐服务工作中，能够与全陪导游、游客、餐厅服务员进行有效的沟通和交流。 （4）能够将地域特色饮食文化有效传递给游客		
备注			

2. 实施准备

完成任务需要准备的工具、材料包括电话、日程安排表、菜单等。

3. 实施过程

按照项目任务书设计情境并模拟用餐服务的具体工作实施。参考情境设计如下。

情境一：计划内团队餐用餐服务

地陪导游：李经理，这是我们的旅游团，有回民单独用餐，咱们提前已经沟通过了，请确保他们的餐点符合要求。

餐厅服务员：当然，李导，我们已经做好了准备。请各位客人就座，我们马上上菜。

地陪导游：各位游客，今天晚上我们为大家安排的是计划内的团餐，十菜一汤，馒头、米饭不够再加，希望大家吃好。

游客：好的，谢谢。

地陪导游：好的，用餐之前，还想提醒大家，我们一定要做到文明用餐，使用公筷公勺，并且厉行节约，吃多少拿多少，反对浪费。

游客：好的。

地陪导游：（巡视餐桌）大家吃得怎么样？菜品满意吗？如果需要加菜，请随时告诉我。

游客：李导，这道菜看起来是素食，但我不确定里面有没有肉汤。你能帮我确认一下吗？

地陪导游：当然，张先生，我马上去确认。（向厨房确认后）厨师说这道菜是完全素食的，没有使用任何肉汤，请放心享用。

地陪导游：（用餐结束后）感谢餐厅的周到服务！大家用餐愉快吗？如果有任何反馈或建议，欢迎告诉我。我们接下来的行程是……

情境二：计划内风味餐用餐服务

地陪导游：各位游客，今天晚上我们为大家精心挑选了特色的晋菜餐厅。这里的菜品都是正宗的山西风味，希望你们会喜欢。

游客：哇，这里的装修真有特色，感觉像是穿越到了古代的客栈呢。

地陪导游：是的，王阿姨，这家餐厅保留了很多传统元素，就是为了给顾客提供一种沉浸式的文化体验。对了，今晚我们为大家准备了山西的特色菜——刀削面、过油肉、汾阳豆腐，还有著名的山西醋鱼。刀削面，它是用手削制而成的面条，口感劲道，配上特制的酱汁和蔬菜，非常美味。另外，过油肉也是山西的传统名菜，外焦里嫩，香而不腻。

游客：哇，谢谢李导。

地陪导游：应该的，用餐之前，还想提醒大家，我们一定要做到文明用餐，使用公筷公勺，并且厉行节约，吃多少拿多少，反对浪费。菜齐了，大家赶紧品尝吧。

游客：好。

4. 实施总结

请填写项目任务实施报告，如表5-2-2所示。

表5-2-2　项目任务实施报告

任务名称		用餐服务	
小组成员			
小组组长			
计划用时		实际用时	
实施时间		实施地点	
任务内容与目标			
根据旅游接待计划和日程安排，创设情境，模拟用餐服务。 （1）模拟计划内的团队餐用餐服务。 ① 提前与餐厅联系，核实订餐情况。 ② 介绍餐厅和菜肴。 ③ 引导入座并介绍有关设施。			

(续表)

④ 引导文明用餐。
⑤ 关注用餐情况。
（2）模拟风味餐用餐服务

任务分工	地陪导游： 全部导游： 游客： 餐厅服务员：
情境设计	
过程记录	
实施总结	
反思改进	
备注	

【任务评价】

请填写项目任务评价表，如表5-2-3所示。

表 5-2-3 项目任务评价表

任务名称	用餐服务	组别		
实施时间		实施地点		
评价项目（分值）	评分依据	自我评价（20%）	小组互评（40%）	教师评价（40%）
素质目标（30分）	工作积极主动、认真细致（6分）			
	在服务过程中具有以游客为本、个性化服务、文明导游的意识（6分）			
	具有地域特色饮食文化传播的意识（6分）			
	小组合作默契（6分）			
	小组成员形象、气质良好（6分）			
知识目标（30分）	熟悉用餐服务的基本原则和主要内容（15分）			
	准确掌握用餐服务的具体要求，工作落实得全面、完整（15分）			
能力目标（40分）	能够按规定完成用餐服务任务，并能够灵活回答游客提问（20分）			
	通过与游客等人员的交流，表达能力及沟通能力有所提高（10分）			
	具有全面统筹能力，项目任务书、情境设计文本、项目任务实施报告等材料完整、规范（10分）			
小计				
总成绩				

		(续表)
教师评价	教师签名：	年 月 日
学生意见汇总	组长签名：	年 月 日

【任务寄语】

中国地域辽阔、物产丰富，孕育了多姿多彩的饮食文化。在未来的导游职业生涯中，我们肩负着将这份宝贵的地域饮食特色传递给游客的重要使命，致力于成为中国饮食文化传播的桥梁与使者。同时，我们必须认识到，不同民族与年龄段的游客在餐饮需求上存在着显著的差异。因此，在严格遵守合同约定的基础上，我们应积极提供定制化、个性化的用餐服务，以满足游客的多元化需求。

此外，作为导游，我们还应当积极倡导节约粮食、反对浪费的良好风尚，引导游客树立文明旅游的观念。在享受美食的同时，也要尊重食物，珍惜资源，共同营造一个绿色、健康、和谐的旅游环境。

【任务拓展】

与餐饮服务与管理专业的同学进行交流，了解一些餐饮个性化服务的方法和案例，为未来导游从业积累丰富的知识。

任务三　购物服务

购物服务

【任务目标】

素质目标：（1）具有积极主动、耐心细致的工作态度。
　　　　　　（2）具有遵规守法的职业意识。
　　　　　　（3）具有传播地域风物特产的意识。

知识目标：（1）了解购物服务的基本原则。
　　　　　　（2）熟悉购物服务的主要内容。
　　　　　　（3）掌握购物服务的具体要求。

能力目标：（1）能够按合同约定完成购物服务任务。
　　　　　　（2）能够灵活回答游客提问。

【任务描述】

时间：2024年10月11日18:00
地点：平遥古城

人物：地陪导游、全陪导游、游客、购物店工作人员

内容：旅游团在平遥古城游览，地陪导游为游客提供购物服务。

【任务分析】

思考一：

购物服务的基本原则是什么？

知识链接一：

购物体验往往是多数游客行程中不可或缺的一环，他们热衷于搜寻并购买当地的特色产品及旅游纪念品。鉴于此，为游客提供优质的购物服务成为地陪导游的一项重要工作。地陪导游需精心规划购物活动，巧妙宣传并推广本地的旅游商品，做到既符合游客的意愿，也符合导游工作的要求。

根据《中华人民共和国旅游法》及《导游服务规范》的明确规定，导游应严格按照旅游合同的约定安排购物活动，不应向游客兜售物品或诱导、欺骗、强迫、变相强迫游客购物。

思考二：

地陪导游应如何正确地提供购物服务，主要内容有哪些？

知识链接二：

在提供购物服务时，地陪导游应做到以下几点。

（1）向游客客观介绍当地商品的主要品种和特色。

（2）提醒游客不应购买、携带违禁物品。

（3）必要时，向游客提供购物过程中所需要的服务，包括翻译、介绍托运手续等。

思考三：

购物服务的具体要求是什么？

知识链接三：

1. 严格执行旅游接待计划

地陪导游要严格执行接待社制订的旅游接待计划，根据游客的需求安排购物活动，满足游客的购物需求，不得擅自更换购物场所、增加购物次数，更不得强迫、欺骗游客购物。

2. 选择恰当购物时机

地陪导游要严格按照旅游合同规定的时间和次数安排游客到定点购物店进行购物。每次购物时间不能超过40分钟，两处购物点之间的行车时间不能低于120分钟。

3. 提前做好购物引导

在前往购物点的途中，地陪导游应事先向游客介绍本地商品的特色及购买商品时应注意的事项，如不应购买、携带违禁物品，使游客事先有所准备。下车前，地陪导游要讲清

旅游客车停放的地点和在该购物点停留的时间。

4. 当好游客的购物顾问

在购物过程中，地陪导游要当好游客的购物顾问，热情介绍商品，不做误导性宣传，提醒游客理性消费，在满足游客购物需求的同时，要维护和保障游客的权益。如果有需要，地陪导游还要做好游客购物时的翻译工作。

5. 做好购物后续服务

地陪导游应随时提供游客购物后所需的其他服务，如介绍托运手续等。当游客买到假冒伪劣商品时，地陪导游应主动协助游客退换并索赔。

【任务实施】

1. 分组并填写项目任务书（如表 5-3-1 所示）

表 5-3-1　项目任务书

任务名称	购物服务		
小组成员			
小组组长			
指导教师		计划用时	
实施时间		实施地点	
任务内容与目标			
根据旅游接待计划和日程安排，创设情境，模拟购物服务。 （1）严格执行旅游接待计划。 （2）选择恰当的购物时机。 （3）提前做好购物引导。 （4）当好游客的购物顾问。 （5）做好购物后续服务			
任务分工	地陪导游： 游客： 购物店服务员：		
考核项目	（1）工作态度积极热情，能够将当地风物特产有效传递给游客，能够严格按照合同约定和旅游接待计划的要求提供购物服务。 （2）熟练掌握购物服务的内容和要求，工作落实得全面、完整。 （3）在购物服务工作中，能够与游客、购物店服务员等进行有效的沟通、交流		
备注			

2. 实施准备

完成任务需要准备的工具、材料包括电话、日程安排表、车载话筒。

3. 实施过程

按照项目任务书设计情境并模拟购物服务的具体工作实施。参考情境设计如下。

情景一：前往平遥古城商业街购物的途中

地陪导游：各位游客，平遥古城是众所周知的旅游胜地，除旅游之外，当地特产也备受关注，据说平遥有108道特色小吃，尤其是平遥的三宝，平遥牛肉、推光漆器、长山药是必须带回家的特产。

平遥牛肉，自古以来便享有盛誉，其历史可追溯至明清时期，彼时已远销亚洲多国。据史书记载，清末慈禧太后途经平遥，品尝牛肉后大为赞赏，因其香气提神醒脑，味道解乏去困，故将其定为皇宫贡品。尽管平遥牛肉的确切起源年代已无从考证，但在清代，它已誉满山西全省。

平遥长山药，被国内外誉为"中国小人参"，是当地的又一特产。其制品营养丰富，性质温和，味道甘甜，是健脾养胃的上等滋补品。长山药不仅畅销国内，更远销南洋群岛、日本、美国旧金山等地。

在平遥古城三件宝中，漆器位列首位。平遥推光漆器作为中国四大名漆器之一，以其独特的手掌推光和描金彩绘技艺而闻名。这种漆器起源于唐开元年间，盛于明清，距今已有1200多年的历史。推光漆器是一种工艺精湛的传统手工艺品，外观古朴雅致，光泽闪烁，绘饰金碧辉煌，手感细腻滑润。它还具有环保无毒、抗虫蛀、耐热防潮、经久耐用等特点，堪称漆器中的精品。2006年5月20日，该技艺被列入第一批国家级非物质文化遗产名录。

一会儿我们就前往平遥古城商业街，去寻找传说中的平遥三宝，好不好？

游客：好，谢谢小李的介绍。

情境二：平遥古城特产商店

地陪导游：各位游客，我们现在所在的位置是平遥古城的商业街，这里汇聚了许多具有地方特色的手工艺品和纪念品商店。我们即将要走进的就是我们补充合同中所规定的平遥古城最大的特产商店。如果您想带些独特的礼物回家，这里是个不错的选择。请大家尽情游览，挑选心仪的产品，40分钟后我们在门口集合。

购物店服务员：欢迎光临。

游客：导游，你说的平遥推光漆器这里有吗？

地陪导游：当然有，您看这边，这些都是著名的平遥推光漆器工艺品。这里的每件作品都是独一无二的，非常适合作为礼物。

游客：好的，谢谢！对了，我还想找一些能够代表平遥的特色食品，有推荐吗？

地陪导游：特色食品区有平遥牛肉，还有各种口味的糕点，特别是我们的平遥牛肉，经过特殊工艺腌制，味道鲜美，是很多游客必买的伴手礼。

游客：谢谢，听起来很不错，我得挑一些。

地陪导游：不客气。

4. 实施总结

请填写项目任务实施报告，如表5-3-2所示。

表 5-3-2 项目任务实施报告

任务名称	购物服务		
小组成员			
小组组长			
计划用时		实际用时	
实施时间		实施地点	
任务内容与目标			
根据旅游接待计划和日程安排，创设情境，模拟购物服务。 （1）严格执行旅游接待计划。 （2）选择恰当的购物时机。 （3）提前做好购物引导。 （4）当好游客的购物顾问。 （5）做好购物后续服务			
任务分工	地陪导游： 游客： 购物店服务员：		
情境设计			
过程记录			
实施总结			
反思改进			
备注			

【任务评价】

请填写项目任务评价表，如表5-3-3所示。

表 5-3-3 项目任务评价表

任务名称	购物服务		组别		
实施时间			实施地点		
评价项目（分值）	评分依据		自我评价（20%）	小组互评（40%）	教师评价（40%）
素质目标（30分）	工作积极主动、耐心细致（6分）				
	在服务过程中遵规守纪（6分）				
	具有传播地域风物特产的意识（6分）				
	小组合作默契（6分）				
	小组成员形象、气质良好（6分）				

（续表）

知识目标（30分）	熟悉购物服务的基本原则（10分）			
	熟悉购物服务的主要内容（10分）			
	准确掌握购物服务的具体要求，工作落实得全面、完整（10分）			
能力目标（40分）	能够按规定完成购物服务任务，并能够灵活回答游客提问（20分）			
	通过与游客等人员的交流，表达能力及沟通能力有所提高（10分）			
	具有全面统筹能力，项目任务书、情境设计文本、项目任务实施报告等材料完整、规范（10分）			
小计				
总成绩				
教师评价		教师签名：	年 月 日	
学生意见汇总		组长签名：	年 月 日	

【任务寄语】

　　购物体验在旅游活动中占据着举足轻重的地位，它不仅是游客享受旅程的一部分，也是导游传递地方传统技艺与非遗文化精髓的桥梁。对于即将步入导游行业的我们而言，树立正确的服务心态至关重要。一方面，必须严格遵守合同及旅游接待计划的规定，确保购物服务的规范性和透明度，维护游客的合法权益。另一方面，应满怀热情地向游客推介当地的特色商品与文化产品，通过生动讲解和互动体验，加深游客对地域文化的理解与认同，从而提升地方文化的传播力与影响力。

【任务拓展】

　　查阅资料，了解山西值得带走的伴手礼有哪些，选取你最喜欢的一种，并利用相关短视频平台进行推介。

任务四　娱乐服务

娱乐服务

【任务目标】

　　素质目标：（1）具有积极主动、耐心细致的工作态度。
　　　　　　　（2）具有遵规守法的职业意识。
　　　　　　　（3）具有传播当地民俗等特色文化的意识。

知识目标：（1）了解娱乐服务的基本原则。
　　　　　（2）熟悉娱乐服务的主要内容。
　　　　　（3）掌握娱乐服务的具体要求。
能力目标：（1）能够按合同约定为游客提供娱乐服务。
　　　　　（2）能够灵活回答游客提问。

【任务描述】

时间：2024年10月12日19:00

地点：五台山

人物：地陪导游、全陪导游、游客

内容：旅游团在五台山游览后，将前往观看《又见五台山》演出，地陪导游为游客提供相关服务。

【任务分析】

思考一：

娱乐服务的基本原则是什么？

知识链接一：

根据《中华人民共和国旅游法》规定，导游和领队应当严格执行旅游行程安排，不得诱导、欺骗、强迫或者变相强迫游客参加另行付费旅游项目。

思考二：

地陪导游应如何正确地提供娱乐服务，主要内容有哪些？

知识链接二：

旅游娱乐活动包括计划内和计划外两种。计划内的娱乐活动是指包含在团队计划内的，其费用在团款中已经包括，地陪导游按团队计划安排即可。游客参加旅游合同约定的娱乐活动时，地陪导游的服务应包括以下内容。

（1）活动介绍。

（2）引导入场。

（3）提醒注意事项。

（4）采取必要的安全措施。

（5）引导退场。

思考三：

地陪导游提供娱乐服务的具体要求是什么？

> 知识链接三：

1. 活动介绍

地陪导游应确保旅游团成员了解计划内的娱乐活动，并在活动开始前陪同游客前往，同时简要介绍活动的内容和特色。

2. 引导入场

抵达演出地点后，地陪导游要按时组织游客入场并就座，并向他们介绍剧院的设施和座位分布，回答他们提出的问题。在演出进行时，对于外国游客，地陪导游应提供剧情快速介绍和必要的翻译服务，以增强他们的观赏体验。

3. 提醒注意事项

地陪导游要在演出开始前做相关提醒：一要提醒游客遵守场地规定，文明参与活动，如不要乱扔垃圾等；二要告知游客活动结束后的集合时间和地点；三要提醒游客在文化娱乐活动场所注意人身和财物安全。

4. 采取必要的安全措施

为保证游客的人身和财物安全，地陪导游不仅要提醒游客，还要采取必要的防范措施。在大型娱乐场所，地陪导游应时刻关注游客周围的环境，让游客始终在自己的视线范围内，准确掌握出口位置，确保在紧急情况下能迅速带领游客安全撤离。

5. 引导退场

演出结束后，地陪导游需提醒游客检查是否有遗留物品，并组织他们有序退场。

【任务实施】

1.分组并填写项目任务书（如表 5-4-1 所示）

表 5-4-1 项目任务书

任务名称	娱乐服务		
小组成员			
小组组长			
指导教师		计划用时	
实施时间		实施地点	
任务内容与目标			
根据旅游接待计划和日程安排，创设情境，模拟娱乐服务。 （1）活动介绍。 （2）引导入场。 （3）提醒注意事项。 （4）采取必要的安全措施。 （5）引导退场			

（续表）

任务分工	地陪导游： 游客： 场地工作人员：
考核项目	（1）工作态度积极热情，能够将当地民俗等特色文化有效传递给游客，能够严格按照合同约定和旅游接待计划要求提供娱乐服务。 （2）熟练掌握娱乐服务的内容和要求，工作落实得全面、完整。 （3）在娱乐服务工作中，能够与游客、场地工作人员等进行有效的沟通、交流
备注	

2. 实施准备

完成任务需要准备的工具、材料包括电话、日程安排表、话筒和扩音器等。

3. 实施过程

按照项目任务书设计情境并模拟娱乐服务的具体工作实施。参考情境设计如下。

情境一：介绍《又见五台山》

地陪导游：各位游客，我们即将观看《又见五台山》大型情境体验剧表演。接下来，我简单介绍一下《又见五台山》的基本情况。《又见五台山》作为国内首创的佛教文化情境体验剧，它独树一帜，通过深度创新的演出形式，将几个普通人的生活片段以沉浸式的方式娓娓道来。观众将被巧妙地带入剧情之中，与台上演员同悲共喜，共同经历"一天、一年、一生、一念"的哲理探索，从而深刻体悟人生的真谛。此剧不仅是五台山景区文旅深度融合的典范之作，更是"讲好五台山故事、传播五台山声音"的精彩篇章。文化是旅游的灵魂，旅游是文化的载体。近年来，五台山景区积极响应国家文旅融合的号召，遵循"宜融则融、能融尽融"的原则，以及山西省"文化引领旅游、旅游彰显文化"的发展理念，精心布局文化旅游产业，不断推陈出新。通过丰富旅游产品、拓展产业链条，致力于将传统的观光游览提升为沉浸式、立体化的旅游互动体验，为游客带来前所未有的文化享受。在这一过程中，旅游演艺项目如雨后春笋般涌现，而《又见五台山》无疑是其中的佼佼者。该剧自上演以来，凭借其感人至深的故事、匠心独运的舞台设计以及沉浸式的音乐体验，赢得了广泛赞誉。现在，让我们一同踏入剧场，迎接这场文化的洗礼，愿《又见五台山》能触动您的心灵，激发您的精神力量，为您的思想带来深刻的启迪。

游客：好。

情景二：进入《又见五台山》剧场

地陪导游：各位游客，现在距演出开始还有一点儿时间，在等待入场的过程中，我说几点注意事项。第一，在观看演出的过程中，请大家遵守场地规定，保持安静，不要使用手机拍照或录像，不要乱扔垃圾；第二，要时刻注意自己的人身和财物安全，场馆两侧都有安全出口，万一有突发情况，听工作人员安排有序撤离；第三，演出结束后，我们在出口集合。

游客：好。

地陪导游：现在请大家跟我来，我们准备入场了。演出马上就要开始了。

场地工作人员：大家好，欢迎来到《又见五台山》剧场。进入剧场的观众，请迅速找到自己的座位就座，在整个演出过程中，请大家保持安静，尽量不要使用手机拍照或录像，以免影响演出和其他观众的体验。

地陪导游：大家都找到自己的座位了吧？

游客：找到了。

地陪导游：好的。

4. 实施总结

请填写项目任务实施报告，如表5-4-2所示。

表5-4-2　项目任务实施报告

任务名称	娱乐服务		
小组成员			
小组组长			
计划用时		实际用时	
实施时间		实施地点	
任务内容与目标			
根据旅游接待计划和日程安排，创设情境，模拟娱乐服务。 （1）活动介绍。 （2）引导入场。 （3）提醒注意事项。 （4）采取必要的安全措施。 （5）引导退场			
任务分工	地陪导游： 游客： 场地工作人员：		
情境设计			
过程记录			
实施总结			
反思改进			
备注			

【任务评价】

请填写项目任务评价表，如表5-4-3所示。

表 5-4-3　项目任务评价表

任务名称	娱乐服务		组别		
实施时间			实施地点		
评价项目（分值）	评分依据		自我评价（20%）	小组互评（40%）	教师评价（40%）
素质目标（30分）	工作积极主动、耐心细致（6分）				
	在服务过程中遵规守纪（6分）				
	具有传播地域特色文化的意识（6分）				
	小组合作默契（6分）				
	小组成员形象、气质良好（6分）				
知识目标（30分）	熟悉娱乐服务的基本原则（10分）				
	熟悉娱乐服务的主要内容（10分）				
	准确掌握娱乐服务的具体要求，工作落实得全面、完整（10分）				
能力目标（40分）	能够按规定完成娱乐服务任务，并能够灵活回答游客提问（20分）				
	通过与全陪导游、游客等人员的交流，表达能力及沟通能力有所提高（10分）				
	具有全面统筹能力，项目任务书、情境设计文本、项目任务实施报告等材料完整、规范（10分）				
小计					
总成绩					
教师评价			教师签名：	年　月　日	
学生意见汇总			组长签名：	年　月　日	

【任务寄语】

娱乐活动在旅游体验中扮演着展现地方文化精髓的关键角色，同时也是导游传递地域魅力的重要契机。作为即将步入导游行业的从业者，我们需恪守旅游合同规定与旅游接待计划要求，确保娱乐服务的规范性与准确性。同时，我们应深刻意识到文化传播的责任，积极、主动地引领游客探索并理解当地的独特文化内涵，从而有效增强地域文化的传播力与影响力。

【任务拓展】

查阅资料，了解你所在的地区有哪些特别的文娱活动，并通过相关短视频平台进行推介。

项目六　送团服务

【项目导读】

由甘肃华夏旅行社组织的甘肃一行30人的旅游团于2024年10月11日至10月14日到山西游览，并于10月14日在太原武宿国际机场乘坐CA46××航班离开。如果你是该团的地陪导游，你会如何做好送团服务呢？

【学习目标】

素质目标：（1）树立以游客为本、真诚有爱的服务意识。
（2）培养尽职尽责、刻苦钻研、不断进取的敬业精神。
（3）树立导游作为地域文化传播者的使命意识。

知识目标：（1）了解送团服务的流程。
（2）熟悉送团前的准备工作。
（3）掌握欢送词的撰写及表达技巧。
（4）掌握离店服务、站点送团的主要内容和具体要求。

能力目标：（1）能够独立完成送团服务。
（2）具备有效应对送团服务中各类突发情况的能力。
（3）具备较强的沟通协调能力。

【思政案例】

1. 案例介绍

送不出去的小礼物

在一辆满载游客的旅游客车上，旅游团即将结束本地行程。导游意外了解到团中一位名叫老梁的游客曾在汶川大地震中英勇地参与了长达80天的救援行动，为向这位英雄表达敬意，导游自费选购了一份礼物，打算赠予老梁的女儿。

然而，老梁却坚决地拒绝了这份心意，他诚恳地说："我不能接受你的礼物，当时我只是响应党的号召，执行救援任务，那是我应尽的责任。"尽管导游一再解释这是他个人对老梁无私奉献的感激之情，但老梁依然坚持原则，回应道："正因为这是你个人的心意，我更不能收，你挣的每一分钱都是辛勤劳动所得的。"

导游劝说道："这只是我的一点心意，你就收下吧！"说完，把礼物塞进了老梁的手中。

然而，老梁最终还是没有接受这份礼物，他在下车前悄悄地将礼物留在了客车上。事后，他解释说，导游的收入都是来之不易的辛苦钱，他不能心安理得地接受这份馈赠。

2. 案例解读

这个故事不仅展现了一个英雄的高尚品质和谦逊态度，也展现了一名导游超出职业素养的高尚情操，体现了导游对英雄的尊重和对公民奉献精神的认同。尽管最终礼物没有送出去，但他的善意和感激之情已经传递到了老梁的心中。这个故事也提醒我们，我们每个人都可以通过自己的行动来传播社会正能量。

3. 案例思考

在导游服务过程中，我们应该怎样贯彻这种友善、有爱的服务意识，始终向游客传递正能量，为游客留下深刻印象？

任务一　送团准备

【任务目标】

素质目标：（1）树立以游客为本的服务意识。
　　　　　（2）培养尽职尽责、耐心细致的敬业精神。
知识目标：（1）熟悉送团准备工作的主要内容。
　　　　　（2）掌握送团准备工作的具体要求。
能力目标：（1）能够完成送团准备的工作任务。
　　　　　（2）具备良好的表达及沟通能力。

送团准备

【任务描述】

时间：2024年10月13日19:30
地点：大同王府至尊酒店
人物：地陪导游、司机、酒店工作人员、机场工作人员、全陪导游、游客
内容：根据项目要求，地陪导游按照旅游接待计划的内容及时间，通过核实交通票据、商定出行及出发时间、提醒结账、及时归还证件、安排送行等环节，完成送团服务的准备工作。

【任务分析】

思考一：
送团服务的准备工作主要有哪些内容？

知识链接一：

1. 一个核实

核实、确认交通票据。

2. 三个商定

（1）商定出行李时间。

（2）商定集合、出发时间。
（3）商定叫早和早餐时间。

3. 多个细节
（1）协助结清账目。
（2）及时归还证件。
（3）安排组织送行。

> 思考二：
> 送团服务准备工作的具体要求是什么？

> 知识链接二：

1. 核实、确认交通票据
在旅游团离开的前一天，地陪导游应核实本团离开的机（车、船）票，核对团名、代号、人数、全陪导游（领队）姓名、到站、班次、起飞（开车、起航）时间，要做到四核实：计划时间、时刻表时间、票面时间、问询时间；如果班次和时间有变更，则应当向旅行社核实是否已通知下一站接待社，避免造成误接、漏接。

若旅游团是乘飞机离境，则地陪导游应提醒或协助领队提前72小时确认机票，一般在中午12点以前完成确认。

2. 商定出行李时间
如果配有行李车，则地陪导游应先与旅行社行李部联系，了解旅行社行李员与酒店行李员交接行李的时间（或按旅行社规定的时间）。

地陪导游应先与领队、全陪导游商定游客出行李的时间，商定后再通知游客，并向其讲清有关行李托运的具体规定和注意事项。

3. 商定集合、出发的时间
一般由地陪导游与司机商定出发时间（因司机比较了解路况），但为了安排得更合理，还应及时与领队、全陪导游商定，确定后应及时通知游客。

4. 商定叫早和早餐时间
地陪导游与领队、全陪导游商定叫早和早餐时间，并及时通知酒店有关部门和游客。
如果该团队是早航班或早班车船，则需调整用餐时间、地点和方式（如外带早餐），地陪导游应及时做有关安排。

5. 协助结清账目
地陪导游应及时提醒、督促游客尽早与酒店结清与其有关的各种账目（如洗衣费、长途电话费、饮料费等）；若游客损坏了客房设备，则地陪导游应协助酒店妥善处理赔偿事宜。

地陪导游应及时通知酒店有关部门旅游团的离开时间，提醒其及时与游客结清账目，并进行监督。

6. 及时归还证件

在一般情况下,地陪导游不应保管旅游团的旅行证件,用完后应立即归还游客(全陪导游或领队)。在离站前一天,地陪导游要检查自己的物品,看是否保留有游客的证件、票据等,若有应立即归还,当面点清。如果是离境旅游团,则地陪导游要提醒领队准备好全部护照和申报表,以便交边防站和海关检查。

7. 安排组织送行

如有旅行社负责人到场送行,则地陪导游要认真做好欢送的具体组织准备工作,特别是核实好具体时间和地点,且送别时间不宜过长。

【任务实施】

1. 分组并填写项目任务书(如表6-1-1所示)

表6-1-1 项目任务书

任务名称	送团准备		
小组成员			
小组组长			
指导教师		计划用时	
实施时间		实施地点	
任务内容与目标			
根据旅游接待计划和日程安排,创设情境,模拟送团准备工作。 (1)核实、确认交通票据。 (2)商定出行李、集合出发、叫早和早餐时间。 (3)协助结清账目。 (4)及时归还证件。 (5)安排组织送行			
任务分工	地陪导游: 司机: 全陪导游: 游客: 酒店工作人员: 机场工作人员:		
考核项目	(1)完成送团准备工作的态度端正,在服务过程中体现尽职尽责、耐心细致的敬业精神。 (2)送团准备工作落实得全面、完整,熟悉核实交通票据、酒店结账等工作的内容和要求。 (3)能够与司机、全陪导游、游客等人员进行有效的沟通与交流		
备注			

2. 实施准备

完成任务需要准备的工具、材料包括电话、日程安排表(如表6-1-2所示)等。

表 6-1-2　日程安排表

日期	起始时间		内容	地点
10月14日	6:00	7:00	早餐	大同王府至尊酒店（自助）
	7:00	10:30	驱车前往太原	
	10:30	12:00	游览晋祠	晋祠
	12:00	13:00	午餐	窑洞人家餐厅
	13:00	13:30	驱车前往太原武宿国际机场	
	13:30	-	机场送团	太原武宿国际机场

3. 实施过程

情境一：地陪导游核实航班起飞时间

地陪导游：喂，您好，请问是太原武宿国际机场问讯处吗？

机场工作人员：您好，是的，请问有什么可以帮到您的吗？

地陪导游：女士您好，我想核实下今天飞往甘肃兰州的CA46××航班几点钟起飞？

机场工作人员：您好，稍等，给您查询下。2024年10月14日，从太原武宿国际机场飞往甘肃兰州的CA46××航班15:50准时起飞。

地陪导游：15:50准时起飞是吗？

机场工作人员：是的，女士。

地陪导游：好的，谢谢。

情境二：商定集合出发、叫早和早餐的时间

地陪导游：吕导，明天旅游行程结束，咱们早上得早点出发。

全陪导游：好，7:30来得及吧？

地陪导游：可以，那就让酒店6:00叫早，给大家留出收拾行李的时间，7:00用早餐。

全陪导游：好。

地陪导游：您好，我们甘肃30人的团，麻烦您明天6:00叫早。

酒店前台：好的，已经安排了。

地陪导游：好的，谢谢。

4. 实施总结

请填写项目任务实施报告，如表6-1-3所示。

表 6-1-3　项目任务实施报告

任务名称	送团准备		
小组成员			
小组组长			
计划用时		实际用时	

（续表）

实施时间		实施地点	
任务内容与目标			
根据旅游接待计划和日程安排，创设情境，模拟送团准备工作。 （1）核实、确认交通票据。 （2）商定出行李、集合出发、叫早和早餐时间。 （3）协助结清账目。 （4）及时归还证件。 （5）安排组织送行			
任务分工	地陪导游： 司机： 全陪导游： 游客： 酒店工作人员： 机场工作人员：		
情境设计			
过程记录			
实施总结			
反思改进			
备注			

【任务评价】

请填写项目任务评价表，如表6-1-4所示。

表 6-1-4　项目任务评价表

任务名称	送团准备	组别		
实施时间		实施地点		
评价项目（分值）	评分依据	自我评价（20%）	小组互评（40%）	教师评价（40%）
素质目标（30分）	工作态度端正（10分）			
	问题处理恰当，尽职尽责，耐心细致（10分）			
	小组合作默契（5分）			
	小组成员形象、气质良好（5分）			
知识目标（30分）	送团准备工作落得全面、完整（15分）			
	与司机、酒店工作人员、全陪导游、游客等对接工作的熟悉与掌握程度高（15分）			
能力目标（40分）	能够按规定圆满完成送团准备工作事宜（20分）			
	能够与司机、行李员、全陪导游、游客等进行有效的沟通与交流（10分）			

（续表）

	具有全面统筹能力，项目任务书、情境设计文本、项目任务实施报告等材料完整、规范（10分）			
	小计			
	总成绩			
教师评价		教师签名：	年 月 日	
学生意见汇总		组长签名：	年 月 日	

【任务寄语】

送团准备工作虽烦琐却至关重要，它直接关乎旅游团能否准时且顺畅地出发。鉴于此，在未来的导游职业生涯中，我们必须秉持高度的责任心，细致入微地完成包括交通信息确认、证件妥善交接在内的每一项送团准备工作，以保障送团流程的无缝衔接，彰显卓越的导游专业能力和职业操守。

【任务拓展】

采访一线地陪导游，了解在送团准备工作过程中可能出现的突发问题及处理方式。

任务二 离店服务

离店服务

【任务目标】

素质目标：（1）树立以游客为本的服务意识。
（2）培养尽职尽责、耐心细致的敬业精神。
知识目标：（1）熟悉离店服务工作的主要内容。
（2）掌握离店服务工作的具体要求。
能力目标：（1）能够完成离店服务的工作任务。
（2）具备良好的表达及沟通能力。

【任务描述】

时间：2024年10月14日6:30
地点：大同王府至尊酒店
人物：地陪导游、酒店工作人员、司机、全陪导游、游客
内容：根据项目要求，地陪导游按照旅游接待计划的内容及时间，完成集中交运行李、办理退房手续、集合登车等离店服务工作。

【任务分析】

> **思考一：**
> 离店服务的主要内容有哪些？

> **知识链接一：**
> （1）集中交运行李。
> （2）办理退房手续。
> （3）集合登车。

> **思考二：**
> 离店服务的具体要求是什么？

> **知识链接二：**
>
> 1. 集中交运行李
>
> 若旅游团配备行李车，则地陪导游需组织行李集中，并与全陪导游及酒店行李员共同核对托运行李数量；检查行李是否上锁、捆扎牢固且无破损，随后交由酒店行李员，并填写行李交运卡；同时，提醒游客确认个人行李无误。
>
> 2. 办理退房手续
>
> 旅游团离店前，地陪导游需协助全陪导游收集游客房卡（或引导游客自行交还至总台），并及时办理退房手续（或通知相关人员处理）。在办理过程中，地陪导游要仔细核对用房数，确保无误后，按酒店规定完成结账并签字确认。
>
> 3. 集合登车
>
> 出发前，地陪导游需确认游客是否已结清酒店账目，并提醒游客检查是否遗漏个人物品于酒店内；随后，引领游客至集合点登车。游客上车后，地陪导游应协助他们妥善安置随身行李，并清点实到人数。待游客全部到齐，地陪导游需再次提醒游客检查随身携带物品（特别是证件），确认无误后，方可驱车离开酒店。

【任务实施】

1. 分组并填写项目任务书（如表 6-2-1 所示）

表 6-2-1 项目任务书

任务名称	离店服务		
小组成员			
小组组长			
指导教师		计划用时	
实施时间		实施地点	

（续表）

任务内容与目标	
根据旅游接待计划和日程安排，创设情境，模拟离店服务工作。 （1）集中交运行李。 （2）办理退房手续。 （3）集合登车	
任务分工	地陪导游： 司机： 全陪导游： 游客： 酒店工作人员：
考核项目	（1）完成离店服务工作的态度端正，在服务过程中体现尽职尽责、耐心细致的敬业精神。 （2）离店服务工作落实得全面、完整，熟悉交运行李、办理退房手续、集合登车等工作的内容和要求。 （3）在落实工作时，能够与司机、全陪导游、游客等人员进行有效的沟通与交流
备注	

2. 实施准备

完成任务需要准备的工具、材料包括旅游接待计划、日程安排表、房卡等。

3. 实施过程

情境一：地陪导游与游客确定集合登车事宜

地陪导游：各位游客，旅游客车已经到门口了，大家用完餐之后，把房卡交给全陪导游，就可以直接上车了，车牌号是晋A12×××，我和全陪导游去结账，一会儿我们就在车上集合。我们的大巴车将于7:00准时发车离开酒店。

游客：好的，谢谢。

地陪导游：不客气。

情境二：地陪导游与游客确定物品及行李安全事宜

地陪导游：各位游客，我们即将离开酒店，请大家仔细回想一下，有没有贵重物品落在房间的，像是手机、钱包，衣橱里的衣服有没有都带走？如果没有问题，咱们马上就发车了。

游客：没有了。

地陪导游：好，师傅，开车吧。

司机：好的。

4. 实施总结

请填写项目任务实施报告，如表6-2-2所示。

表 6-2-2　项目任务实施报告

任务名称	离店服务			
小组成员				
小组组长				
计划用时		实际用时		
实施时间		实施地点		
任务内容与目标				
根据旅游接待计划和日程安排，创设情境，模拟离店服务工作。 （1）集中交运行李。 （2）办理退房手续。 （3）集合登车				
任务分工	地陪导游： 司机： 全陪导游： 游客： 酒店工作人员：			
情境设计				
过程记录				
实施总结				
反思改进				
备注				

【任务评价】

请填写项目任务评价表，如表6-2-3所示。

表 6-2-3　项目任务评价表

任务名称		组别		
实施时间		实施地点		
评价项目（分值）	评分依据	自我评价 （20%）	小组互评 （40%）	教师评价 （40%）
素质目标（30分）	工作态度端正，时刻以游客为中心（10分）			
	问题处理恰当，尽职尽责、耐心细致（10分）			
	小组合作默契（5分）			
	小组成员形象、气质良好（5分）			
知识目标（30分）	工作落实得全面、完整（15分）			
	与司机、酒店工作人员、全陪导游、游客等对接工作的熟悉与掌握程度高（15分）			

（续表）

能力目标（40分）	能够按规定完成离店服务工作事宜（20分）			
	在落实工作时，能够与司机、行李员、前台服务员、全陪导游、游客等人员进行有效的沟通与交流（10分）			
	具有全面统筹能力，项目任务书、情境设计文本、项目任务实施报告等材料完整、规范（10分）			
小计				
总成绩				
教师评价		教师签名：		年　月　日
学生意见汇总		组长签名：		年　月　日

【任务寄语】

游客在离店，尤其是直接前往机场的行程中，容易因匆忙而遗留物品，这会给后续的行程带来很多的麻烦。因此，在未来的导游执业中，我们必须克服怕麻烦的心理，在离店之际，以极大的耐心和细心，多次与游客确认行李与随身物品是否已悉数携带。通过这样的细致服务，我们一定能为游客营造一段无憾且完美的旅游体验。

【任务拓展】

案例分析：退房问题处理

地陪导游小王所带的旅游团在酒店用完早餐后退房，准备乘飞机前往西安，但酒店查房时发现有两间客房的床单和地毯被污染了，所以要求赔偿。小王到房间一看，看到地上和床单上到处是呕吐物，询问才得知是几位游客昨晚喝酒后吐的。此时，距飞机起飞时间还有两个小时，从酒店去机场需要20分钟。

小组讨论：此时地陪导游小王应该如何处理？

任务三　致欢送词

【任务目标】

素质目标：（1）树立真诚有爱的服务意识。
（2）养成认真钻研、精益求精、不断创新的工匠精神。
（3）树立导游作为地域文化传播者的使命意识。

知识目标：（1）了解欢送词的重要性。
（2）熟悉欢送词的类型和撰写要求。

(3) 掌握欢送词的基本结构及内容。

能力目标：(1) 能够完成欢送词的撰写。
(2) 具备自信致欢送词的能力。

【任务描述】

时间：2024年10月14日13:00

地点：旅游客车上

人物：地陪导游、司机、全陪导游、游客

内容：根据项目要求，地陪导游按照旅游接待计划的内容及时间，完成致欢送词的工作。

【任务分析】

思考一：

什么是欢送词？欢送词在带团服务过程中的重要性何在？

知识链接一：

在旅游客车驶向机场（车站、码头）的途中，地陪导游可根据实际情况，灵活地对沿途风景进行生动讲解，增添旅途趣味。当接近目的地时（或在机场、车站、码头的适当时机），地陪导游应适时致以真挚的欢送词，以此深化与游客之间的情感联系。欢迎词与欢送词相辅相成，共同构成一次旅行美好的开场与温馨的收尾。欢迎词是导游专业形象与热情服务的初次展现，而欢送词则是对整个旅程精彩瞬间的温情回顾与总结。地陪导游应避免草率收尾，而应秉持敬业精神，结合旅途实际情况，用心构思并诚挚表达欢送词，确保游客带着满意的回忆结束旅程。

思考二：

如何致欢送词？欢送词的基本结构是什么？主要内容有哪些？

知识链接二：

1. 回顾语

在前往机场（车站、码头）的途中，地陪导游应对本次旅游团在当地的全方位体验，包括美食、住宿、交通、游览、购物及娱乐活动等进行一次精炼而全面的回顾。此环节旨在加深游客对这段难忘旅程的记忆，并再次推广当地的独特文化，力求在游客心中留下深刻而美好的印象。

2. 感谢语

地陪导游应向游客、领队、全陪导游及司机表达衷心的感谢，感谢他们在整个旅行过程中的支持与配合。若旅途中存在任何不足之处，地陪导游应借此机会诚挚致歉。

3. 征求意见语

地陪导游应以谦逊的态度，诚恳邀请游客提出宝贵的意见和建议。在地陪导游致欢送词后，应分发"旅游服务质量评价意见表"，鼓励游客现场填写，并承诺在收集后认真阅读、妥善保存；同时，提醒游客也可通过在线平台对服务质量进行评价，确保反馈渠道的畅通无阻。

4. 惜别语

地陪导游应以真挚而富有感染力的语言，表达与游客之间建立的深厚友谊及不舍之情。通过情感的共鸣，力求在游客心中留下深刻印象，为未来的回访奠定情感基础。

5. 祝愿语

最后，地陪导游应向每位游客致以最真挚的祝福，愿他们在未来的日子里平安、幸福；同时，也要表达对未来再次相遇的美好期待，为这段旅程画上温馨而圆满的句号。

知识延伸：

风雨中，有一种古建，叫"山西古建"

有一种古建，就叫古建；还有一种古建，却可以响亮地叫"山西古建"。

山西古建，在中国乃至世界范围内，都是一个奇特的存在。它以其独特的历史、文化和杰出技艺，征服了无数人。

20世纪30年代，中国著名建筑学家梁思成和林徽因曾带队前往山西考察古代建筑四次。在这里，他们发现了佛光寺东大殿，改变了日本人"中国境内无唐代木建筑"的说法。著名古建筑学家李乾郎曾说过："中国最好的建筑在山西。"

"地上文物看山西"，山西是全国古建筑遗存最多的省份，且时代序列完整、品类众多、形制齐全，被誉为"中国古代建筑宝库"。

（资料来源：国家文物局官网）

思考三：

欢送词的类型有哪些？

知识链接三：

1. 惜别式

惜别式作为欢送词的常用表达方式，其核心在于真挚而不失节制；应避免过度渲染情感，以免给人造作或虚假的印象；恰到好处的表达，点到即止，才能让每一份情感都自然流露，触动人心。

2. 道歉式

道歉式欢送词常在服务出现失误或意外情况下使用。在旅游高峰或接待过程中，偶尔的疏漏难以避免，此时地陪导游需采取息事宁人的态度，及时安抚游客情绪。在送团之际再次诚恳致歉，不仅彰显了地陪导游的真诚态度，也让游客感受到问题已得到足够重视，有助于有效缓解游客的不满,促进双方的理解与和解。

3. 感谢式

感谢式欢送词是团队旅行圆满结束时最为常见的表达形式,它在旅行顺利达成的背景下,地陪导游对游客、领队、全陪导游及司机等各方的支持与合作表示真诚感谢,起到锦上添花的效果。

【任务实施】

1. 分组并填写项目任务书(如表 6-3-1 所示)

表 6-3-1　项目任务书

任务名称	致欢送词		
小组成员			
小组组长			
指导教师		计划用时	
实施时间		实施地点	
任务内容与目标			
根据旅游接待计划和日程安排,创设情境,模拟致欢送词工作。 (1)撰写欢送词。 (2)致欢送词			
任务分工	地陪导游: 司机: 全陪导游: 游客:		
考核项目	(1)落实工作的态度端正,欢送词经过精心设计,能够体现导游的情真意切。 (2)欢送词的结构正确、内容完整、形式新颖,有体现对地域文化的宣传。 (3)欢送词的讲解能力强		
备注			

2. 实施准备

完成任务需要准备的工具、材料包括车载话筒、A4纸、笔。

3. 实施过程

按照项目任务书设计情境并模拟致欢送词的具体工作实施。参考情境设计如下。

情境一:致欢送词(1)

各位亲爱的朋友们,四天的山西之旅即将落幕,我首先要感谢的是大家在这段美好时光里给予我们的无比信赖与默契配合。正如古语所言,"有朋自远方来,不亦乐乎",我们在这如诗如画的地方,以朋友的身份一同沉醉于山西的自然美景,探索着古老建筑的奥秘,领略着民俗文化的独特韵味。我相信,在这段旅程中的每一刻,你们与我一样,心中充满了无尽的喜悦与陶醉。

在此离别之际，我想送上我最真挚的祝福：愿所有的小朋友们健康成长，活力四射；愿各位大哥大姐事业有成，财源滚滚；愿叔叔阿姨们身体健康，青春永驻。

同时，我也满怀期待，希望在不久的将来，我们能再次在这片美丽的土地上重逢，而我能有幸继续为你们服务，共同续写山西的故事。

最后，衷心祝愿大家归途平安，一帆风顺。再次感谢大家，谢谢！

情境二：致欢送词（2）

各位朋友，时光荏苒，转眼间，你们在山西的这段精彩旅程即将画上句号。回顾过去的四天，能作为你们的导游，与你们相遇、相识并共度这些难忘的时光，我深感荣幸与喜悦。我们一起走过了许多风景，分享了欢笑与感动，彼此间建立起了如同家人般的深厚情谊。正是有了大家的支持与陪伴，我才得以圆满完成这次导游任务，对此，我心存无比的感激。同时，我也真诚地期待大家能毫无保留地分享你们的宝贵意见和建议，这将是我们不断进步与完善的动力源泉。

俗话说得好："相聚有时，离别亦有时。"虽然此刻我们即将各奔东西，但我坚信，只要缘分未尽，未来我们定会在某个美好的时刻重逢。到那时，我们定将以更加周到的服务和更加丰富的体验，迎接每一位朋友的归来。

在此，衷心祝愿每一位朋友归途平安，满载而归，愿你们的每一天都充满阳光与欢笑。期待与你们的再次相聚，谢谢！

4. 实施总结

请填写项目任务实施报告，如表6-3-2所示。

表6-3-2 项目任务实施报告

任务名称	致欢送词			
小组成员				
小组组长				
计划用时		实际用时		
实施时间		实施地点		
任务内容与目标				
根据旅游接待计划和日程安排，创设情境，模拟致欢送词工作。 （1）撰写欢送词。 （2）致欢送词				
任务分工	地陪导游： 司机： 全陪导游： 游客：			
情境设计				

（续表）

过程记录	
实施总结	
反思改进	
备注	

【任务评价】

请填写项目任务评价表,如表6-3-3所示。

表6-3-3 项目任务评价表

任务名称	致欢送词		组别		
实施时间			实施地点		
评价项目(分值)	评分依据		自我评价(20%)	小组互评(40%)	教师评价(40%)
素质目标(30分)	欢送词情真意切,能够体现真诚有爱的服务意识(6分)				
	工作态度端正,撰写欢送词时精益求精(6分)				
	欢送词有体现对地域文化的宣传(6分)				
	小组合作默契(6分)				
	小组成员形象、气质良好(6分)				
知识目标(30分)	欢送词的内容正确、完整(12分)				
	欢送词的形式新颖(12分)				
	致欢送词的时机准确,站姿规范(6分)				
能力目标(40分)	能够撰写一篇完整的欢送词(10分)				
	能够按游客的特点,灵活调整欢送词的内容和形式(10分)				
	能够按规定完成致欢送词的任务(10分)				
	具有全面统筹能力,项目任务书、情境设计文本、项目任务实施报告等材料完整、规范(10分)				
小计					
总成绩					
教师评价			教师签名:	年 月 日	
学生意见汇总			组长签名:	年 月 日	

【任务寄语】

欢送词不仅是旅游活动的高光总结,更是为游客镌刻深刻记忆、留下美好印象的珍贵时刻。在未来的导游实践中,我们必须紧密围绕游客的特点与行程亮点,深入钻研,匠心打造欢送词，力求开篇引人入胜，结尾余韵悠长。在表达时，需情真意切，充分展现我们真诚、有爱的职业素养，同时，这也是一次绝佳机会，让我们再次向游客展现本地的独特魅力与文化精髓，通过生动的讲述与情感的共鸣，让这次旅行成为他们心中难以忘怀的篇章。

【任务拓展】

查询资料，结合所学知识，试着针对不同团型撰写不同类型的欢送词。

任务四　站点送团

送机服务

【任务目标】

素质目标：（1）具有认真、仔细的工作态度。
（2）具有冷静、耐心的职业素养。
（3）具有善始善终的职业意识。

知识目标：（1）了解站点送团工作的重要性。
（2）熟悉站点送团工作的主要内容。
（3）掌握站点送团工作的具体要求。

能力目标：（1）能够按规定完成站点送团任务。
（2）能够与全陪导游、游客等人员进行有效的沟通与交流。

【任务描述】

时间：2024年10月14日13:30
地点：旅游客车上
人物：地陪导游、司机、全陪导游、游客
内容：根据项目要求，地陪导游按照旅游接待计划的内容及时间，完成站点送团的工作。

【任务分析】

思考一：

站点送团的重要性何在？

知识链接一：

站点送团是地陪导游直接为游客提供服务的最后阶段，此时游客往往归心似箭或急于前往下一站旅游。这一阶段，由于游客心情急切，极易发生物品遗失、人员走散、误机（车、船）等突发情况，它不仅是事故多发的高风险期，也是地陪导游补救接待工作中可能存在的失误或问题的最后良机，其处理结果将直接影响旅游团的后续行程乃至整体旅游体验。正所谓"编筐编篓，重在收口"，地陪导游在此阶段需更加谨慎细致，保持冷静与高效，迅速处理已出现的问题，并提供完善的服务，确保送团工作有条不紊，做到有始有终，为整个旅程画上圆满的句号。

> **思考二：**
> 站点送团服务工作的主要内容有哪些？

> **知识链接二：**
> （1）提前到达机场（车站、码头），照顾游客下车。
> （2）办理离站手续。
> （3）与司机结账。

> **思考三：**
> 站点送团服务工作的具体要求是什么？

> **知识链接三：**

1. 提前到达机场（车站、码头），照顾游客下车

地陪导游需带团提前抵达机场（车站、码头），为游客预留充足的时间准备离站。一般来说，出境航班应提前3小时到达或遵循航空公司规定；国内航班应提前2小时到达；火车、轮船则提前1小时到达。

当旅游客车抵达机场（车站、码头）后，地陪导游需提醒游客携带所有随身物品，并在游客下车后再次检查车内，确保无遗漏物品，一旦发现遗漏物品，应立即归还游客。

2. 办理离站手续

（1）国内航班（车、船）的离开手续。

地陪导游需协助游客办理离站手续。对于国内航班（车、船），地陪导游需与旅行社行李员确认交通票据和行李托运单无误后交给全陪导游，并协助游客持有效证件取票及办理行李托运等手续；同时，与全陪导游完成财务结算，确保单据妥善保管。当游客进入安检区后，地陪导游应热情告别并祝愿一路平安，待游客通过安检口进入隔离区后方可离开。

（2）国际航班（车、船）的出境手续。

对于国际航班（车、船），地陪导游需与领队、全陪导游及旅行社行李员共同清点行李，协助游客办理托运手续，介绍出境流程，解答疑问，并完成财务结算及返程票据交接。同样，在游客进入安检区后热情告别，待其通过安检口后方可离开。

3. 与司机结账

送走旅游团后，地陪导游需按旅行社规定与司机核实用车里程数，签字确认并保留单据，以备后续核查。

【任务实施】

1. 分组并填写项目任务书（如表 6-4-1 所示）

表 6-4-1　项目任务书

任务名称	站点送团		
小组成员			
小组组长			
指导教师		计划用时	
实施时间		实施地点	
任务内容与目标			
根据旅游接待计划和日程安排，创设情境，模拟站点送团。 （1）提前到达机场（车站、码头），照顾游客下车。 （2）办理离站手续。 （3）与司机结账			
任务分工	地陪导游： 全陪导游（领队）： 游客： 司机：		
考核项目	（1）落实工作的态度端正，送团工作中的细节把控良好，问题处理恰当。 （2）站点送团工作落实得全面、完整。 （3）在站点送团工作中，能够与全陪导游、游客、司机等人员进行有效的沟通与交流		
备注			

2. 实施准备

完成任务需要准备的工具、材料包括导游旗、电子导游证、导游身份标识、导游执业相关应用软件（全国导游之家App）等。

3. 实施过程

按照项目任务书设计情境并模拟站点送团的具体工作实施。参考情境设计如下。

情境一：地陪导游向领队介绍办理出境手续的程序

地陪导游：领队，请准备好团队所有必要的文件，包括游客的护照、签证、机票等。接下来，需要帮助游客填写出境卡。这张卡上的信息需要与护照和签证上的信息一致。在提交出境卡和护照之后，就可以带领团队过安检了。安检时需要注意以下几点：第一，不要携带任何违禁品；第二，如果有任何液体或凝胶状物品，需要将它们放在一个密封的袋子里；第三，在安检过程中，需要将电子设备如手机、平板电脑等放在指定的地方。

领队：谢谢你的解释，我们都明白了。我们会按照你的指示来办理出境手续。

地陪导游：好的，如果有任何问题，请随时联系我。

情境二：地陪导游与全陪导游办理结账手续并话别

地陪导游：吕导，这是咱们旅游团在本地产生的所有票据，请你核对并确认签字。

全陪导游：没有问题，我签好字了，剩下的就交给你了。

地陪导游：非常感谢你与我们合作完成这次的行程。我相信大家都度过了一个难忘的旅程。

全陪导游：是的，我也非常感谢你们的配合。这次的行程很成功，我很高兴能够与你们合作。

地陪导游：我们也很高兴能够与你合作。如果你有任何建议或意见，欢迎随时告诉我们，我们会努力改进我们的服务。

全陪导游：好的，我会的。我也希望你们能够继续保持优秀的工作态度和服务质量，为更多的游客提供美好的旅游体验。

地陪导游：谢谢你的鼓励和支持。我们会继续努力，为游客提供更好的服务。

全陪导游：好的，那么我们就此告别吧。祝你们一切顺利！

地陪导游：好的，谢谢你。祝你一路平安！

4. 实施总结

请填写项目任务实施报告，如表6-4-2所示。

表6-4-2 项目任务实施报告

任务名称	站点送团			
小组成员				
小组组长				
计划用时			实际用时	
实施时间			实施地点	
任务内容与目标				
根据旅游接待计划和日程安排，创设情境，模拟站点送团。 (1) 提前到达机场（车站、码头），照顾游客下车。 (2) 办理离站手续。 (3) 与司机结账				
任务分工	地陪导游： 全陪导游（领队）： 游客： 司机：			
情境设计				
过程记录				
实施总结				
反思改进				
备注				

【任务评价】

请填写项目任务评价表，如表6-4-3所示。

表6-4-3　项目任务评价表

任务名称		站点送团	组别		
实施时间			实施地点		
评价项目（分值）	评分依据		自我评价（20%）	小组互评（40%）	教师评价（40%）
素质目标（30分）	工作态度端正、认真细致（8分）				
	处理问题时冷静、耐心、善始善终（8分）				
	小组合作默契（7分）				
	小组成员形象、气质良好（7分）				
知识目标（30分）	熟悉站点送团服务工作的主要内容和具体要求（15分）				
	工作落实得全面、完整（15分）				
能力目标（40分）	能够按规定完成站点送团任务（20分）				
	通过与全陪导游、游客等人员的交流，表达能力及沟通能力有所提高（10分）				
	具有全面统筹能力，项目任务书、情境设计文本、项目任务实施报告等材料完整、规范（10分）				

（续表）

	小计				
	总成绩				
教师评价			教师签名：		年　月　日
学生意见汇总			组长签名：		年　月　日

【任务寄语】

地陪导游应该秉持善始善终的职业意识，以高度的责任心和细致入微的态度，为旅游团妥善处理好离站事宜。在处理站点送团的过程中，地陪导游需更加冷静应对可能出现的突发问题，确保从提前到达站点、协助游客办理离站手续，到与司机结算用车费用等每一步都准确无误，为整个旅游行程画上圆满的句号。

【任务拓展】

采访一线导游或查询相关资料，了解在站点送团过程中可能出现的问题及应对方法。

项目七　后续工作

【项目导读】

2024年10月14日，甘肃一行30位游客的旅游团在山西的四日旅游行程顺利结束，但并不代表地陪导游的工作已经结束，地陪导游还要做好善后工作，如处理遗留问题、及时向旅行社报账及结清账目并归还所借物品等。这不仅关系到地陪导游的接待工作是否有始有终，还涉及地陪导游对旅行社交付的工作是否圆满完成。假设你是该团的地陪导游，你会如何做好带团的后续工作？

【学习目标】

素质目标：（1）具有耐心细致的工作态度。
　　　　　（2）具有诚实守信、遵纪守法的职业意识。
　　　　　（3）具有善始善终的敬业精神。

知识目标：（1）了解正确处理游客意见和建议的重要性。
　　　　　（2）熟悉带团总结、收尾工作的主要内容。
　　　　　（3）掌握带团总结、收尾工作的具体要求。
　　　　　（4）掌握游客意见和建议处理的技巧。

能力目标：（1）能够完成送团后的总结工作。
　　　　　（2）能够按照要求结清账目、归还物品。
　　　　　（3）能够正确处理游客的意见和建议。

【思政案例】

1. 案例介绍

丽江金牌导游龚薇薇：提升业务无止境，服务游客满爱心

龚薇薇是云南丽江某旅行社的一名导游，于2021年被文化和旅游部评选为"国家金牌导游"。

有一份职业，有诗也有远方，在龚薇薇看来是让人艳羡的，那就是导游。于是，自2011年入职丽江某旅行社成为一名导游后，她始终保持着对导游这份职业的热爱，她的贴心服务屡获游客好评。

每天面对来自五湖四海的游客，龚薇薇深知"导游不但要有责任心，更要有爱心"。丽江和香格里拉是龚薇薇常走的线路，很多年前，去往香格里拉的路程比较远，她都会悉心地为游客们准备好晕车贴，甚至还买来水果，让游客们在车上享用，解除旅途的劳顿。

一次，一名广东游客在旅行途中产生高原反应，立马被送到丽江某医院进行救治。这名游客的亲人远在千里之外，没办法前来照看，龚薇薇在完成团内行程后立即赶往医院，义务照顾这名在丽江举目无亲的游客。一连几天，她都往返于医院，送饭、陪护。直到病人出院，她也依然悉心地将游客送到机场，直到这名游客上了飞机她才离开。

作为一名导游，龚薇薇对团队每位成员都倾注了责任心、爱心。"导游虽然辛苦，但当看到游客玩得开心并对云南赞不绝口，旅途一切顺顺利利时，就是我最大的幸福。"龚薇薇说。

2. 案例解读

案例中，龚薇薇能够在送团结束后，不惜牺牲自己的休息时间，帮助看护受伤的游客，这不仅体现了她内心善良有爱，更体现了她具有善始善终的敬业精神。

3. 案例思考

当送团服务结束后，地陪导游应当如何做，才能体现善始善终的敬业精神？

任务一　带团总结

【任务目标】

素质目标：（1）具有耐心细致的工作态度。
　　　　　（2）具有实事求是、规范执业的意识。
　　　　　（3）具有善始善终的敬业精神。
知识目标：（1）熟悉带团总结的主要内容。
　　　　　（2）掌握带团总结的具体要求。
能力目标：（1）能够撰写送团后的总结。
　　　　　（2）能够按照要求整理带团资料、归还物品。

【任务描述】

时间：2024年10月15日
地点：山西乐游春夏旅游有限公司
人物：地陪导游
内容：根据项目要求，地陪导游总结本次带团工作内容，认真完成导游日志，实事求是地汇报带团中所遇到的真实情况。

【任务分析】

思考一：
什么是带团总结？

知识链接一：

带团总结是地陪导游在完成接待任务后，对每次带团经历的系统整理与归纳，旨在向旅行社提交一份详尽全面的接待工作汇报。

思考二：

为什么要做好带团总结？

知识链接二：

1. 法规要求

完成带团总结是旅游法规的明确规定。《旅行社条例》《旅行社条例实施细则》明确指出，带团总结是业务档案的关键部分。

2. 决策支持

带团总结反映旅游产品实践，助力旅行社优化决策。带团总结可以为旅行社提供线路评估、团队表现及推荐价值的参考，促进旅行社对行程设计、销售及接待的全面改进。

3. 导游成长

撰写带团总结可以促进地陪导游素质提升与服务优化，激发地陪导游思考与总结，提升服务质量和工作效率。

思考三：

如何做好带团总结，带团总结的主要内容有哪些？

知识链接三：

带团总结是地陪导游工作的重要组成部分，它分为带团经过和个人总结两大部分，旨在全面回顾与分析每一次带团经历，为未来的工作提供宝贵经验。带团经过部分应详细记录带团时间、游览景点、游客名单、交通工具等关键信息；个人总结部分则需地陪导游从主观角度进行深入分析与总结，具体包括以下几点。

（1）旅游团名称、人数、抵离时间、全陪导游（领队）姓名、下榻酒店名称。

（2）旅游团成员的基本情况、背景、特点、兴趣等。

（3）旅游团的重点人物、一般成员的意见及建议。

（4）各地接待社住宿、餐饮、游览车的落实情况及导游的讲解水平和工作态度。

（5）行程中有无意外、失误发生及具体处理情况。

（6）对本次带团成功经验及失败教训的总结认识。

（7）从本次带团中认识到的应提高和补充的接待技巧和知识。

（8）总结汇报人的姓名及日期。

在撰写带团总结时，应坚守以下原则与流程，以确保总结的全面性、客观性和实用性。

（1）坚持实事求是。总结应全面反映带团过程中的所有情况，包括成功经验和存在的问题，不能只报喜不报忧。对于游客的意见，应尽量引用原话，并准确注明其姓名和身份，以体现总结的真实性和可信度。

（2）详细汇报问题。在汇报发生的问题时，要详细写明事情发生的背景、原因、经过以及问题的处理经过与最终结果。对于因自身原因导致的问题，应认真反思，分析原因，提出改进措施，并在未来的工作中积极调整，不断提高自身能力。

（3）积极沟通反馈。涉及相关接待单位（如餐厅、酒店、车队等）的意见时，应主动与这些单位沟通，说明真实情况，并建议旅行社有关部门向这些单位转达游客的意见和建议，以促进服务质量的提升。对于游客意见较大或比较严重的问题，应整理成书面材料，内容真实、具体，尽量引用原话，并注明游客身份。这份材料将作为旅行社有关部门与相关单位进行交涉的重要依据。

（4）重大事故报告。若发生重大事故，应迅速、实事求是地写出事故报告，详细记录事故发生的经过、原因、影响及已采取的措施，并及时向接待社和组团社汇报，以便迅速采取应对措施，减少损失。

> **思考四：**
> 地陪导游带团总结是如何体现的？

> **知识链接四：**

地陪导游的带团总结体现为《地陪导游记录表》和《地陪导游带团日志》。

《地陪导游记录表》主要包括团号、线路名称、团队情况、领队信息、起止时间等信息，如表7-1-1所示。

表 7-1-1 地陪导游记录表

团号			领队		电话	
线路名称			起止时间			
团队情况	游客总人数： 男： 女： 其中儿童：					
组团情况	组团社				电话	
	全陪导游				电话	
团队变更、自费项目及其他需要说明的情况	全陪导游（领队）或游客代表签字： 　　年　月　日					
导游旅行安全责任情况						
游程情况记录	入住酒店情况					
	游客用餐情况					
	交通工具情况					
	景点安排情况					
	导游服务情况					

《地陪导游带团日志》是地陪导游履行导游工作职责时,对整个工作过程的一种理性分析记录,便于旅行社的相关部门和管理者了解团队的真实情况,为日后改进工作提供参考。同时,《地陪导游带团日志》也是地陪导游自身对工作的分析,应该记录每天的带团事项,填写要全面,但应该有针对性,如表7-1-2所示。

表7-1-2 地陪导游带团日志

导游姓名		导游性别		导游证号	
旅游团名称					
缴费标准	元/人/天		住宿标准		餐标
线路					
日志	本日志应将游客意见、餐饮、住宿、交通、服务、游览景点等方面有关内容予以记载				

【任务实施】

1. 分组并填写项目任务书(如表7-1-3所示)

表7-1-3 项目任务书

任务名称	带团总结		
小组成员			
小组组长			
指导教师		计划用时	
实施时间		实施地点	
任务内容与目标			
根据旅游接待计划和日程安排,创设情境,模拟带团总结工作。 (1)填写地陪导游记录表。 (2)完成地陪导游带团日志			
任务分工	地陪导游:		
考核项目	(1)撰写带团总结的态度端正、实事求是。 (2)带团总结的内容全面、完整。 (3)能够准确、客观、迅速地完成带团总结		
备注			

2. 实施准备

完成任务需要准备的工具、材料包括旅游接待计划、日程安排表、A4纸、笔、地陪导游记录表、地陪导游带团日志等资料。

3. 实施过程

按照项目任务书模拟完成带团总结工作任务。参考情境设计如下。

情境一：填写地陪导游带团日志（如表 7-1-4 所示）

表 7-1-4　地陪导游带团日志（已填）

导游姓名	李××	导游性别	女	导游证号	Y××7877M
旅游团名称	甘肃一行 30 位游客				
缴费标准	元/人/天	住宿标准	四星级	餐标	30 元/人/餐
线路	太原—乔家大院—平遥古城—五台山风景区—云冈石窟—晋祠				
日志	此次一行 30 位游客的甘肃旅游团，无加无购，全体游客对此次山西行程安排的吃、住、行、游、购、娱都非常满意。 （1）用餐。30 位安排三桌，自由组合，其中有一位回民游客，及时和餐厅沟通，单独给该游客安排餐食。 （2）用房。全程 15 个标间，在游客入住酒店之前，提前安排叫早时间、用餐时间，提前确认总台电话、客服电话、酒店网络等情况。游客到达酒店后，协助全陪导游分配房间。五台山酒店房间没有吹风机，安排服务员送到游客房间。 （3）用车。司机态度好，开车平稳。 （4）游览。在游览过程中，提前为游客预约门票；在需要游客自行预约门票的情况下，协助游客预约门票，以节省时间，让游客在景点有充裕的时间游玩。 （5）游客都是有素质的游客，比较喜欢山西的历史，对导游讲解有很高的要求				
本日志应将游客意见、餐饮、住宿、交通、服务、游览景点等方面有关内容予以记载					

情境二：填写地陪导游记录表（如表 7-1-5 所示）

表 7-1-5　地陪导游记录表（已填）

团号		SXYYGL20241011	全陪导游/领队	吕××	电话	135××××××××
线路名称		山西经典四日游	起止时间	2024.10.11—2024.10.14		
团队情况		游客总人数：30	男：14　女：16		其中儿童：0	
组团情况		组团社	甘肃××旅行社	电话	0931-8888××××	
		全陪导游	吕××	电话	135××××××××	
团队变更、自费项目及其他需要说明的情况		团队为同一地区的游客，其中有一名游客是回民，全程需要单独用餐，旅行社提前和各家餐厅都有沟通，导游也及时安排。 　　　　　　　　　　　　　　　　全陪导游（领队）或游客代表签字：吕××				
导游旅行安全责任情况		全程都有提醒注意安全，上车后全程提醒客人系好安全带，行程过程中注意个人的人身安全和财产安全，并有多次提醒				
游程情况记录	入住酒店情况	全程 15 个标间，其他无变动				
	游客用餐情况	全程安排 3 桌，其中一位回民游客单独用餐				
	交通工具情况	车况好，车厢内干净卫生				
	景点安排情况	顺利完成景点参观				

（续表）

导游服务情况		地陪导游合理安排此次四日游行程的吃、住、行、游等。 （1）吃。全程给客人安排包间，30人分为3桌。 备注：有一名特殊回民游客，需要单独用餐。 （2）住。全程查房，提前告知游客酒店前台电话、叫早时间、吃早餐的时间和地点、酒店无线网络密码等重要信息。 （3）行。按照旅行社提供的行程计划单安排行程，及时告知游客次日的行程安排，并告知是否需要爬山、车程多久、参观时间、天气状况、是否要添加衣物等。 （4）游。全程协助游客购买门票，到达景点前，会在车上进行沿途讲解，并说明景点的注意事项等。到达景点后，先为游客进行导游讲解，然后在自由参观前告知游客集合时间、集合地点。 （5）和全陪导游（领队）确认送团时间，提前抵达机场送机

4．实施总结

请填写项目任务实施报告，如表7-1-6所示。

表7-1-6　项目任务实施报告

任务名称	带团总结		
小组成员			
小组组长			
计划用时		实际用时	
实施时间		实施地点	
任务内容与目标			
根据旅游接待计划和日程安排，创设情境，模拟带团总结工作。 （1）填写地陪导游记录表。 （2）完成地陪导游带团日志			
任务分工	地陪导游：		
情境设计			

【任务评价】

请填写项目任务评价表，如表7-1-7所示。

表7-1-7　项目任务评价表

任务名称	带团总结		组别		
实施时间			实施地点		
评价项目（分值）	评分依据		自我评价（20%）	小组互评（40%）	教师评价（40%）
素质目标（30分）	落实工作的态度端正、耐心细致（10分）				
	撰写的带团总结实事求是、严谨规范，善始善终（10分）				
	小组合作默契（5分）				
	小组成员形象、气质良好（5分）				

（续表）

知识目标（30分）	工作落实得全面、完整（15分）			
	熟悉带团总结工作的内容和要求（15分）			
能力目标（40分）	能够准确、客观、迅速地完成带团总结（20分）			
	具有全面统筹能力，项目任务书、情境设计文本、项目任务实施报告等材料完整、规范（20分）			
小计				
总成绩				
教师评价		教师签名：	年 月 日	
学生意见汇总		组长签名：	年 月 日	

【任务寄语】

我们应秉持善始善终的敬业精神，细致入微地进行带团总结。在填写地陪导游记录表和地陪导游带团日志时，需严格遵循规范，确保资料准确无误，同时实事求是地记录整个带团过程，以体现我们的专业素养和责任心。

【任务拓展】

走访不同类型的旅行社，收集地陪导游带团总结来进行对比分析。

任务二　收尾工作

【任务目标】

素质目标：（1）具有耐心细致的工作态度。
（2）具有善始善终的敬业精神。
知识目标：（1）熟悉收尾工作的主要内容。
（2）掌握收尾工作的具体要求。
能力目标：（1）能够完成送团后的收尾工作。
（2）能够按照要求结清账目、归还物品。

【任务描述】

时间：2024年10月15日
地点：山西乐游春夏旅游有限公司
人物：地陪导游、计调员、会计

内容：根据项目要求，地陪导游做好带团后的收尾工作。

【任务分析】

思考一：
地陪导游带团后的收尾工作主要有哪些？

知识链接一：
地陪导游带团后的收尾工作是旅游服务流程中不可或缺的总结与归纳环节，它对于地陪导游深入理解游客需求与期望，并为后续服务提供宝贵经验至关重要。该环节的核心任务包括以下几点。

1. 处理遗留问题

旅程结束后，地陪导游需细致且专业地处理游客可能遗留的各类问题，如行李延误、损坏或丢失的协助处理等；同时需根据规定，妥善处理游客临行前的委托事项，必要时及时向旅行社请示汇报。

2. 结账（报账）

地陪导游需系统整理带团期间产生的所有相关票据，并严格按照财务部门规定的报账流程，及时完成账目结算工作，确保财务记录的准确无误。

3. 提交物品和资料

下团之后，地陪导游应及时归还所有团队使用物品，如导游旗、签单等，并整理提交地陪导游带团日志等重要资料，以供后续参考与评估。

思考二：
处理遗留问题的具体要求是什么？

知识链接二：

1. 委托购买或托运物品处理

面对游客因商品缺货而提出的代为购买或托运请求，地陪导游原则上应礼貌回绝，并解释旅行社相关规定。若游客坚持，且情况特殊难以推辞，地陪导游必须遵循以下步骤，确保合规操作。

（1）向旅行社领导请示并获得明确授权。

（2）由游客出具书面委托书，详细说明所需物品信息，并预付全额费用（若有余额，事后由旅行社退还）。

（3）完成购物或托运后，及时将发票、托运单及费用收据邮寄给游客，旅行社保留复印件以备查验。

2. 转交物品或信件流程

对于游客提出的转交物品、信件或资料请求，地陪导游原则上鼓励游客亲自办理，以确保安全性与准确性。若游客确有困难，需地陪导游协助的，应按以下程序谨慎处理。

（1）要求游客出具委托书，明确物品详情、收件人信息及联系方式，同时提供游客本人的联系方式。

（2）在游客见证下打开包装清点物品，确认无误后立即密封，并由地陪导游保管，避免物品被擅自更换。

（3）将物品转交给收件人时，要求收件人出具收据，详细记录物品信息、数量及接收日期，并签字确认。

（4）将委托书及收据原件交旅行社存档，确保所有操作有据可查。

另外，对于食品类委托，地陪导游应婉拒，并建议游客自行处理，以遵守食品安全规定。若外国游客请求转交物品给外国驻华使、领馆或其工作人员的，地陪导游应建议其通过正规渠道办理，并提供必要的协助指导，确保符合外交礼仪及安全规定。

> **思考三：**
> 结账（报账）的流程和具体要求是什么？

> **知识链接三：**

1. 结账（报账）的流程

地陪导游在下团后应按照旅行社的具体要求，在规定的时间内尽快结清相关账目。

（1）整理各种票据，并整齐地黏贴在报销单上（需特别说明的票据要备注）。

（2）与计调员对账。

（3）请领导审核签字。

（4）到财务部门报账。

2. 结账（报账）的具体要求

（1）地陪导游需填写费用结算明细单，如表7-2-1所示。

表7-2-1　费用结算明细单

团号	SXYYGL20241011	导游	李××
组团社名称	甘肃××旅行社		
旅游团人数	共计：30 人　　　（成人：30 人　　儿童：0 人）		
团队开始（抵达）时间	2024 年 10 月 11 日		
团队结束（离开）时间	2024 年 10 月 14 日		

(续表)

房费（平遥、五台山、大同）	平遥会馆：100 元/间*15 间=1500 元 五台山花卉山庄：300 元/间*15 间=4500 元 大同王府至尊酒店：280 元/间*15 间=4200 元	餐费 3 早 7 正 （正餐：中/晚餐）	30 元/人/餐*7 正=210 元/人
合计	10200 元		6300 元
车费（油费+过路费+停车费）	9000 元/团	导游费	300 元/天*4 天=1200 元
景点门票（所有景点大门票）	乔家大院 115 元/人+平遥古城 125 元/人+平遥电瓶车 30 元/人+五台山进山费 135 元/人+菩萨顶 10 元/人+显通寺 10 元/人+塔院寺 10 元/人+《又见五台山》298 元/人+云冈石窟 120 元/人+晋祠 65 元/人=918 元/人		
其他费用	云冈电瓶车 20 元/人*30 人=600 元		
总计	54840 元		
结款		银行卡：	
备注		卡号：	
收款单位			
地址			

思考四：

提交物品和资料的具体要求是什么？

知识链接四：

地陪导游要按旅行社的具体要求，在规定的时间内，将保留的单据、行程计划单、派团单、旅游质量监督表（如表7-2-2所示）、地陪导游带团日志、导游旗等按规定交给相关人员。

表 7-2-2　旅游质量监督表

旅行社名称		团号		全陪导游（领队）	
发团时间		人数		地陪导游	
游览线路				天数	
服务质量情况		满意		基本满意		不满意	
	用餐标准						
	住宿标准						
	购物娱乐安排						
	线路景点游览						
	交通工具标准						
	导游服务						

（续表）

意见和建议	
	游客签名： 年　月　日
备注	① 为了维护游客和旅游经营者的合法权益，加强对旅游服务质量的监督管理，特制此表。 ② 组团社出发前将此表每人一份发给游客，旅游结束后，交回旅行社。 ③ 旅游质量监督管理部门将依据合同对照检查

【任务实施】

1. 分组并填写项目任务书（如表 7-2-3 所示）

表 7-2-3　项目任务书

任务名称	收尾工作		
小组成员			
小组组长			
指导教师		计划用时	
实施时间		实施地点	
任务内容与目标			
根据旅游接待计划和日程安排，创设情境，模拟对接相关部门及人员，做好收尾工作。 （1）处理遗留问题。 （2）结账（报账）。 （3）提交物品和资料			
任务分工	地陪导游： 计调员： 会计： 全陪导游：		
考核项目	（1）处理遗留问题、报账过程中的态度端正、认真细致、善始善终。 （2）工作落实得全面、完整。 （3）能够准确无误地完成报账任务，妥善地处理遗留问题		
备注			

2. 实施准备

完成任务需要准备的工具、材料包括电话、旅游接待计划、日程安排表、A4纸、笔、意见单、借款单（如图7-2-1所示）、经费支出报销单（如图7-2-2所示）等。

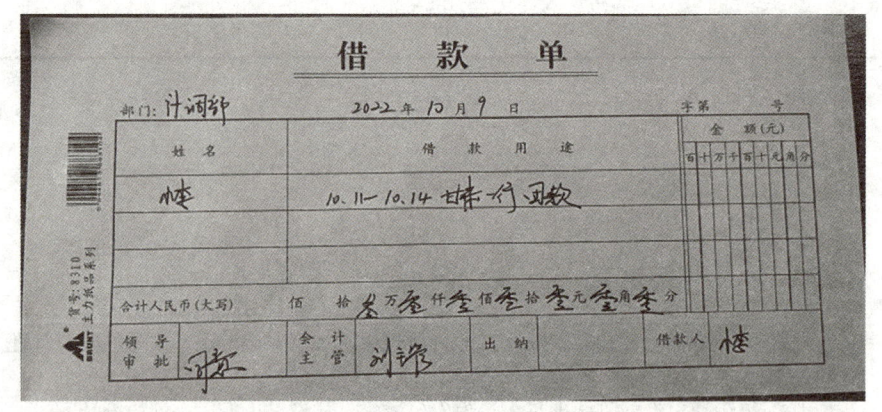

图 7-2-1　借款单

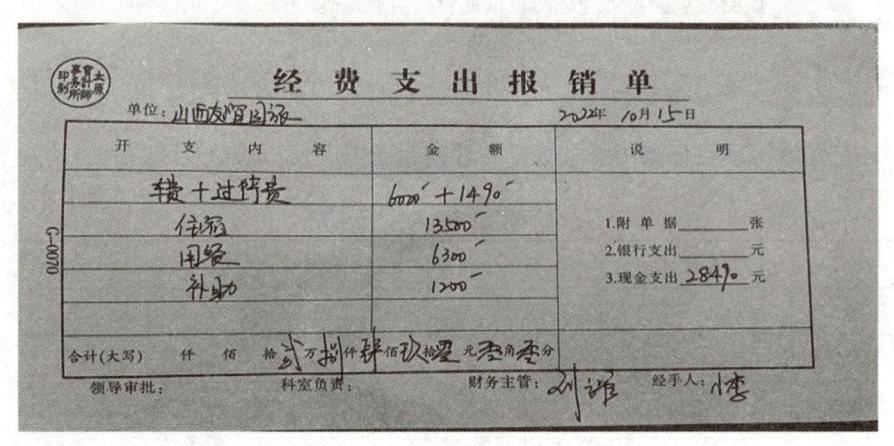

图 7-2-2　经费支出报销单

3. 实施过程

按照项目任务书设计情境并模拟收尾工作的具体实施过程。参考情境设计如下。

情境一：与计调员对账

地陪导游：您好，我来和您核对一下10月11日旅游团的账目。

计调员：好的，先给我这四天的消费明细。

地陪导游：好的，这是行程单和费用明细表。

计调员：账单没有问题。

地陪导游：这是客人填写的意见单。

计调员：好的，请您完成这四天的地陪导游带团日志。

地陪导游：嗯，已经写好了。

计调员：好的，请整理好这个团的资料，归档。

地陪导游：好的，谢谢。

情境二：向会计报账

地陪导游：您好，我来报账。

会计：好的，我先看一下您的账单，是否需要给您退款。

地陪导游：借款30000元，此次团队总计花费28490元，我需要退回旅行社1510元。

会计：好的。

地陪导游：这是1510元，请您收好。

会计：好的。

情境三：处理遗留问题（游客衣服遗落）

全陪导游：您好，301房间的客人落下一件衣服，请帮忙核实一下。

地陪导游：好的，帮您问一下。

全陪导游：谢谢。

地陪导游：您好，衣服还在酒店，请说一下收件信息，我给客人邮过去。

全陪导游：王先生，电话134××××××××，地址是甘肃省兰州市××小区5栋12××号。

地陪导游：好的，我会尽快邮寄。

全陪导游：谢谢。

地陪导游：不客气。

4. 实施总结

请填写项目任务实施报告，如表7-2-4所示。

表7-2-4　项目任务实施报告

任务名称	收尾工作		
小组成员			
小组组长			
计划用时		实际用时	
实施时间		实施地点	
任务内容与目标			
根据旅游接待计划和日程安排，创设情境，模拟对接相关部门及人员，做好收尾工作。 （1）处理遗留问题。 （2）结账（报账）。 （3）提交物品和资料			
任务分工	地陪导游： 计调员： 会计： 全陪导游：		
情境设计			

【任务评价】

请填写项目任务评价表，如表7-2-5所示。

表7-2-5　项目任务评价表

任务名称	收尾工作		组别		
实施时间			实施地点		
评价项目（分值）	评分依据		自我评价（20%）	小组互评（40%）	教师评价（40%）
素质目标（30分）	落实工作的态度端正、耐心细致（10分）				
	做好带团收尾工作，诚实守信，善始善终（10分）				
	小组合作默契（5分）				
	小组成员形象、气质良好（5分）				
知识目标（30分）	熟悉收尾工作的主要内容（15分）				
	掌握收尾工作的具体要求（15分）				
能力目标（40分）	能够完成送团后的收尾工作（20分）				
	具有全面统筹能力，项目任务书、情境设计文本、项目任务实施报告等材料完整、规范（20分）				
小计					
总成绩					
教师评价			教师签名：	年　月　日	
学生意见汇总			组长签名：	年　月　日	

【任务寄语】

希望同学们在未来的导游职业生涯中，能够严格遵循旅行社的专业工作标准，圆满完成每一次带团的收尾工作，确保每个环节都尽善尽美。面对团队旅途中出现的任何挑战或问题，希望大家能够迅速且准确地反馈，秉持实事求是的原则，积极寻求解决方案；同时，培养起一种认真细致、精益求精、严谨负责的职业态度，让每一次的服务都成为展现专业精神与责任感的闪亮名片。

【任务拓展】

通过查询或走访，了解导游手机报账系统和相关操作流程。

任务三　游客意见和建议处理

【任务目标】

素质目标：（1）具有耐心细致的工作态度。
（2）具有规范执业的意识。
知识目标：（1）了解正确处理游客意见和建议的重要性。
（2）掌握处理游客意见和建议的技巧。
能力目标：（1）能够正确处理游客意见和建议。
（2）提升沟通能力和应变能力。

旅游投诉处理

【任务描述】

时间：2024年10月16日
地点：山西乐游春夏旅游有限公司
人物：地陪导游、计调员
内容：有游客在意见单上反映餐饮质量有待提高。

【任务分析】

> 思考一：

妥善处理游客意见和建议的必要性是什么？

> 知识链接一：

对于游客提出的意见和建议，无论它们是针对地陪导游个人、旅游经营者，还是其他相关单位，地陪导游都应持以高度重视，确保及时且妥善地应对。这种积极的处理方式不仅能够将潜在的负面体验转化为积极的成果，还能够为地陪导游提供宝贵的经验积累机会，同时有助于识别并强化旅游接待服务中的薄弱环节，从而不断提升整体服务质量。

> 思考二：

如何妥善处理游客的意见和建议，具体要求有哪些？

> 知识链接二：

1. 耐心倾听，认真记录

在接收游客的反馈意见时，地陪导游应采取个别交流的方式，以减少对其他游客的干扰；对于集体意见，应礼貌地邀请游客推选代表发言，确保沟通高效且集中，避免信息混淆。地陪导游需保持冷静与耐心，无论游客情绪如何激动、态度如何强硬，都应给予充分的表达空间，展现出充分的尊重。在倾听过程中，地陪导游要敏锐捕捉游客的言外之意，适时确认自己的理解是否准确，营造真诚倾听的氛围；同时，细致记录游客意见的关键要点,这不仅能让游客感受到自己的真诚与解决问题的决心,也为后续判断意见性质及严重程度提供了依据。若情况需要,地陪导游可礼貌请求游客签名确认,为后续处理提供有力支持。若游客情绪激动,导致沟通难以继续,地陪导游应礼貌提议择时再谈。

对于主动提出合理化建议的游客,地陪导游应详细、认真地记录每一条建议,并立即向上级汇报,由上级评估是否采纳及制订改进计划。一旦决定实施改进,应公开整改措施,并向提出宝贵建议的游客发送感谢信,表达对其贡献的认可与感激。

2. 表示同情和理解,不盲目做出承诺

面对游客的意见和建议,地陪导游需深切地从游客视角出发,认识到每一条反馈在他们心中都是关乎切身利益的大事。因此,地陪导游应展现出充分的同情与理解,运用恰当的言辞来安抚游客情绪,营造和谐的沟通氛围。

若游客的意见聚焦于导游服务且基本属实,则地陪导游应诚恳致歉,并在后续服务中特别关注并改进这些方面,以实际行动争取游客的谅解。若意见涉及其他接待单位,地陪导游亦需展现出宽广的胸怀,表示"对于这种情况的发生,我同样感到遗憾,非常理解您此刻的心情,我会尽力转达您的意见并寻求解决方案"。

当游客要求地陪导游对意见发表看法时,为了维护良好的沟通氛围并避免草率承诺,地陪导游可以委婉地说:"请给我一些时间,我会仔细思考并给出负责任的回复。"这样的回应既体现了对游客意见的重视,也保持了处理问题的审慎态度。

对于游客在意见中提出的各类要求,尤其是涉及赔偿的诉求,地陪导游应谨慎行事,避免轻易许下任何承诺。此时,可以礼貌而稳妥地回复:"关于您的这一要求,我需要与相关方面进行进一步的沟通与协调,以确保能够给出最合理且满意的解决方案。"这样的处理方式不仅避免了因草率承诺而可能导致的后续工作被动,也有效减少了潜在的麻烦与纠纷。

3. 调查了解,迅速答复

对于游客提出的意见和建议,地陪导游应采取审慎而全面的处理态度,既不盲目肯定,也不轻易否定,具体做法包括以下几点。

(1)深入调查核实。地陪导游需对所提问题进行详尽的调查了解,并与相关方面进行核实,确保基于事实做出处理,避免仓促判断;若涉及赔偿问题,则应与相关单位充分协商,寻求合理解决方案。

(2)处理及时,答复迅速。遵循"谁的问题谁负责"原则,力求"就地消化,现场解决"。如客房卫生、饭菜质量等问题,地陪导游应立即与相关接待单位磋商并快速解决;若暂时无法答复,应明确告知答复时间,让游客安心。答复前,地陪导游需评估游客接受度,根据差距大小选择答复方式。若游客诉求与单位答复差距大,地陪导游可居中调解,促进双方达成共识。达成协议后,地陪导游需跟踪落实情况,提醒双方办理必要手续(特别是赔偿事宜),并留存复印件以防万一。旅游期间未解决的问题,地陪导游应将证据和记录转交旅行社,为后续协商提供依据。

（3）表达感谢。对游客投诉中反映的意见和建议，地陪导游应表示感谢，这体现了对游客反馈的重视和尊重。

（4）重要意见及时上报。对于重要的意见和建议，地陪导游应及时报告旅行社，以便旅行社层面做出相应的调整和改进。

（5）保护游客隐私。对于提出意见和建议的游客，地陪导游应保护其隐私，确保游客的隐私安全不受侵犯。

【任务实施】

1. 分组并填写项目任务书（如表 7-3-1 所示）

表 7-3-1　项目任务书

任务名称	游客意见和建议处理		
小组成员			
小组组长			
指导教师		计划用时	
实施时间		实施地点	
任务内容与目标			
创设情境，模拟对接相关部门及人员，进行游客意见和建议处理。 （1）接收并分析游客的意见和建议。 （2）妥善处理游客的意见和建议			
任务分工	地陪导游： 全陪导游： 游客： 其他工作人员：		
考核项目	（1）落实工作的态度端正，处理游客意见和建议时体现出灵活性。 （2）处理游客意见和建议的流程和方法正确。 （3）处理游客个性化意见和建议的能力较强		
备注			

2. 实施准备

完成任务需要准备的工具、材料包括电话、旅游接待计划、日程安排表、意见反馈表、A4纸、笔。

3. 实施过程

按照项目任务书设计情境并模拟处理游客意见和建议的具体工作实施。参考情境设计如下。

情境一：游客反映餐饮质量不高，地陪导游向计调员反馈

地陪导游：这次带团很顺利，但是有些小问题需要反映。

计调员：嗯，有什么问题？

地陪导游：有游客向我反映，××餐厅的菜量有点少，希望下次能有所改善。

计调员：好的，我落实一下。

计调员：您好，是××餐厅的王经理吧，这次我的团队反映，我们的菜量有点少，以后有团队再去餐厅用餐时，麻烦菜量帮忙加大一些。

餐厅：好的，我落实一下，以后我们会注意的，一定做到让客人满意。

计调员：谢谢。

餐厅：不客气。

情境二： 游客反映景点参观时间不足，没有尽兴，地陪导游向游客做出反馈

游客：李导，我们参观完晋祠，还想多留一些时间拍照，可以吗？

地陪导游：您好，我给大家留的时间很充裕了，也有时间可以拍照。

游客：感觉很匆忙。

地陪导游：由于我们是下午的航班，还要考虑路上会不会堵车，我们要准时抵达机场，不然有误机的风险，其实我给大家留的时间是足够的。

游客：好的，明白了。

地陪导游：谢谢您的理解。

4. 实施总结

请填写项目任务实施报告，如表7-3-2所示。

表7-3-2 项目任务实施报告

任务名称	游客意见和建议处理		
小组成员			
小组组长			
计划用时		实际用时	
实施时间		实施地点	
任务内容与目标			
创设情境，模拟对接相关部门及人员，进行游客意见和建议处理。 （1）接收并分析游客的意见和建议。 （2）妥善处理游客的意见和建议			
任务分工	地陪导游： 全陪导游： 游客： 其他工作人员：		
情境设计			
过程记录			
实施总结			
反思改进			
备注			

【任务评价】

请填写项目任务评价表，如表7-3-3所示。

表 7-3-3　项目任务评价表

任务名称			组别		
实施时间			实施地点		
评价项目（分值）	评分依据		自我评价（20%）	小组互评（40%）	教师评价（40%）
素质目标（30分）	工作态度耐心细致（10分）				
	问题处理恰当，能够时刻以游客为中心（10分）				
	小组合作默契（5分）				
	小组成员形象、气质良好（5分）				
知识目标（30分）	了解正确处理游客意见和建议的重要性（15分）				
	掌握游客意见和建议的处理技巧（15分）				
能力目标（40分）	在工作中，能够与计调员、游客等进行有效的沟通与交流（20分）				
	具有全面统筹能力，项目任务书、情境设计文本、项目任务实施报告等材料完整、规范（20分）				
小计					
总成绩					
教师评价			教师签名：　　　　　年　月　日		
学生意见汇总			组长签名：　　　　　年　月　日		

【任务寄语】

希望同学们在日后踏上导游的职业道路时，能够始终坚守谨慎严肃的职业操守，严格按照规范和要求，细致入微地处理每一位游客的意见和建议。在此过程中，务必秉持公平公正的原则，不仅维护游客的合法权益，也要兼顾旅行社及导游自身的正当权益，努力营造一个和谐、互信、共赢的旅游环境。

【任务拓展】

查询并总结妥善处理游客意见和建议的技巧。

项目八　带团问题处理

【项目导读】

来自甘肃的30人旅游团于2024年10月11日至10月14日到山西旅游，游客在住宿、餐饮、购物和游览的过程中，提出了一系列个性化的要求和问题。假设你作为该团的地陪导游，你会如何处理这些要求与问题？

【学习目标】

素质目标：（1）树立以游客为本、文明礼貌的服务意识。
（2）培养耐心细致、认真负责的工作态度。
（3）具备遵纪守法、诚实守信的职业道德。
（4）具备积极乐观的心理素质。

知识目标：（1）了解游客在住宿、用餐、购物和游览中可能遇到的问题。
（2）熟悉住宿、用餐、购物、游览中常见问题的处理原则。
（3）掌握住宿、用餐、购物、游览中常见问题的处理方法。

能力目标：（1）能够预防并处理游客在住宿、用餐、购物和游览中发生的各类问题。
（2）具有较强的应变能力。
（3）具有较强的协调能力和解决问题的能力。

【思政案例】

1. 案例介绍

耐心处理问题，展现职业素养

张超与另外六名导游共同引领着一个近200人的大型旅游团前往长岛，该旅游团的领队以其严谨细致的作风著称。行程中的一项亮点是出海观赏并喂食海鸟，而所乘船只主要以观光为主，设计有少量船舱座位，通常游客们会站在甲板上与海鸟亲密互动。

然而，当团队抵达码头时，领队发现船舱内的座位数量无法满足每位游客独立就座的需求，因此坚决拒绝登船。面对这一突发状况，张超及其同事们不遗余力地进行解释，强调此次出海活动主要在甲板上进行，船舱座位并非必需，但领队及游客们仍因安全顾虑而持反对意见。

为了化解僵局，张超迅速联系船长、码头管理人员及港航局相关人员，向游客郑重承诺出海活动的安全性，并展示了旅游合同、历年游客反馈等证明材料，以证明行程规划的合理性。经过不懈努力，领队及游客们的态度逐渐放松，最终，虽然延迟了半个多小时，但团队还是顺利登船启航。

船只启航后，甲板上满是与海鸟嬉戏的游客，而船舱内空荡无人。领队事后主动向张超致歉，并高度赞扬了他的专业能力和职业素养。

张超的专业才能和出色表现也赢得了更广泛的认可。在2017年的全国导游大赛中，他脱颖而出，荣获全国第六名的好成绩，摘得银奖，并被授予"全国青年岗位能手"和"中国好导游"的荣誉称号。

2. 案例解读

在带领旅游团的过程中，地陪导游时常会遇到游客和领队提出的个性化要求及疑问，这就要求导游必须秉持文明礼貌、游客至上的服务理念，为游客和领队提供详尽解答和妥善解决方案。张超在面对领队和游客的质疑时，展现出了极高的专业素养。

他首先以极大的耐心进行解释，针对游客和领队的担忧进行细致的开导和化解。为了增强说服力，张超还准备了旅游合同、历年游客反馈等具有权威性的文本证据，这些材料有力地支撑了他的解释，成功地说服了游客和领队。

在解决问题的过程中，张超的谦逊态度、耐心倾听以及始终为游客着想的做法，都体现了他深厚的职业素养。他能够有理有据、条理清晰地向游客解释情况，这种专业的职业技能和素养不仅帮助他顺利解决了问题，还赢得了游客的尊敬和信赖，使其成为旅游行业中的佼佼者。

3. 案例思考

在游客提出问题和要求时，地陪导游如何在以游客为本的前提下，合情合理地协调各方事宜？

任务一　住宿问题处理

住宿问题处理

【任务目标】

素质目标：（1）树立游客至上的导游服务意识。
　　　　　（2）培养认真、细致、负责的工作态度。
知识目标：（1）了解住宿服务中常见的问题。
　　　　　（2）熟悉住宿服务中常见问题的处理原则。
　　　　　（3）掌握住宿服务中常见问题的处理方法。
能力目标：（1）能够预防并处理游客在住宿中发生的各类问题。
　　　　　（2）具备较强的表达能力和协调沟通能力。

【任务描述】

时间：2024年10月13日19:00

地点：大同王府至尊酒店

人物：地陪导游、全陪导游、酒店工作人员、游客

内容：地陪导游带领旅游团入住大同王府至尊酒店，游客提出想要调换酒店、调换房间、延长住店时间、购买客房内物品等要求。

【任务分析】

思考一：

在住宿过程中，游客可能会提出哪些个性化要求？

知识链接一：

在住宿过程中，游客可能会提出以下几个要求。

（1）调换酒店。

（2）调换房间。

（3）延长住店时间。

（4）购买客房内物品。

（5）离店另住等要求。

思考二：

游客提出的要求地陪导游全部能够满足吗？应该遵循哪些原则？

知识链接二：

在带团过程中，地陪导游在满足游客提出的要求时需要遵循以下原则。

1. 遵守法律法规原则

地陪导游需熟知并严格遵守《中华人民共和国旅游法》《导游管理办法》《旅行社条例》《导游服务规范》等相关法律法规。面对游客的要求，首要任务是判断其是否符合法律法规对旅行社、导游及游客权利和义务的规定，以及其他相关法律条款。若要求违法，地陪导游应坚决拒绝。

2. 合理且可行原则

"合理"指要求合乎逻辑、情理及社会公德，不损害其他方利益；"可行"则指具备实现要求的实际条件。只有当要求同时满足合理与可行时，地陪导游才应考虑满足游客的个性化需求。对于无理或无法实现的要求，地陪导游需耐心解释，必要时请领队或全陪导游协助处理。

3. 尊重游客原则

尊重游客是导游的基本职责。无论游客要求是否合理，地陪导游都应先倾听、理解其需求，避免打断或激化矛盾。对于合理可行的要求，地陪导游应尽力满足；对于不合理或

不可行的要求，需耐心劝导，微笑解释，争取游客的理解。面对不配合的游客，地陪导游应保持冷静，有礼有节，避免冲突，确保游览顺利进行。

4. 公平对待原则

地陪导游应平等对待团内每位游客，不因性别、年龄、国籍、宗教信仰等因素而有所偏袒。无论游客背景如何，地陪导游都应一视同仁，公平处理其问题和要求。

5. 维护尊严原则

地陪导游在处理问题时，需坚决维护国家尊严和个人尊严。对于损害国家尊严或导游个人尊严的要求，地陪导游有权并应果断拒绝。

综上所述，地陪导游在面对游客提出的要求时，应首先评估其合法性、合理性与可行性。合法且合理可行的要求应予以满足；违法要求应坚决拒绝；不合理或不可行的要求，地陪导游需以礼貌、耐心的方式婉拒，确保旅游活动和谐、顺利进行。

思考三：
在知识链接一的要求中，哪些属于合理且可行的？地陪导游在遇到这些要求时，应该如何解决？

知识链接三：
合理且可行的要求包括以下几种。

1. 游客要求调换酒店

地陪导游需核对旅游服务合同中注明的酒店标准，并实地评估酒店是否达标，以及是否存在卫生、安全问题。若酒店不符合标准或存在严重问题，地陪导游应立即与地接社联系，要求按合同标准更换酒店。若因客观原因（如旺季客满、偏远地区酒店资源有限）导致更换酒店有困难，地陪导游需耐心向游客解释，并按照地接社提供的解决方案执行，必要时提出合理的补偿条件。

2. 游客要求调换房间

（1）客房原因。

① 客房标准低于合同标准。

若实际入住的客房标准低于旅游服务合同中注明的房间标准，旅行社必须予以更换。如更换房间有困难，需向游客说明情况并给予补偿。

② 客房有严重卫生问题。

如房间内有老鼠、臭虫等，游客要求换房时，地陪导游应立即与酒店人员联系为客人换房；若房间没有达到清洁标准要求换房，地陪导游应立即联系客房服务人员进行清扫、消毒直至客人满意。

③ 客房设备损坏。

若游客因房内热水器、空调、电视等设施设备损坏无法使用而要求换房时，地陪导游应立即联系酒店人员，如果可以调换房间，则应立即为游客换房；如果无房间可换，则地陪导游应要求酒店立即修理受损设备。

（2）游客原因。

① 要求调换同住人员。

若游客要求调换同住人员，地陪导游可以协助全陪导游（领队）在团队内部协调。

② 要求换成单人间。

地陪导游首先需了解游客要求入住单人间的具体原因，并确认游客是否已支付双人间房费。若游客已支付双人间房费并要求换单人间，地陪导游应立即与酒店前台联系，确认是否有符合标准的单人间空房可供调换。若游客因与同室游客存在矛盾而要求单独入住，地陪导游应先尝试请全陪导游（领队）进行调解，以化解矛盾。若调解无果，且酒店有空房可供调换，地陪导游可按上述流程为游客调换单人间，并说明费用自理原则。

③ 对客房位置不满。

当游客因客房位置不佳（如朝向、楼层不理想，房间无窗或紧邻电梯导致噪声大）而提出换房请求时，地陪导游应先请求全陪导游（领队）在团队内部进行房间调配，以满足游客的需求。若内部协调未能成功，地陪导游应迅速与酒店联系，确认是否有符合游客要求的同等级别房间可供更换。若酒店有空余且符合条件的房间，地陪导游应尽力为游客办理换房手续。若因资源限制无法满足游客需求，地陪导游应耐心地向游客解释实际情况，并诚挚地寻求游客的理解与宽容。

④ 要求升级更高标准房间。

当游客入住后对旅行社安排的房间不满意，希望升级至更高标准的房间时，地陪导游的首要任务是向游客清晰说明升级房间所需支付的房费差价以及因取消原定房间可能产生的退房损失费用。在游客充分了解并明确表达同意支付这些额外费用的意愿后，地陪导游方可进一步与酒店进行沟通，协商为游客升级至更高标准的房间。

3. 游客要求延长住店时间

若游客因探亲访友、调整旅游计划等个人原因需延长住店时间，且已获得旅行社的同意，地陪导游首先应与当前入住的酒店进行联系。若酒店有空余房间可供续住，地陪导游应告知游客可以延长住宿，但延长期的房费需由游客自行承担。若当前酒店无法满足游客的续住需求，地陪导游应积极寻找并联系其他合适的酒店，确保游客能够顺利延长住宿，同时明确告知游客，转至其他酒店的房费同样需由游客自理。

4. 游客要求购买客房内物品

当游客表达了对房间内陈设或用品的购买意愿时，地陪导游可以积极协助游客与酒店的相关部门进行联系。若酒店方面同意出售，地陪导游应帮助游客完成购买流程，包括但不限于确认价格、支付方式等,并特别提醒游客务必索要并妥善保存好购买凭证,如发票或收据,以保障其权益。若因酒店政策或其他原因无法出售,地陪导游应耐心地向游客解释具体原因,确保游客理解并接受这一决定,同时提供可能的替代方案或建议,以维护游客的满意度和旅行体验。

> 思考四：

在知识链接一的要求中,哪些属于不合理或不可行的?地陪导游在遇到这些要求时,应该如何解决?

> 知识链接四：

不合理或不可行的要求包括以下几种。

1. 离店另住

当游客要求离店去本地的亲戚或朋友家居住时,地陪导游一般应婉言拒绝,并耐心向游客说明离店另住存在的不确定因素和安全隐患。

2. 游客要求团外亲友入住自己房间

当游客要求团外亲友入住自己房间时,考虑到游客及旅游团的安全问题,地陪导游应婉言拒绝,并耐心向游客解释相关规定。

【任务实施】

1. 分组并填写项目任务书(如表 8-1-1 所示)

表 8-1-1　项目任务书

任务名称	住宿问题处理		
小组成员			
小组组长			
指导教师		计划用时	
实施时间		实施地点	
任务内容与目标			
创设情境,模拟对接相关部门及人员,妥善处理游客在住宿过程中提出的个性化要求。 (1)了解游客住宿时的要求。 (2)视情况满足或拒绝游客的要求,需要时向游客致歉并给予适当物质补偿。 (3)根据游客的要求,联系全陪导游(领队)和酒店相关部门进行处理。 (4)回访游客是否满意			
任务分工	游客: 全陪导游: 地陪导游: 酒店工作人员:		

(续表)

考核项目	（1）处理问题时，工作态度认真、细致、负责。 （2）住宿问题处理流程规范，处理方法得当。 （3）处理问题时，与酒店工作人员、全陪导游（领队）等人员能够进行良好的沟通和协调
备注	

2. 实施准备

完成任务需要准备的工具、材料包括电话、A4纸、笔。

3. 实施过程

按照项目任务书设计情境，并模拟住宿问题处理的具体工作实施。参考情境设计如下。

情境一：因房间卫生情况，游客要求更换房间

游客：这房间的卫生间也太脏了，完全不能住，我要换房间！

地陪导游：十分抱歉，我马上联系酒店工作人员为您处理。

地陪导游：您好，这位客人反映房间里卫生间的卫生条件过差，可否给这位客人换一间干净的房间？

前台：不好意思，酒店今晚客房已满，没有空房可以调换了。

地陪导游：您好，酒店现在客房已满，没有空房可以调换，您看我联系客房部为您的房间进行打扫、消毒，然后您再入住，这样可以吗？

游客：行吧。

地陪导游：好的，谢谢您的理解！我现在马上联系客房部为您清洁，请稍等。

地陪导游：请联系客房部给这位客人的房间进行打扫、消毒。

前台：好的。

客房部经理：客人您好，非常抱歉，由于我们工作的疏忽造成您的不便，影响您的休息，现在房间正在清扫、消毒中，请您随我到餐厅稍事休息吧，为了表达我们的歉意，我们会为您提供免费夜宵，您看这样可以吗？

游客：好吧，那我就去等会儿。

地陪导游：好的，您稍事休息，一会儿我陪您一起查看清扫后的房间。

情境二：婉拒游客离店另住的要求

游客：导游，我今天晚上不回酒店了，我朋友邀请我去他家住。

地陪导游：您好，在跟团旅行期间您最好还是随团住宿。

游客：好不容易来到我朋友的城市，多少年才能见一面，为什么不能去他家住一天？

地陪导游：先生，您现在身在不熟悉的外地，离团另住是有一定安全风险的，我们也是为您的安全着想。

游客：我朋友过来接我，没有什么危险的，而且这个朋友我们认识好多年了，彼此非常熟悉，不会不安全的。

地陪导游：您最好还是随团在酒店住吧，如果您住到朋友家，不确定的因素有很多，如果集合时间上不能保证，可能会影响到整个旅游团的正常旅游计划，而且您今晚不在酒店住宿的话，费用也是不退的。

游客：我又不住，房费为什么不给退？

地陪导游：我们的房间都是提前订好的，房费无法退还。

游客：好吧，那我还是在酒店住吧。

地陪导游：好的，谢谢您的理解和配合。

4. 实施总结

请填写项目任务实施报告，如表8-1-2所示。

表8-1-2 项目任务实施报告

任务名称	住宿问题处理			
小组成员				
小组组长				
计划用时		实际用时		
实施时间		实施地点		
任务内容与目标				
创设情境，模拟对接相关部门及人员，妥善处理游客在住宿过程中提出的个性化要求。 （1）了解游客住宿时的要求。 （2）视情况满足或拒绝游客的要求，需要时向游客致歉并给予适当物质补偿。 （3）根据游客的要求，联系全陪导游（领队）和酒店相关部门进行处理。 （4）回访游客是否满意				
任务分工	游客： 全陪导游： 地陪导游： 酒店工作人员：			
情境设计				
过程记录				
实施总结				
反思改进				
备注				

【任务评价】

请填写项目任务评价表,如表8-1-3所示。

表 8-1-3 项目任务评价表

任务名称	住宿问题处理	组别		
实施时间		实施地点		
评价项目(分值)	评分依据	自我评价（20%）	小组互评（40%）	教师评价（40%）
素质目标（30分）	处理住宿问题时的态度认真、细致、负责（10分）			
	住宿问题处理恰当，能够遵规守纪，且时刻以游客为中心（10分）			
	小组分工明确、合作默契（10分）			
知识目标（30分）	熟知住宿问题的处理流程（15分）			
	熟练掌握住宿问题的处理方法（15分）			
能力目标（40分）	能够妥善处理住宿服务中出现的各类问题（20分）			
	在处理住宿问题时，能够与酒店工作人员、全陪导游（领队）、游客等进行有效的沟通与交流（10分）			
	具有全面统筹能力，项目任务书、情境设计文本、项目任务实施报告等材料完整、规范（10分）			
小计				
总成绩				
教师评价		教师签名： 年 月 日		
学生意见汇总		组长签名： 年 月 日		

【任务寄语】

游客提出的个性化要求和问题，是衡量我们服务能力、应变能力和协调能力的关键环节。在未来的导游职业生涯中，面对游客提出的各类问题，同学们应以积极乐观的心态去应对，展现出耐心、细心以及游客至上的服务意识，深入思考游客需求背后的原因，通过全面、细致的工作方法，妥善处理游客在住宿方面提出的要求和遇到的各类问题。

【任务拓展】

采访一线导游，了解他们在带团安排住宿的工作过程中出现的突发问题及处理方式，并撰写调研报告。

任务二　用餐问题处理

用餐问题处理

【任务目标】

素质目标：（1）培养细心、热情、以游客为本的服务意识。
　　　　　（2）培养爱岗敬业的职业素养。
知识目标：（1）了解游客在用餐中常产生的问题类型。
　　　　　（2）掌握用餐中常见问题的处理方法和流程。
能力目标：（1）能够预防并处理游客在用餐中发生的各类问题。
　　　　　（2）具有处理突发事件与随机应变的能力。
　　　　　（3）具有较强的表达能力及沟通协调能力。

【任务描述】

时间：2024年10月12日18:00
地点：五台山花卉山庄
人物：地陪导游、全陪导游、餐厅服务员、游客
内容：旅游团在就餐时，有一些回民游客要求不食用猪肉；有一些游客因为来到五台山，想要尝试当地特有的素斋；还有一些游客要求单独用餐或在客房内用餐。

【任务分析】

思考一：
在用餐时，游客通常会提出哪些个性化要求？

知识链接一：
在带团过程中，常出现的用餐要求有以下几种。
（1）特殊饮食。
（2）换餐。
（3）单独用餐。
（4）在客房内用餐。
（5）自行品尝风味餐。
（6）邀请导游人员共同品尝风味餐。
（7）个别游客变更用团餐的时间。

思考二：
在上述要求中，哪些属于合理且可行的？地陪导游在遇到这些要求时，应该如何解决？

导游带团

> **知识链接二：**
> 合理且可行的要求包括以下几种。

1. 特殊饮食

游客可能因宗教信仰、健康状况或个人习惯等，提出特定的饮食要求，比如避免辛辣食物、不食猪肉等。对于这类要求，若已在旅游服务合同中明确，地接社需提前规划，及时通知团餐餐厅并确认安排；若游客抵达目的地后临时提出，地陪导游应迅速与餐厅沟通协调，力求满足其要求。若确实无法满足，地陪导游应主动协助游客自行解决用餐问题，同时明确告知游客，自行用餐的费用需自理。

2. 换餐

面对外国游客偏好西餐或外地游客渴望品尝当地风味餐的情况，地陪导游需细致考虑以下几个方面。

（1）首先评估距离原定用餐时间是否充裕，通常若超过3小时，且游客提出换餐请求，地陪导游应迅速与餐厅沟通换餐事宜，同时提前告知游客，换餐成功后的差价需由其自行承担。

（2）地陪导游需确认原定餐厅是否提供所需的西餐或风味餐选项。若无法满足，地陪导游应迅速寻找并联系其他能提供相应服务的餐厅。

（3）若游客在接近用餐时间或已抵达餐厅时提出换餐，地陪导游应根据现场情况灵活处理：若当前餐厅能提供所需服务，地陪导游应尽力协助游客实现换餐；若餐厅无法提供且不接受换餐请求，地陪导游需耐心向游客解释情况。

（4）若游客坚持换餐，地陪导游可建议其自行点菜，并明确告知费用自理且原餐费不予退还。对于游客提出的加菜、加饮料等额外要求，地陪导游应予以满足，并同样说明额外费用自理。

3. 单独用餐

若个别游客因旅游团内部矛盾或其他个人原因希望单独用餐，地陪导游需耐心倾听并解释团队用餐的重要性，同时建议全陪导游（领队）介入进行调解，以促进团队和谐。若游客仍然坚持单独用餐，地陪导游应积极协助其与餐厅沟通，明确告知游客餐费需自理，且原餐费不予退还。

对于因探亲访友或自由活动等原因不随团用餐的游客，地陪导游应尊重其选择，同意其单独用餐的请求，并清晰说明原餐费不予退还。

4. 在客房内用餐

若游客因病需要休息而在客房内用餐，地陪导游应立即联系餐厅，安排将饭菜送至客房，以此表达对游客健康的关怀与照顾。

对于健康状况良好的游客，若其提出在客房内用餐的请求，地陪导游需根据具体情况做出判断：若餐厅能够提供送餐服务，则可以满足游客的要求，但在此之前，需明确告知游客送餐服务的费用标准，并强调服务费需自理。

5. 自行品尝风味餐

地陪导游可以主动提供协助，帮助旅游团成员联系并预订合适的餐厅，当然，游客也有权选择自行联系餐厅。一旦风味餐预订成功，地陪导游需及时提醒游客按照约定的时间前往餐厅用餐。同时，地陪导游还需明确告知游客，若因故未能前往用餐，需承担相应的违约责任，赔偿餐厅因此遭受的损失，以此维护双方的合法权益。

> **思考三：**

在知识链接一的要求中，哪些要求属于不合理或不可行的？地陪导游在遇到这些要求时，应该如何解决？

> **知识链接三：**

不合理或不可行的要求包括以下几种。

1. 邀请地陪导游共同品尝风味餐

当个别游客邀请地陪导游共同品尝风味餐时，地陪导游应婉言谢绝，以免有失礼节，并防止给其他游客造成亲疏有别的印象。

2. 个别游客变更用团餐的时间

若整个旅游团的行程发生变动，导致用餐时间需要调整，则地陪导游应提前与餐厅进行沟通，确保餐厅能够配合新的用餐时间，以满足旅游团的用餐需求。

然而，对于个别游客提出变更用团餐时间的要求，地陪导游通常应向游客耐心解释餐厅有固定的用餐时间安排，并劝说游客按时就餐，以维护团队的整体秩序和餐厅的正常运营。地陪导游应强调，过时用餐可能导致的后果是游客需要自费解决，因为餐厅可能无法提供额外的服务或餐食。

3. 临近用餐时间换餐

若游客在用餐前3小时提出换餐请求，则地陪导游应尽力与餐厅取得联系，并根据旅行社及餐厅的相关规定和流程，积极为游客办理换餐事项。

然而，若游客在临近用餐时才提出换餐要求，由于餐厅可能已准备好既定的餐食，且换餐可能影响到餐厅的运营和其他游客的用餐，因此一般不接受临时换餐请求。但地陪导游需耐心向游客解释换餐的困难和不便，以及为何无法受理其请求，确保游客能够理解并接受这一决定。

【任务实施】

1. 分组并填写项目任务书（如表 8-2-1 所示）

表 8-2-1 项目任务书

任务名称		用餐问题处理	
小组成员			
小组组长			
指导教师		计划用时	
实施时间		实施地点	
任务内容与目标			
创设情境，模拟对接相关部门及人员，妥善处理游客在用餐过程中提出的个性化要求。 （1）了解游客的用餐要求。 （2）根据用餐要求提出的时间、具体要求内容和实现可能性综合考虑处理问题。 （3）联系餐厅或旅行社进行协调解决。 （4）向游客说明、解释有关事项			
任务分工	游客： 地陪导游： 全陪导游： 餐厅服务员：		
考核项目	（1）在处理游客用餐问题时，工作态度周到、贴心、负责，能够体现爱岗敬业的职业素养。 （2）用餐问题的处理流程和处理方法熟练。 （3）在处理游客用餐问题时，具备与相关人员进行沟通和协调的能力		
备注			

2. 实施准备

完成任务需要准备的工具、材料包括电话、A4纸、笔。

3. 实施过程

按照项目任务书设计情境并模拟用餐问题处理的具体工作实施。参考情境设计如下。

情境一：游客要求在客房内用餐

游客：导游，我想在房内用餐。

地陪导游：您是身体有什么不适吗？

游客：不是，太累了，我不愿意下楼去餐厅。

地陪导游：我问一下餐厅是否有送餐服务。

地陪导游：您好，请问团餐有送餐服务吗？

餐厅服务员：有的，但是需要支付服务费，标准为团餐费用的5%。

地陪导游：好的。酒店有送餐服务，但需要支付服务费，标准为团餐费用的5%，您看可以吗?

游客:可以,帮我送一下吧。

地陪导游:好,我联系餐厅安排。

情境二:游客要求品尝特色餐

游客:导游,我们想去品尝一下素斋,您能帮忙安排一下吗?

地陪导游:好的先生,可以为您联系素斋餐厅,但是咱们现在已经到了团餐时间,需要提前和您说明,如您现在不用团餐,团餐费用是不退的,并且您用餐的素斋餐厅需要您自费。

游客:素斋我们可以自费,但是为什么团餐费用不退呀?我们又不吃。

地陪导游:是这样的,旅行社已经提前支付了团餐费用,餐厅现在也已备好团餐,费用没法退,希望您能理解。

游客:那好吧,您先帮忙联系素斋吧。

地陪导游:好的先生,谢谢您的理解,我现在就帮您联系素斋餐厅,请问您有什么具体要求吗?

游客:要包间,安静一点的,菜品味道好一点的。

地陪导游:好的。

地陪导游:喂,您好,请问是清凉山一品香素斋吗?我想预订一间包间,现在过去。

餐厅服务员:我们的包间已经全部订满了,散台可以吗?

地陪导游:稍等,我询问一下我的客人。

地陪导游:先生您好,这家素斋的包间已经订满了,散台可以吗?这家餐厅是五台山素斋最为地道好吃的餐厅了。

游客:散台也行。

地陪导游:好的,那这间餐厅就定好了,请您自行前往,并且记得晚上七点回来集合。

游客:好的。

情境三:婉拒个别游客变更用团餐的时间

游客:导游,我现在不想吃饭,过会儿再吃吧。

地陪导游:您是身体有什么不舒服吗?

游客:没有,就是现在不饿。

地陪导游:那您是想大概过多久吃呢?

游客:等晚上看完演出回来再吃吧。

地陪导游:依照餐厅的用餐时间规定,晚上咱们回来的时候酒店餐厅就不提供团餐了,但是您可以自费点餐,这样可以吗?

游客:可以,那我不吃团餐,费用可以退吗?

地陪导游:这个是不可以的,因为团餐费用已经预付了,而且现在已经到用餐时间了,餐厅已经出餐，无法退餐，所以团餐费用是退不了的，请您理解。

　　游客：好吧，只能这样了。

　　地陪导游：感谢您的理解。

4. 实施总结

请填写项目任务实施报告，如表8-2-2所示。

表8-2-2　项目任务实施报告

任务名称	用餐问题处理		
小组成员			
小组组长			
计划用时		实际用时	
实施时间		实施地点	
任务内容与目标			
创设情境，模拟对接相关部门及人员，妥善处理游客在用餐过程中提出的个性化要求。 （1）了解游客的用餐要求。 （2）根据用餐要求提出的时间、具体要求内容和实现可能性综合考虑处理问题。 （3）联系餐厅或旅行社进行协调解决。 （4）向游客说明、解释有关事项			
任务分工	游客： 地陪导游： 全陪导游： 餐厅服务员：		
情境设计			
过程记录			
实施总结			
反思改进			
备注			

【任务评价】

请填写项目任务评价表，如表8-2-3所示。

表8-2-3　项目任务评价表

任务名称	用餐问题处理		组别		
实施时间			实施地点		
评价项目（分值）	评分依据		自我评价（20%）	小组互评（40%）	教师评价（40%）
素质目标（30分）	处理用餐问题时的态度周到、贴心、负责（10分）				

（续表）

	用餐问题处理恰当，能够时刻以游客为中心（10分）			
	小组分工明确、合作默契（10分）			
知识目标（30分）	熟知用餐问题的处理流程（15分）			
	熟练掌握用餐问题的处理方法（15分）			
能力目标（40分）	能够妥善处理用餐服务中出现的各类问题（20分）			
	在处理用餐问题时，能够与餐厅服务员、全陪导游（领队）、游客等进行有效的沟通与交流（10分）			
	具有全面统筹能力，项目任务书、情境设计文本、项目任务实施报告等材料完整、规范（10分）			
	小计			
	总成绩			
教师评价		教师签名：	年 月 日	
学生意见汇总		组长签名：	年 月 日	

【任务寄语】

希望同学们能通过妥善处理用餐问题，培养出细致入微、体贴周到、勇于担当的服务精神。并且，要深入学习和熟练掌握导游职业准则及相关法律法规，以便在未来的导游工作中，能够合法合规、高效妥善地应对各类用餐问题，从而获得游客的认可与信赖。

【任务拓展】

访问与合作旅行社常有业务往来的餐厅，了解该餐厅在接团时遇到的游客个性化需要，及餐厅工作人员与地陪导游、全陪导游、游客沟通、协调解决问题的方式方法，并撰写考察心得。

任务三　购物问题处理

购物问题处理

【任务目标】

素质目标：（1）培养爱岗敬业、竭诚服务的职业素养。
（2）具备严格遵守法律法规的职业意识。

知识目标：（1）了解在购物服务中经常遇到的问题及其原因。
（2）掌握购物服务过程中常见问题的处理方法。

能力目标：（1）能够预防并处理购物服务过程中发生的各类问题。
（2）具备较强的表达能力及沟通协调能力。

【任务描述】

时间：2024年10月11日17:00
地点：平遥古城
人物：地陪导游、全陪导游、购物店工作人员、游客
内容：在游览平遥古城的过程中，游客有购物的需求，并且提出增加购物时间、单独外出购物、退换商品及购买限制出入境商品等特殊要求。

【任务分析】

思考一：

地陪导游在带领游客进行购物时，经常会碰到游客提出的个性化要求有哪些？

知识链接一：

游客在购物时，经常会提出的个性化要求包括以下几点。
（1）增加购物时间和次数。
（2）单独外出购物。
（3）退换商品。
（4）再次前往某处购物。
（5）购买禁止或限制出入境的商品。
（6）要求代办托运。

思考二：

如果你是地陪导游，对游客在购物过程中提出的各种要求，你会如何处理？

知识链接二：

1. 增加购物时间和次数

一般而言，旅游服务合同会明确规定旅游团在旅游目的地的购物时间安排及次数，要求地陪导游必须严格遵循合同中既定的购物计划执行，不得擅自调整购物时间和次数。然而，面对游客提出的增加购物时间和次数的要求，地陪导游应当与全陪导游（领队）及游客本人进行充分沟通，在获得各方同意的基础上，且不影响整体旅游行程顺利进行的情况下，灵活调整安排，例如，可以考虑利用游客的自由活动时间来满足其购物需求。

2. 单独外出购物

面对游客提出单独外出购物的请求，地陪导游需根据实际情况谨慎处理。若游客在自由活动期间提出此要求，且时间条件允许，则地陪导游应积极提供协助，包括推荐信誉良好的购物地点、协助联系交通工具，并准备中英文对照的便条，详细写明商店名称、地址

以及入住酒店的名称和地址，以确保游客的安全与便利。然而，在旅游团即将启程离开本地之际，考虑到时间紧迫及安全问题，地陪导游应劝阻游客单独前往繁华商业区购物，以免发生意外或耽误行程。

3. 退换商品

当游客因购买的商品存在瑕疵（如残次品、计价错误或不符合期望）而请求地陪导游协助退换时，地陪导游应积极响应并提供必要的陪同与帮助。

若游客声称商品为假货并要求退换，为维护我国商业环境的良好声誉，地陪导游首先应建议通过专业途径对商品进行真伪鉴定。鉴定结果若为假货，责任应由销售商店全权承担，包括退货、换货及赔偿等事宜；若鉴定结果为真品，则相关鉴定费用应由游客承担。在此基础上，若游客仍坚持退换商品，地陪导游应继续提供必要的协助，确保游客的合法权益得到妥善处理。

4. 再次前往某处购物

游客在购物过程中，可能会因为比较价格、购买时犹豫不决等原因，希望再次返回先前的购物点进行购买。在此情境下，若条件允许，地陪导游应秉持积极协助的态度。

若地陪导游个人时间允许，可以亲自陪同游客返回购物点，期间产生的车费由游客自行承担。若地陪导游因故无法陪同，则应通过其他方式确保游客能够顺利返回购物点。例如，可以协助游客联系可靠的交通工具，并准备中英文对照的便条，详细记录购物点的名称、地址以及入住酒店的名称和地址等信息，以便游客在出行过程中参考使用。

5. 购买禁止或限制出入境的商品

（1）购买古玩或仿古艺术品。

当游客表达出购买古玩或仿古艺术品的意愿时，地陪导游需对此给予高度重视，并遵循以下四项原则以确保游客的权益与安全。

① 避免地摊交易。地陪导游应明确告知游客，在地摊购买古玩或仿古艺术品存在较高风险。根据我国相关规定，携带文物出口需持有中国文物管理部门的鉴定证明，而地摊商贩通常无法提供此类证明，且商品真伪难以保证。因此，地陪导游应劝阻游客在地摊购买，以防受骗。

② 推荐正规商店。地陪导游应建议游客前往具有正规资质的文物商店进行购买；同时，提醒游客在购物后妥善保管发票，并注意不要损坏商品上的火漆印等标识，以便在海关查验时提供必要证明。

③ 重视鉴定环节。对于游客收到的国内外亲朋好友赠送的古玩商品，地陪导游应强调其重要性，并建议游客前往文物管理部门进行鉴定，以获取合法有效的鉴定证书。此证书在出境时将成为中国海关查验的重要依据，若无此证书，海关将不予放行。

④ 警惕走私行为。地陪导游在陪同游客购物或日常交流中，应保持高度警惕，如发现游客有涉嫌走私文物的行为，应立即向相关部门报告，以维护国家文物安全和法律尊严。

知识延伸：

中华人民共和国海关关于进出境旅客通关的规定（节选）

第六条 经海关办理手续并签章交由旅客收执的专用申报单证，在有效期内或在海关监管时限内，旅客应妥善保存，并在申请提取分离运输行李物品或购买征、免税外汇商品或办理其他有关手续时，主动向海关出示。

第七条 在海关监管场所，海关在通道内设置专用申报台供旅客办理有关进出境物品的申报手续。

第九条 下列出境旅客应向海关申报，并将申报单证交由海关办理物品出境手续：

（一）携带需复带进境的照相机、便携式收录音机、小型摄影机、手提式摄录机、手提式文字处理机等旅行自用物品者；

（二）未将应复带出境物品原物带出或携带进境的暂时免税物品未办结海关手续者；

（三）携带外币、金银及其制品未取得有关出境许可证明或超出本次进境申报数额者；

（四）携带人民币现钞6000元以上者；

（五）携带文物者；

（六）携带货物、货样者。

（2）购买中药材。

当游客表达购买中药材的需求时，地陪导游应全力协助他们选购所需药材，并向游客详细解释中国海关对于中药材出入境的相关规定，以确保游客的购物行为符合法律法规要求。

① 限量出境。游客携带中药材、中成药出境时，若目的地为港澳地区，携带总值不得超过人民币150元；若目的地为国外，携带总值不得超过人民币300元；以上限额均以法定商业发票所列价格为准。

② 凭统一发货票放行。入境游客在出境时，如携带用外汇购买的、数量合理的自用中药材、中成药，需向海关出示盖有国家外汇管理局统一制发的"外汇购买专用章"的发货票，海关验明无误后方可放行。

③ 禁止进出境的药材。国家明确禁止出境的中药材包括麝香、蟾酥、虎骨、犀牛角、牛黄等。

知识延伸：

中药材出入境的相关规定

根据《中华人民共和国禁止进出境物品表》和《中华人民共和国限制进出境物品表》，濒危的和珍贵的动物、植物及其种子和繁殖材料等禁止出境。其中，明确禁止出境的中药材及中成药有麝香、蟾酥、虎骨、犀牛角、牛黄等（不含配以微量麝香、蟾酥的成药，如麝香还阳膏、六神丸等，但包括含犀牛角和虎骨成分的药品）。其余中药材和中成药，在自用合理数量内，海关可以放行。

6. 要求代办托运

（1）协助托运。

当游客有购买大件商品并请求地陪导游协助托运的需求时，地陪导游应采取以下措施：若商店提供托运服务，则地陪导游应及时告知游客，并引导游客在商店内完成托运手续；若商店不提供托运服务，则地陪导游应主动协助游客办理托运，确保托运过程顺利。在办理托运手续时，地陪导游应妥善保管并复印发票、托运单、托运费和相关费用的收据；托运完成后，应将原件及时寄送给游客，同时保留复印件交旅行社保存，以备后续查验。

（2）代为购买并托运。

针对游客要求地陪导游代为购买并托运无货商品的情况，地陪导游应遵循以下步骤。

① 婉拒贵重商品代购。当游客请求地陪导游代为购买贵重商品时，地陪导游应出于安全考虑婉言拒绝，并建议游客亲自挑选购买。

② 请示领导批准。若游客坚持要求代购，则地陪导游应先请示旅行社领导，获得批准后方可接受委托。

③ 完善代购手续。地陪导游在接受代购委托后，应要求游客提供委托书并留下足够的购物款或订金。同时，地陪导游需及时向领导汇报代购情况，并出示委托书和钱款。

④ 代购与托运执行。地陪导游在代为购买商品后，应及时办理托运手续，并确保商品安全送达。

⑤ 后续处理与反馈。代购和托运完成后，地陪导游应及时向领导汇报，并将购物发票、托运单、托运费和相关费用的收据复印后，将原件和余款一并寄送给游客；同时，将复印件交旅行社保存，以备查验。

【任务实施】

1. 分组并填写项目任务书（如表 8-3-1 所示）

表 8-3-1　项目任务书

任务名称	购物问题处理		
小组成员			
小组组长			
指导教师		计划用时	
实施时间		实施地点	
任务内容与目标			
创设情境，模拟对接相关部门及人员，妥善处理游客在购物过程中提出的个性化要求。 （1）了解游客的购物要求。 （2）根据购物要求提出的时间、具体要求内容和实现可能性综合考虑处理问题。 （3）联系相关人员进行协调解决。 （4）向游客说明解释有关事项			

（续表）

任务分工	游客： 地陪导游： 全陪导游： 商家：
考核项目	（1）在处理游客购物问题时，工作态度端正，并能够体现耐心、细致，且严格遵守法律规定的意识。 （2）熟练掌握购物问题的处理流程和处理方法。 （3）在处理购物问题时，能够与全陪导游、游客等进行有效的沟通与交流
备注	

2. 实施准备

完成任务需要准备的工具、材料包括电话、A4纸、笔。

3. 实施过程

按照项目任务书设计情境并模拟购物问题处理的具体工作实施。参考情境设计如下。

情境一：游客要求单独外出购物

游客：导游，吃完饭我们要继续购物，先不回酒店了。

地陪导游：好的，我将酒店地址和我的电话以短信形式发送给您，明早6点至7点用早餐，餐后即刻驱车前往五台山，请您晚上注意安全，祝您购物愉快。

游客：好的，谢谢。

情境二：游客要求退掉已购买的商品

游客：导游，我想退掉这个推光漆器首饰盒，你能陪我去吗？

地陪导游：这个首饰盒您不是很喜欢吗？为什么想要退掉？

游客：这个样子我很喜欢，但这里面有一块破损，你看。

地陪导游：哦，是的，我陪您去商店退掉吧。

地陪导游：您好，我的顾客想退掉这个首饰盒，里面有一块破损。

商家：我看一下，是这里破了一小块吗？不好意思，我们没有注意，十分抱歉。我们给您换一个新的，您看可以吗？

游客：好的，谢谢！

情境三：游客要求购买古玩或仿古艺术品

地陪导游：您好，请问您是在挑选古董砚台吗？

游客：是的，我有个外国的朋友非常喜欢这些，我想送给他。

地陪导游：我建议您去文玩商店买，这些地摊上的古玩真假难辨，并且中国海关规定，携带我国文物出口，应向海关递交中国文物管理部门的鉴定证明，地摊商贩往往无法出示此类证明，还是去文玩商店买保险一点。古城里有几家文玩商店，都是正规商店，您可以去逛逛。

游客：好的，谢谢提醒。

地陪导游：不用谢，这是我应该做的，您在买到古董砚台后注意保存好发票，并且不要去掉商品上的火漆印，以便海关查验。

游客：还要问商家要鉴定证明是吗？

地陪导游：是的，记得买之前要求商家提供中国文物管理部门的鉴定证明。

游客：好的，谢谢。

地陪导游：不客气，祝您购物愉快！

4. 实施总结

请填写项目任务实施报告，如表8-3-2所示。

表8-3-2 项目任务实施报告

任务名称	购物问题处理		
小组成员			
小组组长			
计划用时		实际用时	
实施时间		实施地点	
任务内容与目标			
创设情境，模拟对接相关部门及人员，妥善处理游客在购物过程中提出的个性化要求。 （1）了解游客的购物要求。 （2）根据购物要求提出的时间、具体要求内容和实现可能性综合考虑处理问题。 （3）联系相关人员进行协调解决。 （4）向游客说明解释有关事项			
任务分工	游客： 地陪导游： 全陪导游： 商家：		
情境设计			
过程记录			
实施总结			
反思改进			
备注			

【任务评价】

请填写项目任务评价表，如表8-3-3所示。

表 8-3-3 项目任务评价表

任务名称	购物问题处理		组别		
实施时间			实施地点		
评价项目（分值）	评分依据		自我评价（20%）	小组互评（40%）	教师评价（40%）
素质目标（30分）	在处理购物问题时耐心、细致，能够体现竭诚为游客服务的意识（10分）				
	购物问题处理恰当，能够体现严格遵守法律法规的意识（10分）				
	小组分工明确、合作默契（10分）				
知识目标（30分）	熟知购物问题的处理流程（15分）				
	熟练掌握购物问题的处理方法（15分）				
能力目标（40分）	能够妥善处理购物服务中出现的各类问题（20分）				
	在处理购物问题时，能够与全陪导游、商家、游客等进行有效的沟通与交流（10分）				
	具有全面统筹能力，项目任务书、情境设计文本、项目任务实施报告等材料完整、规范（10分）				
小计					
总成绩					
教师评价			教师签名：	年 月	日
学生意见汇总			组长签名：	年 月	日

【任务寄语】

通过本次任务的实践，希望同学们能够全面掌握购物服务环节中游客可能提出的多样化要求及潜在问题，并熟练运用有效的解决策略；在此基础上，深入学习和理解消费者权益保护、出入境管理等相关法律法规，不断充实专业知识体系。在始终遵循法律法规的框架内，全心全意地为游客提供服务，积极倡导并引导游客依法依规参与旅游活动，切实维护游客的合法权益，进而全面提升游客的满意度与体验。

【任务拓展】

仔细阅读《中华人民共和国消费者权益保护法》《中华人民共和国海关法》《中华人民共和国出境入境管理法》等法律文件中与购物服务相关的条款，加深对各类购物相关问题处理方法的理解。

任务四　游览问题处理

游览问题处理

【任务目标】

素质目标：（1）培养爱岗敬业、善解人意的工作态度。
　　　　　（2）具备沉着冷静、积极乐观的心理素质。
知识目标：（1）了解在游览服务过程中经常遇到的问题及其原因。
　　　　　（2）掌握游览服务过程中常见问题的处理方法。
能力目标：（1）能够预防并处理游客在游览过程中发生的各类问题。
　　　　　（2）能够引导游客文明旅游。
　　　　　（3）具有良好的观察和感知能力。

【任务描述】

时间：2024年10月11日16:00
地点：平遥古城
人物：地陪导游、全陪导游、游客
内容：在游览平遥古城的过程中，游客提出自由活动、延长游览时间等特殊要求。

【任务分析】

思考一：

地陪导游在带领游客进行游览时，经常会碰到游客提出的个性化要求有哪些？

知识链接一：

游客在游览时经常提出的个性化要求有以下几点。
（1）更换、增加或取消游览项目。
（2）要求自由活动。
（3）要求亲友随团活动。
（4）延长旅游时间。
（5）中途退团。
（6）调换或增加娱乐活动。

思考二：

在上述要求中，有哪些是合理且可行的？如果你是地陪导游，你会如何处理游客在游览过程中提出的合理且可行的要求？

> 知识链接二：

合理且可行的要求包括以下几种。

1. 更换、增加或取消游览项目

（1）游客要求更换或取消游览项目。

在通常情况下，地陪导游应严格按照既定的游览计划带领团队进行参观。如遇全团游客一致要求调整或取消某个游览项目时，地陪导游需及时上报给接待社的计调部门，由其负责与组团社沟通协调，在获得双方的正式同意后，方可对游览计划进行相应的调整或取消。而对于个别游客提出的更换游览项目的请求，地陪导游需耐心细致地向游客说明原因，强调团队行程的统一性和不可更改性，确保团队行程的顺利进行。

（2）游客要求增加游览项目。

在条件允许的前提下，地陪导游应主动向接待社请示，并积极协助处理游客的额外需求。具体流程如下：首先，地陪导游需与接待社的相关部门取得联系，请求提供所需服务的报价；接着，将这一对外报价透明地告知游客，若游客对此报价表示接受，地陪导游将陪同游客前往享受该服务，并确保将游客支付的相应费用及时上交至接待社；最后，地陪导游还需将正式的发票或收据转交给游客，以保障游客的权益并确保交易的正规性。

2. 合理的自由活动

地陪导游在面临以下三种具体情境时，可以应允游客提出自由活动的请求，但务必确保游客的安全。

（1）不影响团队整体行程。

若游客因已游览过计划中的某些景点而希望自由活动，且此请求不会干扰整个团队的既定行程，地陪导游可予以批准并提供必要的协助。同时，地陪导游需提醒游客详细记录酒店地址、归团的具体时间和地点，确保他们能够顺利返回团队。

（2）游览景点内的灵活调整。

在游览景点的过程中，如果条件允许（如游客数量较少、景区秩序良好），对于希望根据个人兴趣偏离规定路线的游客，地陪导游在评估安全性后可满足其要求。此时，地陪导游必须清晰告知游客集合的时间、地点以及旅游客车的车牌号，并视情况提供自己和酒店的联系方式，以备不时之需。

（3）晚间无活动安排。

当旅程的晚间时段没有活动安排时，游客若提出自由活动的请求，地陪导游应予以理解和支持，但务必强调安全的重要性。地陪导游应告诫游客避免前往危险区域，尽量早点返回酒店，并再次确认酒店地址，同时提供自己的联系方式，确保游客在需要时能够及时求助。

3. 亲友随团活动

当旅游团抵达某地时，若部分游客希望其亲友能加入团队共同活动，则地陪导游需灵活处理并尽力满足其合理要求，同时确保操作规范，具体步骤如下。

（1）征得团队同意。地陪导游需礼貌地征询全陪导游（领队）及团内其他成员的意见，确保此变动不会引发团队内部的不满或不便，争取获得广泛的理解和同意。

（2）迅速联系旅行社。在获得团队内部同意后，地陪导游应立即与所属旅行社取得联系，详细说明情况，并按照旅行社的规定和流程，为希望加入的亲友办理正式的入团手续，包括确认亲友的身份信息、旅行意愿及可能涉及的保险、费用等细节。

（3）正式接待与服务。一旦所有手续办理完毕且相关费用缴纳完后，该亲友即正式成为旅游团的一员。此时，地陪导游应以同样的热情和专业态度接待新加入的游客，确保他们感受到团队的温暖，同时根据旅行计划提供周到、细致的服务，确保每位游客都能享受到高质量的旅行体验。

4. 延长旅游时间

（1）由于合理原因延长旅游时间。

当游客因合理原因，如突发疾病或意外情况，需要延长旅游时间时，地陪导游应积极响应并协助其完成相关手续。特别是对于那些因伤因病住院的游客，地陪导游不仅要迅速为其办理居留延期手续，确保游客的合法居留，还应亲自前往医院探望，表达关怀，并主动帮助解决病人及其家属在医疗、住宿、餐饮等方面遇到的实际困难，让游客感受到旅行社的温暖与专业。

（2）不随团离开或离境。

在旅游团行程结束后，有些游客要求继续留在当地或不跟团出境时，地陪导游应视情况处理。

① 若游客的停留无须延长签证有效期，地陪导游在满足安全及合规要求的前提下，可同意其继续留在当地，并提供必要的旅行建议和信息。

② 对于需要延长签证期限的游客，地陪导游原则上应婉拒其请求，以维护团队的整体安排和游客的合法居留权益。然而，若游客因特殊紧急情况（如家庭急事、健康问题等）确需延长逗留，地陪导游需及时上报旅行社领导，获得批准后，积极协助游客办理签证续签手续，并提供订房、订票等后续服务，但需明确告知游客，离团后的所有费用需自行承担。

③ 对于希望行程结束后继续享受旅行社服务的游客，地陪导游应引导其与旅行社重新签订服务合同，明确服务内容、费用及责任条款，确保双方权益得到保障。

5. 中途退团

有时游客会要求中途退团，遇到这种情况时，地陪导游需立即向旅行社报告并视情况处理。

（1）有正当理由要求中途退团。

若游客因疾病、家庭紧急事务、工作急需或其他特殊原因而提出中途退团的要求，经地接社与组团社充分沟通并达成一致后，可尊重游客意愿，允许其退团。关于剩余旅行费用的处理，将严格依据旅游服务合同中明确的相关条款执行，可能涉及部分费用的退还，也可能因合同规定而不予退还，确保处理过程既合法合规，又公平合理。

（2）无正当理由要求中途退团。

当游客无合理理由，仅因个人要求未得到满足而提出中途退团时，地陪导游的首要任务是配合全陪导游（领队），开展耐心细致的劝说工作，深入了解游客提出退团的真正原因。若经调查发现接待方确实存在服务失误，地陪导游应积极采取措施，尽力弥补游客的不满，以期游客能够继续参与旅行。面对游客提出的不合理要求，地陪导游需保持冷静，耐心解释相关情况，说明团队旅行的规则与限制。若经过努力劝说，游客仍然坚持中途退团，地陪导游在尊重游客选择的同时，需明确告知游客，根据旅游服务合同的约定，其剩余的服务费用将不予退还。

（3）可为中途退团游客提供的服务。

无论海外游客因何种原因选择中途退团，地陪导游都需在获得领导的具体指示后，积极协助游客重新预订航班、办理签证变更以及其他必要的离团和回国手续。在此过程中，地陪导游应确保所有操作符合当地法律法规和旅行社的相关规定，同时明确告知游客，因退团而产生的所有额外费用需由其自行承担。

6. 调换或增加娱乐活动

（1）调换计划内的娱乐活动。

在旅游服务合同中，娱乐活动计划通常被明确列出，地陪导游需严格按照计划带领游客前往指定地点参与活动。面对游客对娱乐活动的调换请求，地陪导游需根据具体情况灵活处理。

① 当全团游客共同要求更换原定的娱乐活动时，地陪导游需迅速评估时间是否充裕，并立即与旅行社的计调部门取得联系，探讨调换活动的可能性。若因故无法调换，地陪导游需以诚恳的态度向游客解释情况，并说明已预订的娱乐活动票务因合同条款限制，无法退换，请求游客的理解与配合。若游客仍坚持参与其他娱乐活动，地陪导游可提供必要的协助，但必须明确告知游客，原计划娱乐活动的费用将不予退还，且新活动的费用需由游客自行承担。

② 当部分游客希望参加与原计划不同的娱乐活动，导致旅游团内部意见分歧时，地陪导游应采取与全团要求更换活动相同的处理方式。在交通安排上，地陪导游需灵活应对：若两项娱乐活动位于同一路线，地陪导游应与司机沟通，尽量安排两路游客同车前往，以减少不便；若活动地点不同路，地陪导游则需为选择其他娱乐活动的游客另行安排交通工具，但需注意，由此产生的车费应由游客自行承担。

（2）自费参加计划外的娱乐活动。

当游客要求自费参加计划外的娱乐活动时，地陪导游应视情况处理。

① 地陪导游在接到游客对计划外娱乐活动的需求后，应及时与旅行社取得联系，详细

询问该活动的价格、所需车辆的使用费以及可能产生的服务费等具体费用。获取这些信息后，地陪导游需清晰、准确地将这些费用向游客进行说明，并确保游客对所有费用明细有充分的理解。若游客认可并同意支付这些费用，地陪导游应请旅行社进行预订，并在确保游客支付相应费用后，及时将款项上交旅行社。随后，地陪导游应陪同游客前往参与所选的娱乐活动，确保整个过程的顺利进行。

② 若游客选择自行预订娱乐活动，地陪导游的首要任务是确保游客的安全。为此，地陪导游应温馨提醒游客注意个人安全，并详细记录游客所预订活动场所的地址及电话，以备不时之需。此外，地陪导游还可以主动将自己的联系方式留给游客，确保游客在需要时能够及时联系到自己。如果游客计划前往情况较为复杂或可能存在安全隐患的场所，地陪导游应根据实际情况，在必要时陪同游客前往，以确保游客的人身安全。

> **思考三：**
> 知识链接一中的哪些要求是不合理或不可行的？如果你是地陪导游，如何对游客在游览过程中提出的不合理且不可行的要求做出处理？

> **知识链接三：**

不合理或不可行的要求包括以下几种。

1. 不合理的自由活动

为了确保游客的人身安全与财产安全，同时保障旅游活动的有序进行，地陪导游在遇到以下情况时，若游客提出自由活动的要求，应予以劝阻，并清晰说明劝阻的原因，以避免产生不必要的误会。

（1）可能影响旅游行程。当游客的自由活动请求可能干扰整个团队的既定行程，如自由活动时间过长或选择的地点距离过远，导致团队无法按时前往下一个景点时，地陪导游应劝阻游客，建议其随团行动，以确保行程的顺利进行。

（2）旅游团即将离开本地。在旅游团即将离开当前所在地，特别是即将离境或回国之际，地陪导游应劝阻游客提出自由活动的要求。这是为了避免因自由活动而错过航班、火车或船只，从而影响整个团队的行程安排。

（3）存在安全隐患。若游客希望前往治安状况不佳的地区，或要求进行如骑车、划船以及在非指定游泳区域游泳等可能存在安全隐患的活动时，地陪导游应耐心劝阻。地陪导游应明确指出这些活动或地点的潜在风险，并建议游客避免参与，以确保其人身安全。

2. 前往不开放的区域、机构参观

面对部分游客因猎奇心理而希望探访未开放区域，如森林禁区或不对外开放的机构时，地陪导游需坚决而明确地表达无法满足其要求，并耐心向游客阐述这些区域不予开放的具体原因，确保游客理解并尊重相关规定，共同维护旅游安全与秩序。

3. 前往不健康的娱乐场所

若游客提出前往不健康的娱乐场所时，地陪导游应立即且坚决地予以拒绝，并借此机会耐心地向游客介绍中国的传统价值观念、道德准则以及相关的法律法规。

【任务实施】

1. 分组并填写项目任务书（如表 8-4-1 所示）

表 8-4-1　项目任务书

任务名称	游览问题处理		
小组成员			
小组组长			
指导教师		计划用时	
实施时间		实施地点	
任务内容与目标			
创设情境，模拟对接相关部门及人员，妥善处理游客在游览过程中提出的个性化要求。 （1）了解游客的个性化要求。 （2）根据个性化要求提出的时间、具体要求内容和实现可能性综合考虑处理问题。 （3）联系景区或旅行社进行协调解决。 （4）向游客说明解释有关事项			
任务分工	游客： 地陪导游： 全陪导游： 其他人员：		
考核项目	（1）在处理游览问题时，具有爱岗敬业、善解人意的工作态度。 （2）熟知游览问题的处理流程和处理方法。 （3）具有良好的心理素质，能够沉着冷静、有条不紊地处理遇到的问题		
备注			

2. 实施准备

完成任务需要准备的工具、材料包括电话、A4纸、笔。

3. 实施过程

按照项目任务书设计情境并模拟游览问题处理的具体工作实施。参考情境设计如下。

情境一：游客提出自费参加计划外的娱乐活动

游客：导游，我们20个人晚上想去看《又见平遥》的演出，你能帮我们订票吗。

地陪导游：我问一下旅行社，确定一下现在是否可以订票。

游客：好的。

地陪导游：您好，请问今晚《又见平遥》的演出还有余票吗，20人？

计调员：有的，门票费用是每人238元，用车每人10元。

地陪导游：好，谢谢。

计调员：不客气。

地陪导游：现在还有票，门票费用是每人238元，用车是每人10元，可以吗？

游客：可以。

地陪导游：好，那我现在就联系旅行社帮助订票。

游客：好的，谢谢。

情境二：婉拒游客参观存在安全隐患的地方

地陪导游：王先生，这个楼梯是禁止攀爬的。

游客：为什么？我想去楼上看看。

地陪导游：这里有警示牌"游客止步"，并且古城内一些老旧民居年久失修，这些楼梯不太稳固，容易跌落，为了您的人身安全，还是不要上去了。

游客：好吧。

地陪导游：谢谢您的配合。

4．实施总结

请填写项目任务实施报告，如表8-4-2所示。

表8-4-2　项目任务实施报告

任务名称	游览问题处理		
小组成员			
小组组长			
计划用时		实际用时	
实施时间		实施地点	
任务内容与目标			
创设情境，模拟对接相关部门及人员，妥善处理游客在游览过程中提出的个性化要求。 （1）了解游客的个性化要求。 （2）根据个性化要求提出的时间、具体要求内容和实现可能性综合考虑处理问题。 （3）联系景区或旅行社进行协调解决。 （4）向游客说明解释有关事项			
任务分工	游客： 地陪导游： 全陪导游： 其他人员：		
情境设计			
过程记录			
实施总结			
反思改进			
备注			

【任务评价】

请填写项目任务评价表，如表8-4-3所示。

表8-4-3 项目任务评价表

任务名称	游览问题处理	组别		
实施时间		实施地点		
评价项目（分值）	评分依据	自我评价（20%）	小组互评（40%）	教师评价（40%）
素质目标（30分）	具有爱岗敬业、善解人意的工作态度（10分）			
	具有良好的心理素质，能够沉着冷静、有条不紊地处理遇到的问题（10分）			
	小组分工明确、合作默契（10分）			
知识目标（30分）	熟知游览问题的处理流程（15分）			
	熟练掌握游览问题的处理方法（15分）			
能力目标（40分）	能够妥善处理游览过程中出现的各类问题（20分）			
	处理游览问题时，与全陪导游、游客等人员的沟通和协调能力强（10分）			
	具有全面统筹能力，项目任务书、情境设计文本、项目任务实施报告等材料完整、规范（10分）			
小计				
总成绩				
教师评价		教师签名：		年 月 日
学生意见汇总		组长签名：		年 月 日

【任务寄语】

通过本次任务的学习与实践，希望同学们能够全面熟悉游览服务过程中游客可能提出的各种个性化要求与问题，并熟练掌握针对不同问题的有效解决策略。在此过程中，着重培养自身良好的心理素质、强烈的责任心及卓越的服务意识，学会在面对各种挑战时保持沉着冷静、处理事务有条不紊，从而给予游客充分的心理安全感。此外，通过不断实践与反思，逐步养成高标准的导游职业素养，成为能够为游客提供优质服务的专业导游人员。

【任务拓展】

找机会跟团实践，试着利用所学知识妥善处理游览服务过程中出现的各类问题，收集真实案例，并撰写实践报告。

项目九 带团事故处理

【项目导读】

甘肃旅游团一行30人于2024年10月11日至10月14日到山西旅游，过程中不可避免地会遇到安全急救、物品遗失、误机等各种突发事件。假设你作为该团的地陪导游，你会如何妥善处理这些突发事件？

【学习目标】

素质目标：（1）养成认真、细致、负责的工作态度。
（2）具有沉着冷静、遵纪守法的职业素养。
（3）具有敢于担当的职业精神。
（4）树立安全第一的职业意识。

知识目标：（1）了解旅游带团常见事故及产生的原因。
（2）掌握带团事故的处理办法和预防措施。

能力目标：（1）具备妥善处理常见事故的能力。
（2）对于常见事故能够做到提前采取预防措施。
（3）遇到突发事件能够随机应变。

【思政案例】

1. 案例介绍

自由活动时间游客更应注意安全

郭先生及其家人一同参加了上海某旅行社组织的马来西亚沙巴五日休闲游。根据行程规划，第三日上午为自由活动时间，郭先生选择前往酒店附近的海滩游泳，却不慎被水母蜇伤。

事故发生后，酒店迅速响应，将郭先生送往当地医院并承担了医疗费用。次日，郭先生返回上海，继续在医院接受治疗，额外支付了780余元的医疗费。接下来的一个月内，郭先生多次与旅行社沟通赔偿事宜，但双方未能达成共识。随后，郭先生向法院提起诉讼，要求旅行社赔偿医疗费、精神损害抚慰金及旅游费用等，总计3.8万余元。

针对郭先生的诉求，旅行社提出抗辩：事故发生在自由活动期间，不应归咎于旅行社。旅行社在事故发生后，积极与地接社和酒店协调，确保郭先生得到及时救治。此外，酒店已在海滩设置了警示标志，旅行社已按照旅游合同的约定履行了安全保障义务，因此不存在过错。

法院审理认为，旅行社作为旅游服务提供者，应在其服务范围内承担合理的安全保障责任。然而，郭先生作为成年人，应意识到海洋中可能存在致人伤害的生物或其他潜在危险，这并非旅行社需特别提示或警告的范畴。此外，旅行社在事故发生后，已积极采取措施，确保郭先生得到及时救治，已尽到安全保障义务。因此，法院对郭先生的诉讼请求不予支持。

2. 案例解读

在此案例中，面对突发事件，组团旅行社迅速响应，积极与地接旅行社及酒店沟通协调，确保受伤游客能及时由酒店安排送往医院就诊，充分展现了其对游客的安全保障义务与责任心。

3. 案例思考

在接团工作中，如果遇到突发事件，我们应该秉承什么样的态度积极处理，又应当采取怎样的预防措施，避免类似事件的发生？

任务一　安全事故处理

安全急救事故处理

【任务目标】

素质目标：（1）树立安全第一的职业意识。
（2）具有沉着冷静的职业素养。
（3）具有认真、细致、负责的工作态度。

知识目标：（1）了解旅游安全事故的等级。
（2）熟悉各类安全事故发生的原因和处理原则。
（3）掌握各类安全事故的处理方法和预防措施。

能力目标：（1）能够正确处理各类旅游安全事故。
（2）能够预防旅游中可能出现的各类安全事故。

【任务描述】

时间：2024年10月13日9:00

地点：五台山赴大同的旅游途中

人物：地陪导游、全陪导游、游客、旅行社负责人

内容：旅游团乘坐的旅游客车和当地的运煤车发生碰撞，但是没有游客受伤，面对这一旅游安全事故，地陪导游应该怎么处理？

【任务分析】

> 思考一：
> 旅游安全事故有哪些？旅游安全事故的处理原则和程序是什么？

> 知识链接一：

1. 旅游安全事故分类

旅游安全事故可根据其严重性和影响程度划分为四个等级：轻微事故、一般事故、重大事故及特大事故。

（1）轻微事故。此类事故通常导致游客遭受轻微伤害，或造成的经济损失不超过1万元。

（2）一般事故。当事故造成游客重伤，或经济损失在1万元至10万元（含1万元）之间时，被视为一般事故。

（3）重大事故。若事故导致游客死亡、重伤致残，或经济损失在10万元至100万元（含10万元）之间，则视为重大事故。

（4）特大事故。特大事故是指单次事故中造成多名游客死亡，或经济损失超过100万元，或事故性质特别严重，对社会产生了广泛而深远的影响。

在旅行社接待过程中，可能会遭遇多种旅游安全事故，涵盖交通事故、治安事件、火灾、食物中毒以及由其他因素引发的游客意外伤害与财物损失等。尽管这些事故难以预知，但通过采取有效措施，能够显著降低其发生概率及影响。

为有效防范此类事故，旅行社首要任务是深刻认识其严重性，并在此基础上完善内部管理体系，积极实施各项预防措施。同时，地陪导游应发挥关键作用，通过细致周到的提醒与严格遵守服务规范，为游客营造更加安全的环境。

在不幸遭遇旅游安全事故时，旅行社与地陪导游需迅速响应，采取一切可行手段，力求最大限度减少人员伤亡与财物损失。这包括迅速开展救援行动、妥善安置受伤人员、保护现场证据以及协助游客处理后续事宜等。

2. 旅游安全事故的成因

旅游安全事故的发生往往源于多种因素，这些因素大致可以分为以下几类。

（1）自然因素。

自然因素指的是那些不受人类控制、难以预测和防范的自然现象，包括但不限于地震、火山爆发、地面塌陷、地裂、崩塌、滑坡、泥石流等地质灾害，以及暴雨、暴风雪、洪水、海啸等气象灾害，还有大雾、沙尘暴等能见度受限的天气情况。这些自然灾害具有突发性和不可抗性，对旅游安全构成严重威胁。

（2）人为因素。

人为因素主要源于旅游接待方和相关单位工作人员的工作态度、责任心以及管理上的疏忽。这包括旅行社后勤人员、导游、司机、计调等关键岗位人员的失误或错误决策，以及接待单位在安全管理、服务质量等方面的不足。人为因素往往与责任心不强、局部利益考虑过多等主观原因密切相关，是旅游安全事故中不可忽视的一环。

（3）设施设备因素。

设施设备因素涉及旅游过程中所使用的交通工具、景区设施、酒店设备等的安全性和可靠性。例如，旅游车辆抛锚、飞机机械故障等交通工具问题，游乐设施老化、质量不达标等景区设施问题，以及酒店空调失灵、热水供应不足等住宿设施问题。这些设施设备故障不仅影响旅游体验，还可能直接威胁游客的生命安全。

（4）社会因素。

社会因素主要是指社会治安方面的风险，如偷盗、抢劫、凶杀等刑事犯罪活动，以及敲诈勒索、诈骗、色情活动、围堵兜售、强买强卖等不法行为。这些社会因素不仅危及游客的财产和生命安全，还可能对旅游目的地的社会形象和旅游业发展造成负面影响。

2. 旅游安全事故的处理原则

（1）将损失降至最小。

（2）确保旅游活动正常进行。

（3）按规章办事，即按照我国有关法律法规和规范来处理旅游安全事故。

3. 旅游安全事故处理的基本程序

面对旅游安全事故的突发性，地陪导游往往因缺乏思想准备而感到手足无措。然而，熟悉并掌握处理旅游安全事故的基本程序，对于地陪导游正确、高效地解决问题至关重要，以下是处理旅游安全事故的关键步骤。

（1）保持冷静，稳定游客情绪。

事故发生后，游客可能会产生情绪波动，导致旅游团出现混乱。此时，地陪导游必须保持冷静，以稳定游客的情绪。地陪导游的行为表现会直接影响游客的心理状态，如果地陪导游显得慌乱，游客会更加不知所措。因此，地陪导游应成为事故处理中的核心，迅速采取措施，同时展现出沉着冷静的态度，以稳定游客情绪，并帮助自己保持清晰的思路。

（2）迅速拟定并实施处置方案。

在事故发生后，最重要的是迅速找到解决问题的方案。地陪导游应分清轻重缓急，优先处理最紧迫或危害最大的事情。一般而言，应先考虑游客的安全与需求，再考虑接待方的利益；先处理重要事项，再处理次要事项。根据这一原则，地陪导游应迅速拟定处置方案，并有条不紊地实施。

（3）妥善进行善后处理。

尽管某些旅游安全事故可能已得到初步处理，但仍可能有一些遗留问题。地陪导游应继续协助游客处理这些问题，确保事故得到圆满解决。

（4）提交书面总结报告。

对于重大旅游安全事故，地陪导游应在处理完毕后向旅行社和有关旅游部门提交书面总结报告。报告应详细记录事故发生的情况、原因、时间、地点、经过、危害程度及原因分析，处理过程、步骤、进展情况以及参与处理的单位与人员；游客及相关方面的反映与要求；事故造成的影响、应吸取的经验教训以及今后的防范与改进措施等。

> 思考二：

交通事故如何处理和预防？

> 知识链接二：

交通事故在旅游活动中较为常见，且往往难以预料和控制，尤其是汽车事故。一旦发生交通事故，地陪导游需保持冷静，迅速而果断地采取以下措施进行处理。

（1）立即组织抢救。

地陪导游首先要确保自身安全，随后迅速组织现场人员抢救受伤的游客，尤其是重伤员，应立即进行简单的急救措施，如包扎、止血等，并尽快拨打急救电话120，或直接将伤员送往最近的医院。

（2）保护现场，立即报案。

在抢救伤员的同时，地陪导游应指定专人保护现场，避免现场被破坏。随后，应尽快通知交通、公安部门（交通事故报警电话：122），请求派人前来调查处理，并引导游客离开事故车辆。

（3）迅速向旅行社汇报。

在安顿好受伤游客后，地陪导游应立即向所在旅行社领导报告事故情况，包括事故发生地点、原因、经过、所采取的措施、游客伤亡情况，以及团内其他游客的反应等。同时，应听取领导的指示，请求派人协助处理事故。

（4）安抚全团游客。

事故发生后，地陪导游应及时安抚全团游客的情绪，确保他们保持冷静；在条件允许的情况下，应继续按原计划组织游客进行参观游览活动。待事故原因查明后，应向全团游客进行说明，并表达歉意。

（5）配合调查，处理善后。

地陪导游应积极配合交通、公安部门调查事故原因，并协助旅行社处理善后事宜，包括请医院开具诊断证明和医疗证明，请公安局开具交通事故证明书，以及帮助游客向相关保险公司索赔等。

（6）撰写书面报告。

交通事故处理结束后，地陪导游应撰写详细的事故报告。报告内容应包括旅游团名称、国籍、人数，事故发生的时间、地点、原因、经过及后果，处理的经过和结果，以及游客的情绪和对处理结果的反应等。报告应客观、翔实，并由领队、全陪导游和地陪导游联名签署。

2. 交通事故的预防

交通事故的范畴广泛，涵盖了如汽车故障、交通拥堵、车辆碰撞等多种情况。为了有效预防交通事故的发生，地陪导游需要与司机保持紧密的合作关系，共同采取以下预防措施。

（1）出发前。

① 车辆检查。地陪导游应提醒司机对车辆进行全面检查，确保车辆性能良好，无安全隐患；当发现车辆存在故障或隐患时，应及时修理或要求更换车辆。

② 司机选择。对于长途或复杂路况的行程，应指定经验丰富的司机负责驾驶。

③ 高原行车准备。在高原地带行驶的车辆，需常备氧气袋，并检查其完好性。

④ 座位安排。车辆座位数量最好比实际游客人数多出20%，以确保游客舒适乘坐；避免引导游客坐在车辆最后一排或司机座位后的第一排，以减少安全隐患。

（2）行驶途中注意事项。

① 在市区行车时，地陪导游应避免与司机聊天，以免分散其注意力；但在长途行车时，地陪导游应适时与司机交流，防止司机因疲劳而打瞌睡。

② 合理安排日程，确保时间充裕，避免司机因赶时间而违章超速行驶；地陪导游不得催促司机开快车，并应阻止司机开"英雄车"或"赌气车"。

③ 在恶劣天气（如雨雪、大雾）或交通堵塞、路况不佳时，地陪导游应随时提醒司机注意安全，谨慎驾驶。如遇极端天气或灾害，地陪导游有权调整行程，但需事先向领队、全陪导游和游客说明情况，并征得同意后报告旅行社。

④ 司机在工作期间不得饮酒，如果司机要饮酒，则地陪导游应加以劝阻；若司机不听劝告，则地陪导游应立即报告旅行社，要求改派车辆或更换司机。

⑤ 非本车司机不得驾驶车辆，地陪导游即使有驾照也不得帮司机开车。

⑥ 地陪导游与司机之间如有争执，应在下团后解决，避免在带团过程中产生争执，以免影响司机情绪，导致赌气驾车。

> **思考三：**
> 治安事故如何处理和预防？

> **知识链接三：**

在旅游期间，游客可能会遭遇坏人行凶、诈骗、偷盗、抢劫、恐怖袭击等治安事故，这些事件会给游客的身心及财物带来不同程度的损害。针对此类治安事故，地陪导游应迅速而有效地采取以下处理措施。

1. 治安事故的处理

（1）保护游客安全。

遭遇歹徒骚扰、行凶或抢劫时，地陪导游需临危不惧，挺身而出保护游客，同时迅速将游客转移至安全地点。在保护游客的过程中，地陪导游要保持冷静，既要勇敢又要机智，避免鲁莽行事,确保自身及游客的安全。

(2)组织抢救。

若游客受伤,则地陪导游应立即进行初步急救,并迅速联系附近医院将受伤游客送往救治。

(3)保护事故现场,立即报警。

遭遇盗窃、行凶等治安事故时,地陪导游应立即拨打当地公安部门报警电话(110),并保护好事故现场,以便公安人员调查取证。向公安部门报告时,需详细说明案件发生的时间、地点、经过,以及作案人的特征和受害者的相关信息,如姓名、性别、年龄、国籍、伤势,以及损失物品的名称、数量、特征等。

(4)报告旅行社。

地陪导游应及时将事故发生情况报告给旅行社,以便旅行社根据事故性质向有关部门上报并做出相应指示。当情况严重时,地陪导游应请求旅行社领导前来指挥、处理。

(5)安抚游客情绪。

治安事故发生后,游客往往会产生恐慌和不安的情绪。地陪导游应主动与游客沟通,安抚他们的情绪,确保旅游活动能够顺利进行。

(6)撰写书面报告。

事后,地陪导游应迅速撰写治安事故的情况报告,内容应包括受害人的基本信息、受害情况、事故性质、采取的紧急措施、报案及公安部门侦破情况,以及受害者和旅游团其他成员的反映和要求等。

(7)协助领导做好善后工作。

根据事故性质,地陪导游应准备好必要的证明文件、材料,并协助旅行社领导处理好可能发生的理赔等善后工作。在处理善后工作时,地陪导游应保持耐心和细心,确保受害者的权益得到妥善保障。

2. 治安事故的预防

在接待工作中,地陪导游需时刻保持高度警惕,采取有效措施并频繁提醒游客,以预防治安事故的发生。

(1)入住酒店后的提醒工作。

① 贵重财物保管。提醒游客将贵重财物如现金、珠宝、护照等存放在酒店保险柜内,避免随身携带,减少丢失风险。

② 外币兑换注意事项。向游客详细解释外币兑换的正规渠道和规定,严禁私自与非法兑换者(如黄牛)交易,特别是在偏僻地点,以防被骗或遭遇其他安全问题。

③ 房间安全提示。告诫游客不要向不熟悉的人透露房间号;强调出入房间时必须锁好房门,尤其是晚上,不要随意给陌生人开门;提醒游客警惕自称酒店维修人员的不明身份者,除非通过酒店前台确认其身份。

(2)旅行、游览时的导游工作。

① 旅游车安全。在行驶途中，严禁停车让非本车人员上车。若有不明身份者拦车，应提醒司机保持警惕，避免停车。

② 下车安全提示。提醒游客下车前检查个人物品，确保没有遗漏贵重物品在车上；游客下车后，要求司机关好车窗、锁好车门，防止陌生人上车；游客返回时，阻止小商贩上车兜售商品，以免打扰游客或引发安全问题。

③ 参观游览安全。始终与游客保持紧密联系，随时观察周围环境和游客的行踪；定期进行人数清点，确保每位游客都在团队中；发现可疑人员或行为时，应迅速引领游客避开潜在危险区域；在人多拥挤的公共场所，特别提醒游客不要离开团队，并妥善保管好个人证件和财物。

> **思考四：**
> 火灾事故如何处理和预防？

> **知识链接四：**

1. 火灾事故发生时的处理措施

在遭遇火灾事故时，地陪导游需迅速而冷静地采取以下措施。

（1）立即报警。一旦发现火灾，地陪导游应立即拨打119火警电话，详细报告火灾地点、火势及是否有人员被困等信息。

（2）全面通知。地陪导游应利用一切可用手段，如广播、呼喊、手机等，迅速通知所有人员火灾情况，确保信息传达无遗漏。

（3）有序疏散。在工作人员和专业人员的指挥下，地陪导游应引导游客按照预设的安全路线有序疏散，避免踩踏和混乱。

（4）自救指导。在疏散过程中，地陪导游需判断火情，指导游客采取正确的自救措施，如用湿毛巾捂住口鼻、爬行穿越浓烟等，确保游客安全逃离火灾现场。

（5）集中与救援。撤至安全地带后，地陪导游应立即清点人数，寻找失踪游客，并组织人力进行搜救。同时，对受伤游客进行初步救治，并尽快送往医院。

（6）善后处理。火灾事故后，地陪导游需处理善后事宜，包括安抚游客情绪、继续旅游活动等。同时，撰写详细的书面报告，记录事故经过、处理措施及结果。

2. 火灾事故的预防措施

为有效预防火灾事故的发生，地陪导游需做到以下几点。

（1）安全提醒。在旅游过程中，地陪导游应不断提醒游客注意防火安全，不要携带易燃、易爆物品，不在床上吸烟，不乱扔烟头。

（2）熟悉安全通道。入住酒店后，地陪导游需熟悉并了解所在酒店的安全通道、安全出口等位置，并向游客详细介绍。同时，提醒游客熟悉客房门上的安全路线示意图，确保在火灾发生时能够迅速找到逃生路线。

（3）掌握火警电话。地陪导游应牢记火警电话119，并掌握领队、全陪导游及全团成员的住房号码。在火灾发生时，能够迅速通知游客并协助他们安全撤离。

（4）加强巡查与监督。在旅游过程中，地陪导游应加强对游客的巡查与监督，及时发现并制止可能引发火灾的行为。同时，关注酒店及旅游场所的消防安全设施是否完好有效，确保在火灾发生时能够发挥应有的作用。

> 思考五：
> 食物中毒事故如何处理和预防？

> 知识链接五：

1. 食物中毒事故的处理

（1）紧急催吐与补水。地陪导游应立即引导食物中毒者进行反复多次催吐，以尽快排出有毒物质。同时，鼓励患者多喝水，加速体内有毒物质的排泄，缓解毒性；若怀疑为细菌性食物中毒，应立即停止进食，并尽快联系医务人员进行专业诊治。

（2）封存证据。地陪导游应封存患者所食用的食物样本或呕吐物，作为后续查验的依据，并确保这些证据在送医或报告相关部门前保持完整和原始状态。

（3）送医救治与开具证明。地陪导游应迅速将患者送往当地医院接受专业救治，要求医生开具详细的"诊断证明"，明确中毒原因，为后续处理提供依据。

（4）集体中毒报告与责任追究。若旅游团发生集体食物中毒，地陪导游应立即报告当地卫生防疫部门和旅行社管理部门，协助相关部门进行调查，并依法追究相关单位的责任，确保游客权益得到保障。

2. 食物中毒事故的预防

（1）选择正规餐厅。地陪导游应确保游客在合同约定的正规餐厅用餐；若发现餐厅食物存在不洁、变质或异味等问题，应及时与餐厅沟通，要求换餐并请餐厅负责人道歉；必要时，向旅行社领导汇报，请求协助处理。

（2）饮食安全提示。地陪导游应提醒游客不要随意食用小食摊上的食品，避免饮用自来水或不洁生水；告诫游客不要采摘景点、景区中的野果食用，以防中毒；建议游客在购买水果后洗净食用，最好去皮，以减少食品安全风险。

> 思考六：
> 溺水事故如何处理和预防？

> 知识链接六：

1. 溺水事故的处理

面对游客溺水事故，地陪导游需迅速、冷静地采取以下处理措施。

（1）立即组织救援。一旦发现游客落水或在游泳、水上活动时发生危险，地陪导游应立即组织抢救，并视情况请求救生员、救生艇等专业救援力量协助，确保救援过程迅速、有序,最大限度地减少溺水者的危险。

(2)上岸后紧急处理。将溺水者救上岸后,地陪导游应立即采取必要措施帮助其缓解不适,如清理溺水者口鼻中的杂物,为其换上干衣服,以防感冒;若溺水者出现身体不适或昏迷等严重情况,应立即进行人工呼吸和心肺复苏,并拨打120急救电话求助;同时,将事故情况及时报告旅行社,以便旅行社能够迅速响应并提供必要的支持。

2. 溺水事故的预防

(1)在河、湖边游览时,地陪导游应明确提醒游客,特别是孩子和老人,不要靠近水域边缘行走,以防不慎滑落水中。

(2)在乘船或竹筏等水上交通工具时,地陪导游应强调安全的重要性,明确告知游客不要超载,以避免因重量过大导致的安全隐患;同时,提醒游客不要在船上打闹或进行其他危险行为,以免因失去平衡而落水。

(3)地陪导游应严格禁止游客在非游泳区域游泳,以避免因水流、水深等不确定因素导致的危险;在游泳区域游泳前,应指导游客做好全身准备活动,确保身体状态良好,减少因运动不足导致的抽筋等意外情况;对于水性不好的游客,应特别提醒他们不要前往深水区游泳,并建议他们佩戴救生设备;提醒父母或监护人时刻关注孩子的安全,确保他们在游泳时得到充分的监护。

(4)在进行水上活动时,地陪导游应确保游客穿戴好救生衣,并带好救生圈等救护设备;同时强调救生衣和救生圈的重要性,以及正确穿戴和使用方法,确保在紧急情况下能够发挥最大的保护作用。

(5)地陪导游应将码头的紧急联系方式告知游客,以便在天气突变或其他紧急情况发生时能够迅速联系到相关人员,获取及时的帮助和支持。

【任务实施】

1. 分组并填写项目任务书(如表9-1-1所示)

表9-1-1 项目任务书

任务名称	安全事故处理			
小组成员				
小组组长				
指导教师		计划用时		
实施时间		实施地点		
任务内容与目标				
根据旅游接待计划和日程安排,创设情境,模拟旅游安全事故处理。 (1)选择其中一种事故类型进行模拟事故处理的演练。 (2)模拟如何预防事故发生				

（续表）

任务分工	地陪导游： 全陪导游： 游客： 旅行社负责人： 公安等部门工作人员：
考核项目	（1）落实工作中的细节把控、问题处理恰当，能够体现安全第一的职业意识。 （2）工作落实得全面和完整，处理流程规范。 （3）事故预防措施到位
备注	

2. 实施准备

完成任务需要准备的工具、材料包括常见的救助工具、电话、A4纸、笔。

3. 实施过程

按照项目任务书设计情境并模拟安全事故处理的具体工作实施。参考情境设计如下。

情境一：旅游团在前往目的地的途中，突然遭遇了一起交通事故

地陪导游：各位游客，请注意！我们遇到了一起交通事故，请大家保持冷静，不要擅自离开座位。我会立即和相关部门联系，确保大家的安全。

游客：小李，我们没事吧？会不会很严重？

地陪导游：请大家放心，目前看起来情况还在可控范围内。我们的司机正在处理，同时我已经拨打了紧急救援电话，救援人员很快就会到达。请大家系好安全带，耐心等待。

（几分钟后，救援人员到达现场）

救援人员：请问谁是导游？我们需要了解一下现场情况。

地陪导游：我是导游小李，这是我们的旅游团。目前所有游客都在车内，没有人受伤，但车辆受损较严重，无法继续行驶。

救援人员：好的，我们会尽快安排车辆转移游客。请导游协助我们清点人数，并确保每位游客都安全上车。

地陪导游：请大家按照我的指示，有序下车。请带好个人物品，特别是贵重物品和紧急药品。我们将乘坐救援车辆前往附近的临时安置点，等待后续安排。

（游客在导游和救援人员的引导下有序下车并上车）

地陪导游：各位游客，非常抱歉因为交通事故给大家的行程带来了不便。我们已经联系了旅行社，他们会尽快安排新的交通工具来接我们。在此期间，请大家在安置点稍事休息，我会一直在这里陪伴大家，解答任何疑问。

游客：小李，你真是太棒了！遇到这样的事情，你还能这么冷静地处理，真是让我们安心。

地陪导游：这是我的职责所在，确保每位游客的安全和满意是我的首要任务。请大家

放心,我们会尽快恢复正常行程。

情境二:旅游团在参观某古建筑时,突然听到火警警报响起,并发现不远处有烟雾升起

地陪导游:各位游客,请注意!我们听到了火警警报,并看到不远处有烟雾。请大家保持冷静,不要慌乱,立即跟随我前往最近的紧急出口!

游客:小李,是不是着火了?我们该怎么办?

地陪导游:是的,可能是火灾。但请大家放心,我会带领大家安全撤离。请大家不要使用电梯,尽量使用楼梯,并保持低姿势前进,以防吸入过多烟雾。

(在撤离过程中)

地陪导游:请大家跟紧队伍,不要掉队。如果有老人、小孩或行动不便的游客,请周围的游客帮忙照顾一下。

(到达安全地带后)

地陪导游:请大家先在这里集合,我需要确认一下人数。一、二、三……好的,大部分人都到齐了。请问有谁没有看到身边的同伴吗?

游客:我丈夫还在里面拍照,没跟上来!

地陪导游:请一位熟悉情况的游客与我一起回去寻找,其他人请继续留在这里等待救援。

(经过短暂搜寻后,成功找到并带回游客的丈夫)

地陪导游:非常抱歉让大家经历了这样的惊险时刻。我们已经联系了消防部门和旅行社,他们会尽快赶来处理后续事宜。请大家保持手机畅通,以便接收进一步的信息。

游客:小李,你真是我们的守护神!在这么危险的时候,你还能这么冷静地带领我们脱险。

地陪导游:这是我的职责所在,确保每位游客的安全是我的首要任务。现在最重要的是大家都要平安无事。

4. 实施总结

请填写项目任务实施报告,如表9-1-2所示。

表 9-1-2 项目任务实施报告

任务名称	安全事故处理		
小组成员			
小组组长			
计划用时		实际用时	
实施时间		实施地点	
任务内容与目标			
根据旅游接待计划和日程安排,创设情境,模拟旅游安全事故处理。 (1)选择其中一种事故类型进行模拟事故处理的演练。 (2)模拟如何预防事故发生			

（续表）

任务分工	地陪导游： 全陪导游： 游客： 旅行社负责人： 公安等部门工作人员：
情境设计	
过程记录	
实施总结	
反思改进	
备注	

【任务评价】

请填写项目任务评价表，如表9-1-3所示。

表9-1-3 项目任务评价表

任务名称	安全事故处理	组别		
实施时间		实施地点		
评价项目（分值）	评分依据	自我评价（20%）	小组互评（40%）	教师评价（40%）
素质目标（30分）	具有安全第一的职业意识（10分）			
	问题处理恰当，具有认真、细致、负责的工作态度（10分）			
	小组合作默契（5分）			
	小组成员形象、气质良好（5分）			
知识目标（30分）	了解旅游安全事故的类型（10分）			
	熟知各类安全事故发生的原因和处理原则（10分）			
	掌握各类安全事故的处理方法和预防措施（10分）			
能力目标（40分）	能够正确处理各类安全事故（15分）			
	能够预防旅游中可能出现的各类安全事故（15分）			
	具有全面统筹能力，项目任务书、情境设计文本、项目任务实施报告等材料完整、规范（10分）			
小计				
总成绩				
教师评价		教师签名：	年 月 日	
学生意见汇总		组长签名：	年 月 日	

【任务寄语】

　　旅游安全是旅游业的基石，它不仅直接关系到旅游活动的顺畅进行，更是旅游业持续健康发展的前提与保障。历史与现实中的众多案例表明，旅游安全事故一旦发生，不仅可能严重干扰旅游行程，造成不可估量的经济损失，更会直接威胁到游客的生命财产安全，进而影响到社会的和谐稳定。此外，安全事故还会极大地损害国家的旅游形象，对旅游业的长远发展构成阻碍。因此，同学们必须深刻认识到旅游安全的重要性，树立"安全第一"的职业理念，深入学习和熟练掌握旅游安全事故的处理流程与预防措施。在未来的导游职业生涯中，要时刻将游客安全放在首位，以严谨负责的态度，确保每一次带团都能让游客安心、放心。面对突发安全事故时，更要保持冷静，迅速而妥善地进行应对，努力成为一名既专业又值得信赖的好导游。

【任务拓展】

　　学习并掌握必要的急救常识，制作小视频，并利用相关的短视频平台进行宣传推广。

任务二　物品遗失事件处理

物品遗失事件处理

【任务目标】

　　素质目标：（1）树立以游客为本的导游服务意识。
　　　　　　　（2）培养认真、细致、负责的工作态度。
　　　　　　　（3）具有遵纪守法的职业素养。
　　知识目标：（1）掌握游客丢失钱物事件的预防和处理方法。
　　　　　　　（2）掌握游客丢失证件事件的预防和处理方法。
　　能力目标：（1）能够正确处理游客物品遗失事件。
　　　　　　　（2）能够有效预防游客物品遗失事件的发生。

【任务描述】

　　时间：2024年10月14日13:00
　　地点：送团途中
　　人物：地陪导游、全陪导游、游客、旅行社负责人
　　内容：在送团时，一名游客找到地陪导游说自己的身份证丢了。

【任务分析】

思考一：

地陪导游应当如何预防和处理游客丢失钱物的事件？

> 知识链接一：

1. 游客钱物丢失的原因

游客钱物丢失的原因主要包括个人疏忽与不法分子的盗窃。为防止此类情况，地陪导游需不断提醒游客谨慎保管财物。

2. 游客丢失钱物的预防

（1）地陪导游要做好提醒工作，尤其是在游客下车前、购物时、离店前。

（2）需要游客的证件时，地陪导游应通过领队或全陪导游收取，用毕后立即如数归还，不代为保管游客证件。

（3）地陪导游应切实做好每次行李的清点、交接工作。

（4）每次游客下车后，地陪导游都要提醒司机清车、关窗并锁好车门。

3. 游客丢失钱物的处理

当游客不慎遗失钱物时，地陪导游应立即采取行动，设身处地为游客着想，积极协助寻找。地陪导游需保持冷静，引导失主回顾最后一次见到物品的时间与地点，判断是遗失还是误放。若暂时无法找回，地陪导游应给予失主安慰，并请其留下详细的联系信息，以便找回后迅速归还。若物品确实丢失，且为申报过海关或已保险的贵重物品，地陪导游需协助游客前往接待社开具证明，并陪同或指导游客到当地公安局办理遗失证明，以便顺利出关或向保险公司申请赔偿。

> 思考二：

地陪导游应当如何预防和处理游客丢失证件的事件？

> 知识链接二：

丢失证件包括外国游客的护照和签证、华侨的中国护照、港澳同胞的通行证、台湾同胞的旅行证明、出境中国公民的护照和签证，以及国内游客的身份证，这些证件的遗失会给游客带来极大不便，甚至可能导致无法出入境、登机，同时也给旅行社的工作带来诸多挑战，如办理申领和补办手续等。因此，在带团过程中，地陪导游应不断提醒游客妥善保管证件，建议由领队或全陪导游统一保管或存放于酒店保险柜。

一旦发现游客丢失证件，地陪导游应首先安抚失主情绪，引导其冷静回忆并协助寻找。若证件确实丢失，地陪导游应立即报告旅行社，并按照旅行社指示，协助失主向公安部门报失并重新申领证件，相关费用由失主承担。

1. 外国护照和签证重新申领流程

（1）接待旅行社出具遗失证明，失主凭此前往当地公安局报失并获得证明。

（2）失主携带照片及公安局证明，前往所在国驻华使、领馆申请新护照。

（3）新护照领取后，再到公安局出入境管理处办理签证手续。

2. 外国团队签证补办流程

（1）外国领队准备签证副本及团队成员护照。

（2）重新打印团队名单，填写申请表。

（3）前往公安局出入境管理处办理补领手续。

3. 中国护照和签证重新申领流程

（1）华侨：地陪导游协助开具接待社证明，失主凭此及照片前往省市公安局报失并申领新护照，再赴侨居国驻华使、领馆办理入境签证。

（2）境外中国公民：到接待社开具遗失证明，持证明尽快向警察机构报案并取得法律效应证明，然后前往我国驻该国使、领馆办理新护照，并携带相关材料到所在国移民局办理签证。若时间紧迫，可凭报案证明及领队备用资料请求外国移民局和海关放行，入境时由家人持身份证明在机场交接。

（3）港澳居民：持接待社遗失证明到遗失地市县公安部门报失，经核实后由出入境管理部门签发一次性有效的《中华人民共和国出境通行证》。

（4）台湾同胞：向遗失地中国旅行社、户口管理部门或侨办报失，核实后发放一次性有效出境通行证。

4. 中华人民共和国身份证补办流程

（1）当地旅行社核实后开具遗失证明。

（2）失主持证明和照片到当地公安局报失，经核实后由公安局开具身份证明。在北京旅游期间丢失者，可凭相关证明在首都机场公安部门办理临时身份证明。

【任务实施】

1. 分组并填写项目任务书（如表 9-2-1 所示）

表 9-2-1　项目任务书

任务名称	物品遗失事件处理		
小组成员			
小组组长			
指导教师		计划用时	
实施时间		实施地点	
任务内容与目标			
根据旅游接待计划和日程安排，创设情境，模拟物品遗失事件处理。 （1）分析物品遗失的原因。 （2）妥善处理物品遗失事件。 （3）总结事件的前因后果，提出预防此类事件再次发生的具体举措			

(续表)

任务分工	地陪导游： 全陪导游： 游客： 相关部门工作人员：
考核项目	（1）落实工作中的细节把控、问题处理恰当，能够体现以游客为本、认真负责、遵纪守法的职业意识。 （2）工作落实得全面和完整，事故处理流程规范、方式得当。 （3）事故预防措施到位
备注	

2. 实施准备

完成任务需要准备的工具、材料包括电话、A4纸、笔、证件道具。

3. 实施过程

按照项目任务书设计情境并模拟物品遗失事件处理的具体工作实施。参考情境设计如下。

情境一：旅游团在景区自由活动期间，游客李先生不慎丢失了钱包，他急忙找到地陪导游小李寻求帮助。

游客：小李，不好了！我的钱包丢了，里面有现金、银行卡还有身份证，这可怎么办？

地陪导游：李先生，您先别着急，我们一起来想办法解决。首先，我们回忆一下，您最后一次使用钱包大概是在什么时候，可能是在哪里丢失的？

游客：我想应该是在刚才那个小吃摊附近，我买东西的时候用过钱包。

地陪导游：好的，那我们现在立刻回去看看，也许能找回。同时，我会联系我们的旅游大巴司机，让他暂时不要发车，等我们的消息。另外，我也会通知景区的工作人员，让他们帮忙留意。

（回到小吃摊附近，但未能找到钱包）

地陪导游：李先生，很遗憾我们没能在现场找到钱包。不过，接下来我们需要采取一些措施来减少损失。首先，我会陪您去景区服务中心报案，并提供必要的协助。其次，我会联系旅行社，看看是否能帮您办理临时身份证明或安排其他支付方式，确保接下来的行程不受影响。

游客：谢谢你，小李。有你在身边，我感觉安心多了。

地陪导游：不客气，李先生。另外，我也会提醒其他游客注意个人财物安全，避免类似情况再次发生。请您先跟我回酒店或者指定的集合点，我会尽快处理后续事宜。

（回到集合点后，小李开始联系旅行社、银行等相关机构，并协助游客李先生办理临时身份证明和挂失手续）

地陪导游：李先生，我已经帮您联系好了银行挂失银行卡，并且旅行社也会协助您办理临时身份证明。虽然这次有些不幸，但我们会尽力确保您的行程顺利进行。请您放心，有任何需要帮助的地方,随时告诉我。

游客:小李,真的太感谢你了!你的专业和细心让我非常感动。

地陪导游:这是我应该做的,李先生。旅游过程中难免会遇到各种突发情况,但只要我们相互支持,共同面对,就一定能够克服。

情境二: 送团日,正在前往机场。此时,游客王先生焦急地找到地陪导游小李,告诉他自己的身份证在收拾行李时不慎丢失了。

地陪导游:王先生,您先别急,我们一起来想想办法。身份证确实很重要,我们会尽力帮助您解决的。

游客:哎呀,这可怎么办?没有身份证我怎么登机啊?

地陪导游:您先坐一下,喝口水冷静一下。我们可以先尝试联系酒店的前台或客房部,看看是否有人捡到了您的身份证并交给了他们。

(小李立即使用手机拨打酒店前台电话,询问情况)

地陪导游:您好,我是今天带团的导游小李,请问我们团里的一位游客,王先生,是否有人捡到他的身份证并交到前台了?(稍等片刻)好的,非常感谢您的帮助。

(挂断电话后,小李继续与王先生沟通)

地陪导游:王先生,酒店那边没有找到您的身份证。不过您放心,我们可以先去机场的公安服务窗口咨询,他们通常会有快速办理临时身份证明的服务。这样您就可以顺利登机了。

游客:哦,真的吗?那可太好了!可是我不知道具体怎么操作。

地陪导游:没关系,我会陪您一起去办理的。您需要准备好一些基本信息和资料,如身份证号码、照片等,他们会帮助您办理的。

(小李与王先生一同前往机场的公安服务窗口)

工作人员:您好,请问需要办理什么业务?

地陪导游:您好,这位是王先生,他不慎丢失了身份证,需要办理临时身份证明以便登机。

工作人员:好的,请王先生提供一下身份证号码和一张近期照片,我们会尽快为您办理。

地陪导游:现在我们可以放心地去赶飞机了。

游客:真是太感谢你了,小李!没有你我真不知道该怎么办。

地陪导游:不用客气,这是我们导游应该做的。希望接下来的旅程一切顺利,您也能有个愉快的回忆。我会时刻关注您的身份证,如果能找回来一定及时联系您。

游客:非常感谢。

4. 实施总结

请填写项目任务实施报告，如表9-2-2所示。

表 9-2-2　项目任务实施报告

任务名称	物品遗失事件处理		
小组成员			
小组组长			
计划用时		实际用时	
实施时间		实施地点	
任务内容与目标			
根据旅游接待计划和日程安排，创设情境，模拟物品遗失事件处理。 （1）分析物品遗失的原因。 （2）妥善处理物品遗失事件。 （3）总结事件的前因后果，提出预防此类事件再次发生的具体举措			
任务分工	地陪导游： 全陪导游： 游客： 相关部门工作人员：		
情境设计			
过程记录			
实施总结			
反思改进			
备注			

【任务评价】

请填写项目任务评价表，如表9-2-3所示。

表 9-2-3　项目任务评价表

任务名称	物品遗失事件处理	组别		
实施时间		实施地点		
评价项目（分值）	评分依据	自我评价（20%）	小组互评（40%）	教师评价（40%）
素质目标（30分）	树立以游客为本的导游服务意识（10分）			
	培养认真、细致、负责的工作态度（5分）			
	具有遵纪守法的职业素养（5分）			
	小组合作默契（5分）			
	小组成员形象、气质良好（5分）			
知识目标（30分）	掌握游客丢失钱财事件的预防和处理方法（15分）			
	掌握游客丢失证件事件的预防和处理方法（15分）			
能力目标（40分）	能够正确处理物品遗失事件（15分）			

(续表)

	能够有效预防物品遗失事件的发生（15分）			
	具有全面统筹能力，项目任务书、情境设计文本、项目任务实施报告等材料完整、规范（10分）			
	小计			
	总成绩			
教师评价		教师签名：		年 月 日
学生意见汇总		组长签名：		年 月 日

【任务寄语】

在导游服务工作中，我们始终承载着游客安全与信任的重大责任。遇到物品遗失的情况时，我们不仅要迅速且有效地应对，更要视之为提升服务意识和责任心的契机。每一次遗失事件都是一次宝贵的学习经历，处理完毕后，我们应深刻反思，总结经验教训，深入分析遗失原因并探讨预防措施，以期不断精进服务品质。希望同学们在未来的职业生涯中，能够牢固树立以游客为中心的服务理念，培养出认真、细致且负责任的工作态度，注重细节管理，这样不仅能有效预防物品遗失，即便此类事件不幸发生，也能妥善处理，确保游客满意度。

【任务拓展】

学习并掌握旅行中预防贵重物品丢失与盗窃的关键措施，制作宣传小视频，并利用相关短视频平台进行传播。

任务三 误机（车、船）事故处理

【任务目标】

素质目标：（1）具有严谨守时的职业素养。
（2）培养认真、细致、负责的工作态度。

知识目标：（1）了解误机（车、船）事故产生的原因。
（2）掌握误机（车、船）事故的预防措施和处理方式。

能力目标：（1）能够正确处理误机（车、船）事故。
（2）能够有效预防误机（车、船）事故的发生。

误车事故处理

【任务描述】

时间：2024年10月14日13:00

地点：太原

人物：地陪导游、全陪导游、游客、旅行社负责人

内容：旅游团将乘坐15:50的航班离开太原，当天13:30用完午餐后，游客说时间还早，想买些山西特产，因为顺路，地陪导游就答应了，结果团队14:30出发后，在去机场的龙城大街遇上交通事故，堵车了。等旅游团赶到机场时，航班已起飞。

【任务分析】

思考一：

出现误机（车、船）事故的原因有哪些？

知识链接一：

误机（车、船）事故指的是因各种原因，导致旅游团（游客）未能按计划乘坐原定航班（车次、船次）离开，从而造成暂时滞留的严重事件。此类事故不仅会给旅行社带来重大的经济损失，还会给游客带来经济或其他方面的损害，严重损害旅行社的声誉。因此，旅行社及地陪导游必须深刻认识误机（车、船）事故的严重后果，并采取有效措施预防其发生。

误机（车、船）事故可分为非责任事故和责任事故两类。非责任事故主要由游客自身原因或突发情况（如交通事故、严重堵车、车辆故障等）导致。而责任事故则是由地陪导游或旅行社其他人员的工作差错造成的，如日程安排不当、未提前抵达交通枢纽、凭经验行事、忽视航班（车次、船次）时刻变更、未核实票据等。

思考二：

出现误机（车、船）事故之后，地陪导游应当如何处理？

知识链接二：

在实际工作中，班次延误可分为将成事故与既成事故两种情形。将成事故指的是地陪导游已意识到旅游团无法在飞机（火车、轮船）离站前赶到机场（车站、码头），误机（车、船）即将发生。而既成事故则是指误机（车、船）事件已经实际发生。面对这两种情况，地陪导游与旅行社都应迅速采取补救措施，全力以赴地将损失和影响降到最低程度。

1. 将成事故的处理

（1）地陪导游需立即向旅行社报告，请求支援。

（2）地陪导游与机场（车站、码头）调度室联系，请求延迟起飞（发车、开船），并提供团队详情、延误原因及预计抵达时间。

（3）若获同意，地陪导游应立即组织游客快速前往交通枢纽，同时向旅行社持续报告

进展，请求协调支持，确保团队按计划出发。

（4）无论事故是否最终发生，地陪导游事后均需提交书面报告，分析原因与责任，记录处理过程及游客反馈。旅行社应对相关责任人进行适当批评与处罚。

2. 既成事故的处理

（1）地陪导游需立刻向旅行社相关部门报告，请求协助。

（2）地陪导游迅速与交通枢纽联系，争取让游客乘坐最近班次离开，或安排包机（车、船）转乘其他交通工具前往下一站。

（3）若无法购得当天票务，地陪导游需与游客协商换乘方案；若换乘方案不可行，则安排最近日期的交通或包机（车、船），尽快离开当地。

（4）地陪导游应安抚游客情绪，妥善安排滞留期间的食宿与游览。

（5）地陪导游需通知下一站接待社调整日程，并通知组团社。

（6）地陪导游应向全体游客道歉，必要时请旅行社领导出面，并采取补偿措施，挽回声誉。

（7）地陪导游应在事后提交书面报告，查明责任。旅行社应对相关责任人进行相应处罚。

思考三：

如何采取有效措施预防误机（车、船）事故的发生？

知识链接三：

为有效预防误机（车、船）事故的发生，地陪导游应遵循以下关键步骤。

（1）提前核实交通信息。务必与旅行社相关部门核实旅游团的离站交通票据，确认班次信息无变动。临行前，执行"四核实"原则，即核实计划时间、票面时间、时刻表及问讯信息，确保交通票据准确无误。若票据未落实，带团期间需保持与旅行社的紧密联系，随时了解班次变动情况。

（2）合理规划行程。即便时间充裕，也应避免安排旅游团前往繁华地段购物或自由活动，以及游览范围广、地理环境复杂的景点，以减少因行程安排不当导致的延误风险。

（3）预留充足时间。为前往机场（车站、码头）预留足够的时间余量，充分考虑交通拥堵或突发事件的可能性，确保旅游团能按时抵达离站地点。

（4）严格遵守到达时间。确保按照规定时间到达交通枢纽。通常，国内航班应提前2小时到达机场，国际航班则需提前3小时，火车或轮船则至少提前1小时到达。

此外，为了彻底避免此类事故的发生，旅行社需加强内部管理，制定并严格执行一系列规章制度。这包括提升各部门员工的责任心，设计周密的接待工作流程和岗位责任体系，确保接待工作的每个环节都得到充分的联系、检查与审核。同时，还应制定公正合理的处罚机制，对违规行为进行严肃处理，以此作为预防事故的重要措施。

【任务实施】

1. 分组并填写项目任务书（如表 9-3-1 所示）

表 9-3-1　项目任务书

任务名称	误机（车、船）事故处理		
小组成员			
小组组长			
指导教师		计划用时	
实施时间		实施地点	
任务内容与目标			
根据旅游接待计划和日程安排，创设情境，模拟误机（车、船）事故处理。 （1）模拟误机（车、船）事故的处理流程。 （2）分析误机（车、船）事故的原因。 （3）做好误机（车、船）事故预案			
任务分工	地陪导游： 全陪导游： 游客： 机场工作人员： 旅行社负责人：		
考核项目	（1）落实工作中的细节把控、问题处理恰当，能够体现严谨、守时、认真、细致、负责的工作态度。 （2）工作落实得全面和完整，事故处理流程规范、方式得当。 （3）事故预防措施到位		
备注			

2. 实施准备

完成任务需要准备的工具、材料包括电话、日程安排表、A4纸、笔。

3. 实施过程

按照项目任务书设计情境并模拟误机（车、船）事故处理的具体工作实施。参考情境设计如下。

情境：延误航班

地陪导游：各位游客，非常抱歉，由于前方突发交通事故，我们遇到了严重的堵车情况。我已经尝试了所有可能的替代路线，但都无法及时到达机场。

游客：这可怎么办？我们的航班快起飞了！

地陪导游：我深知这给大家带来了极大的不便和损失，我代表旅行社向大家表示最诚挚的歉意。请大家先不要着急，我立刻和旅行社联系，想办法处理。

游客：快点联系想办法吧。

地陪导游：王总，因为交通事故堵车，估计还得2个小时才能处理好，我们的旅游团肯定赶不上15:50太原飞甘肃的航班了，您看怎么处理。

旅行社负责人：小李，你先安抚游客的情绪，做好解释工作，我让计调部门联系机场调度室，看看能不能改签到晚一点的航班。

地陪导游：好的，等您回复。

旅行社负责人：计调部门已经和机场联系，我们可以把机票改签到晚上8点，您和游客说明情况，做好解释安抚工作。

地陪导游：好的王总，再见。

旅行社负责人：再见。

地陪导游：各位游客，交警已经在处理交通事故了，旅行社也为我们改签了晚一点的航班，费用差价我们按照合同履行，给大家造成不便，实在抱歉。

4. 实施总结

请填写项目任务实施报告，如表9-3-2所示。

表9-3-2 项目任务实施报告

任务名称	误机（车、船）事故处理		
小组成员			
小组组长			
计划用时		实际用时	
实施时间		实施地点	
任务内容与目标			
根据旅游接待计划和日程安排，创设情境，模拟误机（车、船）事故处理。 (1) 模拟误机（车、船）事故的处理流程。 (2) 分析误机（车、船）事故的原因。 (3) 做好误机（车、船）事故预案			
任务分工	地陪导游： 全陪导游： 游客： 机场工作人员： 旅行社负责人：		
情境设计			
过程记录			
实施总结			
反思改进			
备注			

【任务评价】

请填写项目任务评价表，如表9-3-3所示。

表9-3-3 项目任务评价表

任务名称	误机（车、船）事故处理		组别		
实施时间			实施地点		
评价项目（分值）	评分依据		自我评价（20%）	小组互评（40%）	教师评价（40%）
素质目标（30分）	具有严谨、守时的职业素养（5分）				
	工作态度端正（5分）				
	处理问题恰当，认真、细致、负责（10分）				
	小组合作默契（5分）				
	小组成员形象、气质良好（5分）				
知识目标（30分）	了解造成误机（车、船）事故的主要原因（10分）				
	熟练掌握误机（车、船）事故的处理方式（10分）				
	熟练掌握误机（车、船）事故的预防措施（10分）				
能力目标（40分）	能够正确处理误机（车、船）事故（15分）				
	能够有效预防误机（车、船）事故的发生（15分）				
	具有全面统筹能力，项目任务书、情境设计文本、项目任务实施报告等材料完整、规范（10分）				
小计					
总成绩					
教师评价			教师签名：		年　月　日
学生意见汇总			组长签名：		年　月　日

【任务寄语】

在旅游服务行业中，时间直接关系到效率和服务质量。误机、误车、误船等事故不仅给游客带来严重不便，也会损害旅行社的良好形象。因此，有效预防和处理此类事故是导游工作中的关键一环，不容忽视。希望同学们能够全面掌握误机（车、船）事故的处理和预防技巧，强化时间管理意识，培养严谨、守时的职业素养，以及认真、细致、严谨的工作态度。在未来的导游职业生涯中，以高度的责任心和精湛的专业技能，为客人提供更加卓越、高效的服务体验。

【任务拓展】

举一反三，思考如果在接团过程中出现漏接、错接事故应当如何处理。

参考文献

[1] 殷开明.导游实务[M].南京：江苏大学出版社，2020.

[2] 濮元生.导游服务技能[M].南京：江苏教育出版社，2020.

[3] 全国导游资格考试统编教材专家编写组.导游业务（第九版）[M]北京：中国旅游出版社，2024.

[4] 孙斐葛，益娟.导游实务（第二版）[M].大连：东北财经大学出版社，2023.